Dieter Schimang
Menschenrechte versus Menschenwürde

Dieter Schimang

Menschenrechte versus Menschenwürde

Zu unserer Kultur der Diskriminierung

Eine Streitschrift

HUMANITIES
ONLINE

Bibliografische Information der Deutschen Nationalbibliothek
Die Deutsche Nationalbibliothek verzeichnet diese Publikation in der Deutschen Nationalbibliografie; detaillierte bibliografische Daten sind im Internet über http://dnb.ddb.de abrufbar.

Frankfurt am Main, Germany
www.humanities-online.de
info@humanities-online.de

ISBN 978-3-941743-31-1

Umschlaggestaltung: Uwe Adam
Printed in Germany

Meiner Frau Berrin

Inhalt

Einleitung
Menschenrechte und Geschichte

Kämpfen für die Menschenrechte! Was kann es Sinnvolleres, Richtigeres, Erhebenderes geben? Was soll, was kann falsch sein an einem Kampf gegen Folter, Todesstrafe, Verschwindenlassen, Gewalt schlechthin, einem Kampf für Freizügigkeit und Asyl – kurz: einem Kampf um die Umsetzung in die Praxis dessen, was in verschiedenen Menschenrechtsdeklarationen längst kodifiziert und anerkannt wurde? Und wo sonst darf ich mir so gewiss sein, »auf der richtigen Seite zu stehen«, auf der Seite des Guten?

Einen solch ausgewiesen gerechten Kampf infragezustellen, hat immer einen Hauch von Beckmesserei, von Kleingeist. Und in der Tat gewinnt die Forderung nach Menschenrechten angesichts von Folter, Todesstrafe und Gewalt eine »Selbst-Evidenz«, die weiteres Argumentieren im Keime ersticken mag – und manchmal vielleicht auch *soll* – angesichts der Fülle von Fragen, Problemen, Widersprüchen und Kontroversen, die sie enthüllt.

Doch gilt es, den Blick auf die ganze Wahrheit und Wirklichkeit der Menschenrechte zu richten – in deren Interesse. Und da ist bekanntlich manches Kritikwürdige – nicht nur in Diktaturen, sondern gerade auch dort, wo vorgeblich eine Politik im Namen der Menschenrechte gemacht wird. Das kann nicht unbedingt beruhigen. Die Geschichte lehrt, dass z. B. niemand den Glauben so sehr diskreditieren kann, wie diejenigen, die in seinem Namen Scheiterhaufen anzünden, Völker massakrieren, Bomben werfen oder sich selbst zur Bombe machen, dass nichts den Gedanken an den Sozialismus so sehr diskreditieren konnte wie Terror, Gulag und millionenfacher Mord in seinem Namen. So kann niemand den Menschenrechten so sehr schaden wie diejenigen, die im Namen der Menschenrechte handeln bzw. zu handeln vorgeben, möglicherweise besten Willens, aber eben doch nicht erhaben über alle Kritik. Schweigen wir von denen, die im Namen der Menschen*rechte* die Menschen*würde* verletzen.

In der Tat steht es nicht gut um die Menschenrechts*praxis*. Hier sind Ernüchterung und Pessimismus am Platze. Allen offiziellen Bekundungen zum Trotz scheint die Lage sich nicht bessern zu wollen, stagniert die Durchsetzung der Menschenrechte. Selbst westliche Länder wie die USA rücken nicht grundsätzlich von der Todesstrafe ab, liebäugeln gar wieder mit der Folter und praktizieren – wie Europa auch – eine Widerlegung der Artikel 12 (Freizügigkeit) und 13 (Asyl) der Menschenrechtserklärung: Todeszäune dort, »Festung Europa« hier – Abschottung um den Preis Tausender Opfer.

Ist es diese Diskrepanz zur Wirklichkeit, welche die Diskussion um die – doch längst zum internationalen Recht kodifizierten – Menschenrechte am Leben erhält? Ist es die Diskrepanz zwischen Anspruch und Praxis, die die Geister nicht zur Ruhe kommen lässt? Sicher ist, dass diese Diskussion sehr lebendig ist. Allerdings eignet ihr vor dem Hintergrund der ihren Gegenstand widerlegenden Praxis auch ein Moment der Hilflosigkeit und Praxisferne. Das ist nicht ihre Schuld, wirft aber die Frage auf, was die klügsten Antworten, die perfektesten Lösungen nützen, wenn sich die politische Praxis nicht darum schert? Wenn sie kein Interesse daran zeigt?

Gründe zur Frustration gibt dieser Zustand in der Tat, zur Resignation auch – es sei denn, dass die genannte Diskrepanz etwas mit dem Stand der Diskussion, der Theorie zu tun haben könnte: Können wir die Theorie von aller Verantwortung für diese Wirklichkeit freisprechen?

Diese Frage rückt diese Theorie und Diskussion selbst in den Blick. Neben der inhaltlichen Füllung der Menschenrechte geht es dabei um das entscheidende Kriterium und den Gegenstand einer solchen Theorie – um ihren *universellen* Charakter, ihren universellen Anspruch auf Geltung für alle Angehörigen der Gattung Mensch.

An sich handelt es sich dabei um eine Banalität, ja Tautologie – liegt es doch auf der Hand, dass jede Reduktion dieser Geltung auf eine Region oder sonstige Partikularität den Begriff *Menschen*rechte obsolet machte und dem ganzen Komplex einschließlich der Theorie und Diskussion den Boden entzöge: »Menschenrechte« sind per se *universelle* Menschenrechte. Das Konzept der Menschenrechte impliziert aber noch mehr: Da vor diesem Recht alle Betroffenen gleich zu sein haben, unterstellen solche Menschenrechte natürlich zugleich eine *Gleichheit* aller Menschen vor solchem Recht, eine grundsätzliche Vergleichbarkeit aller Menschen. So weit, so einfach.

Wenden wir unseren Blick nun auf die Adressaten dieser Gleichheit, so liegen die z. T. fundamentalen Verschiedenheiten, die komplexe Vielfalt und Erscheinung dessen, was hier als ›gleich‹ unterstellt wird, auf der Hand Auch wenn Ruth Benedicts Diktum, dass die Verschiedenheit von Kulturen »ad infinitum demonstriert werden« (Benedict 1955, S. 39) könne, in ihrer Kernaussage nicht zutrifft, gewinnt sie doch bei näherer Betrachtung einiges für sich. Zerfällt allein schon unsere – in Bezug etwa auf die chinesische – so homogen erscheinende deutsche Kultur nicht doch wieder in höchst unterschiedliche, ja einander fremde

Teile, wenn z. B. ein Hamburger sich mit den ihm seltsamen Traditionen der bayrischen Landbevölkerung konfrontiert sieht? Ist das wirklich noch *seine* Kultur? Muss er dann überhaupt noch den Bogen spannen zu »den« australischen Aborigines, »den« Japanern, »den« Moslems, für die uns übrigens auch nur der grammatische Artikel eine innere Einheitlichkeit suggeriert, die nur eine Fiktion ist? Überrascht es, dass in der hier zugrunde liegenden Perspektive des Spezialisten, der *kulturanthropologischen* Perspektive, sich diese Vielfalt noch potenziert?

Wie dieser Vielfalt gerecht werden? Wie unter ihrer vielfältigen Erscheinung jenes Gleiche finden, das doch unterstellt wird? So erweist sich bei näherer Betrachtung, dass mit dem Kriterium der Universalität der Menschenrechte eine wahre Büchse der Pandora geöffnet wird. Es erheben sich zahlreiche Fragen, Kritiken und Widersprüche: Wie soll das Partikulare, dem wir ja alle entstammen, *universell* Geltendes hervorbringen? Normen, auf die sich alle einigen, in denen sich alle wiederfinden können?

Das zumindest liegt auf der Hand: Der Anspruch auf Universalität fordert die Öffnung gegenüber und die Wahrnehmung der Universalität. Diese Forderung ist keine geringe – sind wir alle doch letztlich *Provinzler*, *Kultur*-Provinzler, aufgewachsen und sozialisiert in einem geographisch und sozial begrenzten Raum unter der jeweiligen Illusion, das Zentrum und die einzig wahre Möglichkeit der Welt zu sein. Da diese Illusion Teil unserer Identität ist, kommt die geforderte Öffnung gegenüber der globalen Universalität einem Sprung über unseren breiten kulturprovinziellen Schatten gleich: Müssen wir nicht, um Universalität zu artikulieren, unsere Partikularität überwinden?

So kann es nicht verwundern, dass die Theorie und Diskussion der Menschenrechte alle Züge eines solchen Ringens um die Befreiung von unseren kulturprovinziellen Eierschalen trägt – das zudem wahrlich nicht immer von Erfolg gekrönt ist. Und es ist demzufolge ganz und gar nicht verwunderlich, dass die Bemühungen um Antworten auf die wesentlichen Fragen dieser Diskussion sich immer wieder im Gestrüpp unserer eigenen kulturprovinziellen Herkunft und Identität verfangen. Auch wenn J. Habermas konstatiert: »Von eigenen Traditionen Abstand zu gewinnen und eingeschränkte Perspektiven zu erweitern, gehört zu den Vorzügen des okzidentalen Rationalismus.«(Habermas 1999, S. 217), steht dies nicht unbedingt im Zentrum der öffentlichen Debatte. Diese ist häufig genug geprägt von einem mehr oder minder ausgeprägten Eurozentrismus – durchaus auch auf seiten der Menschenrechtsverfechter: Der gute Wille allein genügt nicht für die intellektuelle Durchdringung des Problems.

Aus dieser Verfangenheit und Befangenheit in unserer Kulturprovinz auf der einen Seite und der benannten Vielfalt und Verschiedenheit derer, an die sich die Universalität der Menschenrechte richtet, auf der anderen Seite entspringen die zwei wesentlichen Aufgaben des Menschenrechtsdiskurses: Zum einen weiterhin die Forderung nach Überwindung unserer Kulturprovinzialität im Interesse der Annäherung an einen möglichst gemeinsamen Nenner, zum anderen die reale »Universalisierung« der Menschenrechte im Sinne ihrer Vereinbarkeit mit der globalen Vielfalt und Verschiedenheit, mit den Partikularitäten. Beides wiederum ist zu leisten – wir nähern uns der Quadratur des Kreises – ohne Verletzung des grundsätzlichen Gehalts der Menschenrechte – d. h. ohne Verletzung der Menschenwürde, d. h. der Würde jedes einzelnen Menschen.

Die Probleme wachsen dadurch, dass jede Partikularität ihre eigene Vorstellung von »Universalität« und von Menschenwürde hat – vorausgesetzt, das Konzept existiert überhaupt. Es gilt also, Partikularitäten in Bezug auf ein Ziel in Übereinstimmung zu bringen, von dem diese selbst wiederum sehr eigene Vorstellungen haben.

Der akademische Diskurs bemüht sich, dieser Komplexität gerecht zu werden, und zeichnet sich aus durch ein Problembewusstsein und eine Differenziertheit gerade in Bezug auf das Problem Universalismus und dessen Spannungsverhältnis zur Fülle der partikularen Kulturen. Hier bemüht man sich am ehesten um die Erfüllung der o. g. Habermas'schen Forderung – allerdings auf sehr abstrakter Ebene. Diese Abstraktheit liegt z. T. in der Natur der Sache: Will man dem universellen Anspruch gerecht werden, muss man konsequenterweise so weit wie möglich vom Partikularen abstrahieren.

Die aktuelle Diskussion um Grundsätze der Menschenrechte wird – sowohl inhaltlich als auch methodisch – vornehmlich durch zwei Ansätze geprägt: Einerseits dem *juridischen* Herangehen, dem Bemühen um eine »Verrechtlichung« von Diskussion und Gegenstand, andererseits von einem *philosophischen* (auch: ethischen, moralischen) Herangehen. Wenn hier mittlerweile auch eine Öffnung erkennbar ist, wird die Diskussion zudem noch immer wesentlich von den Vertretern einer Partikularität bestimmt – denen der westlich-bürgerlichen. Ein Konsens zeichnet sich bisher kaum ab, ist im jetzigen »Set« auch kaum vorstellbar.

Im Grunde liegt der Gedanke nahe – der ebenfalls ausführlich erörtert wird –, all diese Probleme durch ein konsequent demokratisches Verfahren zu lösen. Das führt hier allerdings nicht unbedingt weiter, denn bekanntlich hat die Mehrheit eben nicht immer recht. Nicht zufällig sind deshalb z.B. auch die Grundrechte des Grundgesetzes der Bundesrepublik (Art. 1-19) dem Zugriff des Mehrheitsprinzips entzogen werden: »In keinem Fall darf ein Grundrecht in seinem Wesensgehalt angetastet werden.« (Art.19/2) Diese Grundrechte sind auch dann nicht verhandelbar, wenn sich 100 Prozent der Parlamentarier dafür ausspräche. Hier schlägt sich die Erfahrung der Vergangenheit nieder, in der sich, wie in der NS-Zeit, auch Mehrheiten für antidemokratische und inhumane Gesetzgebungen finden ließen – eine Erfahrung, die sich immer wieder in diktatorischen Regimes bestätigen lässt. Gleichermaßen gilt dies da, wo von einer konservativen gesellschaftlichen Mehrheit gestützte autoritäre Regimes – wahrscheinlich noch immer Belarus, wahrscheinlich noch immer die VR China, sicher Saudi-Arabien und andere islamische Länder – die Menschenrechte ignorieren.

So einsichtig es nun sein mag, die Bestimmung der Menschenrechte aus dem alltäglichen Machtgetriebe von Parteien, Bewegungen und Interessen herauszuhalten, so offensichtlich gilt aber auch, dass eine Bestimmung und Implementierung von Menschenrechten ohne jegliche demokratische Beteiligung einem Oktroi gleichkäme und den Menschenrechten selbst widerspräche – verletzte ein solches Vorgehen doch die Menschen*würde*.

Also: Rein demokratisch geht es nicht, undemokratisch geht es auch nicht – das Dilemma ist offenbar und das analytische Bemühen um die Klärung solch prinzipieller Fragen wohlbegründet.

So wohlbegründet dieses Bemühen nun auch immer sein mag, es besteht hier nicht die Absicht, sich in diese Diskussion »einzuklinken« und einen Beitrag auf dieser Ebene zu leisten. Der Ansatz dieser Arbeit ist ein anderer, ein *historischer*. In der aktuellen Diskussion um die Menschenrechte spielt deren bisherige Geschichte eine eher marginale Rolle. Das ist nicht nur allzu verständlich angesichts des sehr grundsätzlichen und damit abstrakten Charakters der Diskussion, sondern auch aus der ihr meist zugrundeliegenden Intention, gerade das Generelle bzw. Universelle zu thematisieren und eben das Partikulare und Konkrete auszublenden. Die Konzentration auf das Allgemeine ist ein ganz pragmatisches Erfordernis: Sobald die Partikularitäten in das Zentrum der Diskussion rücken würden, wäre sie gleichsam obsolet, weil uferlos. Insofern ist diese Beschränkung durchaus weise und geboten. Das gilt natürlich – bedingt – auch für die Historie, deren Gegenstand eben das Konkrete und Partikulare ist.

Die Beschränkung wird allerdings da übertrieben, so die hier vertretene Meinung, wo und wenn die Geschichte mehr oder weniger ganz ausgeblendet wird. Denn diese ist – und um diesen Nachweis geht es hier – für diese Diskussion relevant und hilfreich. Der Ansatz dieser Arbeit liegt darin, dass hier von der an sich weisen Ausblendung der Partikularitäten eine Ausnahme gemacht werden soll; die hier zugrundeliegende Arbeitshypothese unterstellt vielmehr eine besondere Relevanz der *historischen Sonderrolle* des (bürgerlichen) Westens in Bezug auf die Menschenrechte selbst: Hier erstmals in der Weltgeschichte gesellschaftlich relevant artikuliert, diskutiert und kodifiziert; hier erstmals als relevantes Merkmal eigener Identität betrachtet und verkündet, hier erstmals – *partiell* – die gesellschaftliche Praxis bestimmend, reklamiert diese Kultur nicht zufällig Urheberschaft, Vorbild- und Beispielcharakter in Sachen Menschenrechte für sich. Versuchten wir einmal, den westlichen Beitrag zu diesem Komplex abzuziehen, es bliebe wenig von dem übrig, was die heutige Situation bestimmt – einschließlich der Menschenrechtserklärung der UN selbst, die wesentlich ein Ergebnis westlicher Initiative und Inhalte ist. Und bis heute ist der Westen die politische Macht hinter der Erklärung.

Das hohe Maß an Identität »Menschenrechte = Westen« führte und führt dazu, dass dem westlichen Beispiel, der westlichen Praxis in der übrigen Welt ein hohes Maß an Aufmerksamkeit zuteil wird und dass deren Bedeutung für die aktuelle Situation der Menschenrechte kaum zu überschätzen ist. Es ist klar, dass der »Erfinder«, der Pionier Maßstäbe setzt, dass er ganz simpel – indem er das Beispiel gibt – die Idee konkretisiert, ihr Leben und Wirklichkeit gibt. Und es ist ebenso klar, dass dieses Beispiel die heutige Diskussion und die Rezeption und Akzeptanz der Menschenrechte beeinflusst.

Vor diesem Hintergrund erscheint die Frage nach dem westlichen Anteil an der heutigen Rezeption und Akzeptanz der Menschenrechte in nicht-westlichen Kulturen durchaus sinnvoll, ja, wesentlich – handelt es sich doch meist um den Anteil, der deren eigene Erfahrung, deren Verständnis der Menschenrechte ausmacht. Immerhin darf die Frage aufgeworfen werden, warum nach all dem westlich-bürgerlichen Engagement dieses Beispiel und Vorbild nicht eine Leuchtkraft und Attraktivität hat, die die Köpfe und Herzen all derer zu gewinnen vermag, die je mit ihr in Berührung kamen und kommen? Sollte sich die Diskussion angesichts des westlichen Vorbilds und *Vor*-Lebens seiner großen humanen Idee nicht längst erledigt haben? Es ist zu fragen, warum solche gleichsam selbst-evidenten Ziele wie die allgemeine Gleichheit und Freiheit nach über 200 Jahren nicht längst ihren Siegeszug um den Globus vollendet haben? Natürlich ist die Macht der Beharrungskräfte bekannt – aber war das Beispiel, war die Menschenrechtspraxis ihrer Urheber nicht auch ein retardierender Faktor?

Die heutige Situation der Menschenrechte dürfte ohne die Kenntnis ihrer bisherigen Geschichte nicht zu verstehen sein. In der vorliegenden Arbeit soll auf die entsprechende Diskussion *nach* dieser Rekapitulation der Geschichte wieder eingegangen werden, um eventuelle Konsequenzen für sie aufzuzeigen – in der Hoffnung, dass sie sich dann fruchtbarer führen lässt.

Bevor wir jedoch in diese Geschichte einsteigen, gilt es noch genauer zu klären, in wessen Geschichte: Da »der Begriff individueller Rechte, die Menschen als Menschen haben, im Kontext der Säkularisierung und Modernisierung der europäischen Kultur entstanden ist, ... ist es weder sehr schwierig noch ungerechtfertigt, auf die spezifische Genese dieses Begriffs hinzuweisen und hervorzuheben, wie unterschiedlich das ›Menschsein‹ in anderen Traditionen und Kulturen verstanden wird.«(R. Forst, 1999, S. 67 f.) Eben dieses unterschiedliche Verständnis des Menschseins müssen wir uns vergegenwärtigen: Was stieß da eigentlich zu Beginn dieser Geschichte aufeinander? Welche Unterschiede waren schon im Vorfeld erkennbar und relevant?

Dazu ein Vergleich: Ein knappes Jahrhundert vor den Kolumbus'schen Entdeckungen hatte es bereits eine »Inbesitznahme« von Anrainerstaaten des Indischen Ozeans durch die chinesische Flotte des Admirals Zheng He gegeben: Aufgebrochen mit einer Streitmacht von ca. 30 000 Mann, einer gigantischen Flotte und ebenso gigantischen Schiffen (darunter Neun-Master!) – die die drei Nussschalen des Kolumbus' kaum als Beiboote akzeptiert hätten –, »unterwarf« sie allein durch ihre beeindruckende Erscheinung und mit Höflichkeit und Gastgeschenken. Die Chinesen gaben sich mit dem Lippenbekenntnis zufrieden, dass man den Himmelssohn in Peking als Oberherrscher anerkenne und – fuhren zurück. Wie anders die Europäer: Deren Expansionsgeschichte ist voll von »Husarenstücken«, von »Abenteurer«-Siegen einer »Handvoll« Europäer über ganze Königreiche, die sie mit Grausamkeit, Brutalität und (Hinter-)List unterwarfen. Hernan Cortès war mit knapp 600 Mann aufgebrochen und eroberte das aztekische Mexico, Francisco Pizarro tat es ihm gleich mit 200 Mann und dem Inka-Reich! Es wird offensichtlich, dass wir es schon in der Ausgangssituation mit einem ganz anderen »Typ« von Menschen zu tun haben: Selbst als sie bestens – besser als die Europäer – zur globalen Expansion in der Lage waren, haben sich die Chinesen weiter auf sich selbst beschränkt, ja, es wurde später unter Androhung der Todesstrafe verboten, die ozeantüchtigen Neun-Master zu bauen.

Und so ist die Frage wohlbegründet, ob und welche relevanten Unterschiede es zwischen den Europäern und solchen Traditionellen schon zu Beginn der Expansion Europas gab. Wer traf da auf – wen?

1.
Die kulturanthropologische Ebene: traditionelle vs. bürgerliche Sozialisation

1. Das Individuum: traditionell vs. bürgerlich[1]

Die vorausgegangenen Anmerkungen zur überbordenden Vielfalt und Verschiedenheit der Kulturen könnten den Eindruck wecken, dass es mit den Gemeinsamkeiten innerhalb der Spezies – über die biologische Einheit hinaus – nicht weit her sein könne. Das ist einerseits nicht völlig falsch, ist aber durch einen wesentlichen, vor allem für unsere Diskussion wesentlichen Aspekt zu ergänzen. Die gemeinsame anthropologische, also uns als Menschen ausweisende Basis mag noch im Biologischen begründet sein, reicht aber darüber hinaus, reicht vor allem in ihren Konsequenzen weit darüber hinaus: Gemeint ist die anthropologische Spaltung des Menschen in Sozial- und Individualwesen. Sie unterliegt allen Erscheinungsformen des Menschlichen, bildet die allen gemeinsame *conditio humana* schlechthin.

In der Besonderheit dieser »Bedingung des Menschlichen« liegt aber zugleich auch die Ursache der benannten Vielfalt und Verschiedenheit – besagt sie doch nichts Anderes, als dass der Mensch eben kein »eindeutiges«, sondern ein (sehr) ambivalentes Wesen ist – oder, wie Nietzsche es nennt, das »nicht festgestellte Tier«. In seinem Wesen selbst ist damit das Potential der Verschiedenheit angelegt.

Wichtig für unsere Überlegungen ist aber nun der Umstand, dass auch dieses Potential keine unbegrenzten Möglichkeiten eröffnet, sondern die Entwicklungen der Spezies gleichsam an die »Skala« zwischen »sozial« und »individuell« bindet: Wie groß die Vielfalt und Unterschiede zwischen den jeweiligen Kulturformen auch sein mögen, sie werden sich stets als ein besonderes »Mischungsverhältnis« von »sozial« und »individuell« erweisen. Und wie das bei solchen Mischungen nicht überraschen wird, gibt es auch hier eine Dynamik, Veränderungen, Konjunkturen … Und es gibt auch Extreme, Extreme nach der einen Richtung und solche nach der anderen.

Historisch dominierte über die weitaus längste Zeit das »soziale Extrem«: Die mehr oder wenig völlige Unterwerfung des Individuellen unter das Soziale. Betrachten wir dieses etwas näher.

1 Ich nehme hier Überlegungen auf aus: Schimang, Dieter, *Eine anthropologische Revolution – und ihre totalitäre Dynamik. Die dramatische Kehrseite der Individualisierung,* Frankfurt am Main/London 2007: IKO – Verlag für Interkulturelle Kommunikation, S. 31 bis 84.

Das »traditionelle« Individuum

Das »soziale Extrem« ist nur allzu plausibel für jene Phase der menschlichen Geschichte, in der sehr schwache – zahlenmäßig wie technisch – menschliche Gruppen einer überwältigend abweisenden bis feindlichen Umwelt gegenüber standen. Die einzig reale Überlebenschance der Gruppe lag eben in ihrer Gemeinsamkeit, in ihrem gemeinsamen Handeln. Individuelle »Extratouren« mochten gar die Existenz der ganzen Gruppe gefährden – wie umgekehrt der Einzelne ohne seine Gruppe schlicht nicht überlebensfähig war.

Die Formen der Kulturen entsprachen eben diesen Erfordernissen – und die nicht-westlichen, eher »traditionell« geprägten Kulturen weisen hier in ihren Grundzügen große Übereinstimmungen auf: In ihnen allen ist es die Kultur, die die Funktion der großen Sinnstifterin innehat. Sie ist es, die dem instinktlosen Individuum in dem Universum der Möglichkeiten und des beliebig Vielen die zum Handeln unverzichtbare Eindeutigkeit vorgibt, die vorgibt, was richtig und was falsch, was gut und was böse ist. Angesichts der vielen, durchaus verwirrenden Möglichkeiten ist sie die letztlich entscheidende Instanz. Dabei sind ihre Entscheidungen gekleidet in das Gewand, ja, die Aura der höheren Autorität, die in ihrer letzten Instanz Absolutheit beansprucht, charakterisiert dementsprechend durch Transzendenz und Sakralität: Kulturheroen, Götter, mythische Könige, Ahnen – sie waren es, die in grauer Vorzeit die seither geltenden Entscheidungen getroffen, die die seither *und durch sie* geltenden Werte und Normen etabliert und mit einem Geflecht von Ge- und Verboten, von Riten und Zeremonien, von Tabus und Sanktionen autorisiert haben. Und nicht zu unterschätzen ist dieses Argument auch angesichts einer dunklen und furchteinflössenden Umwelt: All dies hat den Test der Praxis bestanden, die Vorfahren haben damit überlebt. Wer wollte so vermessen, so leichtfertig sein, deren Erfolg infragezustellen?

Das Individuum wiederum bleibt dieser komplexen Struktur gegenüber keine tabula rasa – im Gegenteil: Es wird in diese Strukturen »hineinsozialisiert«, nimmt sie auf, internalisiert sie und wird über diesen Prozess der Internalisierung zunehmend identischer mit ihnen, entwickelt so seine Identität, die eben eine zutiefst *kulturelle* Identität ist.

Die Macht der Kultur über das Individuum – oder auch: die Identität des Individuums mit seiner Kultur – wird durch zwei weitere Faktoren erhöht: den Tod bzw. das Wissen um die eigene Sterblichkeit und durch die Begegnung mit »den Anderen«. Zunächst ein paar Worte zum Tod:

Es gibt wohl keine Kultur, die sich dem Individuum – als Lohn für seine Anpassung, für seine Kulturkonformität – nicht zugleich auch als die Überwinderin seiner Sterblichkeit, als Garantin seines Fortlebens nach dem Tod anböte. Alle Kulturen sind auch Antworten auf die Macht des Todes, alle Kulturen bieten »Lösungen« an – das Paradies, »den Himmel« (wie der auch immer auszumalen ist), die Ahnen, die Wiedergeburt usw. Wer also von der kulturellen Norm abweicht, riskiert damit auch die Gewissheit eines Fortlebens nach dem Tod.

Eine ähnliche Schutzfunktion nimmt die Kultur gegenüber der anderen großen Herausforderung ihrer verabsolutierten Eindeutigkeit wahr – gegenüber »den Anderen«: Sie sind die Ausnahme von der allgemeinen Bedeutungs-, Sprach- und Sinnlosigkeit der übrigen Welt, denn sie *haben Sinn und Bedeutung*, sie verkörpern und praktizieren Sinn und Bedeutung, sie verfügen über Eindeutigkeit und Gewissheit. Doch gibt es hier ein entscheidendes Problem – sie verfügen über eine *andere*, über ihre *eigene* Eindeutigkeit und Gewissheit, über eigene und damit andere Vorentscheidungen, Lösungen, Zielsetzungen … Und sie verfügen damit über eine andere Praxis, andere Erfahrungen von und mit der Wirklichkeit, über ein anderes »Gut« und »Schlecht«, »Richtig« und »Falsch«, über eine andere Form des »Himmels«. Und nicht nur das – in all ihrem Anderen, ihrem Anders-Sein haben diese Anderen überlebt – und widerlegen darin den Absolutheitsanspruch meiner, unserer Kultur.

Das ist nur logisch: Ein-Deutigkeit ist unter der Viel-Deutigkeit bzw. Bedeutungs-Losigkeit der Sache und Logik nach eben nur einmal zu haben, umso mehr, als diese jeweilige Eindeutigkeit mit dem Segen der Transzendenz, der Verabsolutierung ausgestattet ist – also mit der höchst möglichen *Gewissheit*: Es gibt nicht nur keinen Gott neben mir, im Interesse meiner Eindeutigkeit und Gewissheit *darf* es keinen Gott neben meinem geben.

Wichtig ist nun diese Präzisierung: Sie können nicht etwa deshalb nicht miteinander koexistieren, weil die Anderen böse, schlecht oder aggressiv aufträten – das ist im Grunde unwesentlich. Entscheidend ist, dass sie einander *aufgrund ihres Anders-Seins* nicht ertragen können. In seiner Existenz, in seiner Praxis, in der Tatsache des Anders-Seins selbst schließt das Andere meine Kultur und also mich aus, ist lebendiger Widerspruch und Negation allein in seiner simplen Existenz und funktionierenden Praxis – und bedroht diese damit: All unserem Bestreben nach Verabsolutierung hält sie die Losung entgegen: Es geht auch anders! Darin liegt die Bedrohung für das traditionelle Individuum. Hier enthüllt sich die Logik, die ihrerseits aufbaut auf jener Logik, die der Bedarf an Eindeutigkeit und Gewissheit in Gang setzt: Ich stelle mich nicht gegen den Anderen, weil er böse und aggressiv ist – nein, böse und aggressiv erscheint er, weil er anders ist: *In seinem Anders-Sein liegt die Aggression.*

Auch vor dieser Irritation und Aggression schützt die Kultur das Individuum – wobei sie – je nach »Machtverhältnissen« – allerdings durchaus an ihre Grenzen stoßen kann. Der erste Schutzwall liegt schon in der Tatsache, dass das Individuum diese Begegnung üblicherweise wiederum als Teil einer sozialen Einheit erfährt – und damit »abgefedert«. Andere kulturelle Mechanismen gegen die Gefahren der Irritation aus der Begegnung und dem Kontakt mit anderen Kulturen liegen im kollektiven Verdrängen, Nicht-Ernstnehmen, (meist heimliches) Sich-Lustig-Machen über die Anderen, in der Flucht in die Innerlichkeit oder ins elitär Überhöhte, dem praktischen Verdrängen aus der Wirklichkeit – oder eben auch in der kriegerischen Auseinandersetzung. Nicht zuletzt besteht eine systematische Vermeidung der Begegnung mit dem Fremden durch eine mehr oder weniger freiwillige *Selbstisolation*, bekannt durch China, Japan, Tibet und auch Madagaskar zwischen 1828 und 1861.

Während das vereinzelte Individuum eine solche Konfrontation mit den Anderen ohne tiefe Beschädigung gewiss nicht ertragen könnte, legt sich seine Kultur gleichsam als Schild oder Puffer vor die eigenen Individuen. Gemeinsam lässt sich das erreichen, was das Individuum nie vermag: die »Reparatur« erschütterter Selbstgewissheiten. *Ein* Ausdruck dieser »Reparatur« sind jene Abschottungen, Verhärtungen und Versteifungen, ja *Regressionen*, die in einer Situation offensichtlicher Erschütterung, aber auch Isoliertheit und Unterlegenheit wie z.B. der der Diaspora produziert werden: Sie sind das psychosoziale Stützkorsett für ein herausgefordertes und erschüttertes individuelles und kollektives Selbstbewusstsein. Gerade solche Regressionen sind relevant für die Gegenwart und unseren Diskussionsgegenstand. Sie werden uns noch weiter beschäftigen.

Vorab bleibt uns jedoch zu resümieren, dass das hier skizzierte »traditionelle« Individuum sich sehr erheblich von dem unserer modernen westlich-bürgerlichen Kultur unterscheidet – und dies im wesentlichen in Bezug *auf den Grad seiner Identität mit seiner Kultur:* Diese Identität erscheint als umso unauflöslicher, als sie in einem wechselseitigen Angewiesen-Sein aufeinander wurzelt oder auch: einem hochkomplexen quid pro quo, das ohne tiefe Schäden und Schmerzen für beide Seiten nicht aufzukündigen ist und deshalb schließlich auch gewollt ist. Vor diesem Hintergrund ist ein Individuum ohne seine Kultur gar nicht vorstellbar.

Das bürgerliche Individuum und Menschenbild

Wenn wir die Summe der Kulturen betrachten, die diesen Globus seit Anfang der Geschichte bevölkert haben und bevölkern, so fällt die west-lich-bürgerliche Kultur schon auf den ersten Blick aus dem Rahmen des Üblichen. In der Tat hat sich diese Kultur als die dynamischste, innovativste und expansivste Kultur erwiesen, die die Geschichte kennt. Sie ist es, »die den anderen Kulturen die Probleme stellt« (Tirmiziou Diallo) und die als »Gesellschaft der Individuen« (Norbert Elias) die eigentliche Quelle der Menschenrechte ist – und damit zu einem wesentlichen Teil auch ihrer heutigen Probleme.

Was sind nun die Gründe für diese unvergleichliche Dynamik und Expansion? Der Selbstauskunft unserer bürgerlichen Kultur nach – die wir hier ernst nehmen wollen – ist das Neue und ganz Eigene am Bürger, dass er sich selbst – und darüber hinaus »alle Menschen« – als »gleich und frei geschaffen« bestimmt – dem amerikanischen Original nach: »All men are created equal«, nach der europäisch-französischen Variante: »Égalité, Liberté, Fraternité«. Demnach ist die bürgerliche Gesellschaft also die Gesellschaft derer, die sich in diesem Sinne als »frei und gleich geschaffen« verstehen, aber eben auch derer, die »*alle* Menschen« als »gleich und frei geschaffen« verstehen.

Mit der zweiten Bestimmung, die der Bürger sich gibt, erklärt er sich, das Individuum, für »frei« – und dies ist zunächst ein *frei von* aller überkommenen, ererbten Bindung und Stellung, *frei von* aller Vorbestimmung und Bevormundung. Es ist auch ein *frei zur* individuellen Selbstbestimmung, zur Autonomie, frei zum ganz individuellen »Streben nach Glück«. Einander als freie und gleiche, zu eigener Entscheidung befähigte und berechtigte Bürger begegnend, hat niemand besondere Rechte auf einen anderen, hat niemand das Recht, für den anderen zu entscheiden oder ihn zu bevormunden – ganz zu schweigen von gewalttätigeren Formen der Unterwerfung und Unterdrückung.

Doch mit »gleich und frei« erschöpfen sich die Prinzipien nicht, die das Selbstbild und die Beziehungen der Bürger untereinander bestimmen. Denn seinem Selbstverständnis nach ist der Bürger verpflichtet, zumindest *eine* Autorität anzuerkennen, sich dem Spruch *einer* Autorität zu unterwerfen: dem der *Vernunft:* Sie ist den Bürgern seit der Französischen Revolution »das höchste Wesen, das wir verehren«, oberste Legitimations- und Berufungsinstanz der Gesellschaft. Die Anerkennung dieser Autorität steht keinesfalls im Widerspruch zur Gleichheit und Freiheit des Bürgers – denn sie ist ein Bestandteil seiner selbst, er hat – Descartes hatte es gelehrt – Anteil an ihr, Anteil in hinreichendem Maße. Es ist dieser Anteil des Bürgers an der Vernunft, der ihn bei aller Anerkennung ihrer Autorität gleich und frei sein lässt – und autonom und mündig dazu.

So revolutionär der Gedanke von Freiheit und Gleichheit auch war – seine besondere Dynamik verlieh ihm seine *Universalität:* Die Botschaft von Freiheit und Gleichheit beschränkte sich explizit nicht auf jene Kultur, die sie hervorgebracht hatte. Nein, sie richtete sich explizit *an alle Menschen*: Alle waren gleich geschaffen, nicht etwa nur die Franzosen oder Nordamerikaner des 18. Jahrhunderts, nicht nur die Europäer bzw. die »Weißen« – nein, proklamiert wurde nichts Geringeres als die Gleichheit, die Würde, die Rechte aller – Menschen: »All men are created equal«.

Der qualitative Bruch zum und mit dem Bisherigen wird nicht nur in der Absage des »gleich« an alle traditionelle Hierarchie und des »frei« von allen traditionellen Bindungen und Bevormundungen deutlich, er manifestiert sich noch vor diesen Konkretisierungen in der Tatsache, dass in ihm nicht mehr »die Gesellschaft«, »die Kultur« Subjekt und Bezug ist, sondern das Individuum: Der bürgerlichen Revolution geht es um das Individuum – darin liegt ihr gleichsam anthropologischer Charakter begründet. Damit steht die Bürgergesellschaft in Bezug auf ihre Lösung des Problems der anthropologischen Ambivalenz im offenen Gegensatz zu den Antworten, die die Traditionellen gaben: Die bürgerliche Umwälzung kündigte erstmals in der Geschichte der Menschheit die weitgehende Unterwerfung des Individuums unter das Soziale auf; sie erklärte das Individuum für frei und autonom und zur wesentlichen Existenz- und Ausdrucksform des Menschlichen – und drehte damit die bisherige Beziehung Individuum–Kultur diametral um: Das »soziale Extrem« wird durch das »individualistische Extrem« abgelöst. An die Stelle der sozialen Verpflichtung des Individuums tritt seine Gleichheit mit allen anderen, sein Recht auf Freiheit und auf das »Streben nach Glück«. Es sprengt seine sozialen Fesseln, es ent-fesselt sich.

Natürlich fließt die Kultur selbst auch weiterhin prägend in die Sozialisation des bürgerlichen Individuums ein, zieht sich aber aus dem Absoluten zurück auf die Rolle eines *Regelstifters und -wächters*, eines Schiedsrichters und Mediators, vielleicht auch auf die eines Polizisten, der ermächtigt ist, individuelle Regelverstöße im (Leistungs-) Wettbewerb der Individuen zu ahnden. Signifikant sind Ausmaß und Komplexität der Regelwerke selbst wie BGB und StGB, die aufgeblähte Gerichtsbarkeit und deren Sanktionsmöglichkeiten: nämlich schuldig gewordene Individuen »aus dem Verkehr zu ziehen«. Grundsätzlich ist der Grad der kulturellen Prägung der Individuen auf bestimmte kulturelle Normen und Verhaltensweisen erheblich schwächer als bei den Traditionellen. BGB, StGB und andere Regelwerke sind viel zu komplex und abstrakt, als dass sie von den Individuen internalisiert werden könnten, zugleich fehlt ihnen jene Qualität der Transzendenz, die den Werten und Normen der Traditionellen soviel Macht über das Individuum verleiht. Wo Internalisierungen weiterhin zu beobachten sind, gehen sie deshalb nicht selten auf fortbestehende vorbürgerliche Kulturmuster zurück: »Du sollst nicht stehlen« wirkt wohl, ist aber nicht originär bürgerlich – auch wenn es angesichts des bürgerlichen Begriffs vom Privateigentum eine ganz neue Bestätigung und Bedeutung erhält.

Dass sich in der bürgerlichen Gesellschaft die Beziehung zwischen Kultur und Individuum bzw. ihre Gewichtung umkehrt, hat allerdings auch weiterreichende Konsequenzen, die dann ihrerseits relevant werden für die Beziehung zwischen »Traditionellen« und »Bürgern«. Vorab dazu jedoch eine terminologische Klarstellung: Wenn hier von »dem« Bürger gesprochen wird, so handelt es sich stets um eine Abstraktion. In der sozialen Wirklichkeit treffen wir ihn als »Idealtyp« kaum jemals an – wenn er sich auch in allen Bürgern verkörpert und verwirklicht: »Bürgerliches« prägt alle in dieser Kultur, in unterschiedlichem Maße, Gehalt und Verhältnis, konjunkturell auch in unterschiedlichem Grade. Dementsprechend gilt das Folgende immer nur *für einen Teil* des Individuums – der eben variieren kann.

Betrachten wir die »Gleichheit aller« etwas näher, enthüllt sie einen durchaus schmerzhaften Stachel für das Individuum: Dass alle Menschen als Gleiche auf die Welt kommen, ist logisch eben nur dann möglich, wenn die Individuen auf die Welt kommen ohne jene näheren, konkretisierenden sozialen Bestimmungen von Rang und Rolle in der Gesellschaft. »Der Sohn des … » hat ausgedient als Ausweis individueller Besonderheit, mag vielleicht noch als folkloristisches Beiwerk gelten. Sozial kommt das bürgerliche Individuum »nackt« zur Welt, gesellschaftlich als Niemand. Nähere Bestimmungen des Individuums, die für die Vergangenheit typisch und prägend und ein Grund der Revolution gewesen waren, wurden nun zumindest zur »Privatangelegenheit«. Um der Gleichheit willen hatten sie gesellschaftlich bedeutungs-los zu bleiben.

Das ist so logisch wie konsequent: Jede nähere gesellschaftliche Bestimmung des einzelnen Individuums, jede gesellschaftliche Konkretisierung seiner Existenz als Individuum, ja, jede gesellschaftliche Wahrnehmung individueller Besonderheit widersprach der proklamierten Gleichheit aller Individuen, bedeutete sie doch implizit und praktisch eine Negation der Gleichheit aller: Ob früh gereiftes Genie, ob Analphabet – das allgemeine Wahlrecht erhalten beide mit 18 Jahren: Um der Gleichheit aller willen muss die Gesellschaft das Individuelle am Individuum, seine Besonderes zugunsten des Allgemeinen ignorieren.

Und sie tut dies konkret und drastisch: In der Logik ihres Gleichheitsanspruches verbietet mir diese Gesellschaft, mir »einzubilden«, ich sei »jemand«, gar »jemand Besonderes«, ich sei – »wer«. Früh, in der Familie, im Kindergarten, in der Schule stutzt sie die Flügel meines »Selbst«, macht mir nachdrücklich klar, dass ich keine »Sonderrechte« genieße und schon gar nicht »etwas Besonderes« sei: Sie tut dies, wohlgemerkt, nicht aus Voreingenommenheit mir gegenüber, nicht in mich diskriminierender Absicht, nein, sie tut das notwendigerweise, aus ihrer Logik heraus: Denn im Ignorieren individueller Besonderheit liegt ihr bürgerliches Wesen begründet – ignoriert sie doch meine Besonderheit ebenso wie die meines Nächsten, des Nachbarn, des Anderen. Dies ist die Logik ihrer Gleichheit: Niemand hat das Recht, sich über andere zu erheben, die Zeit der Vor-Rechte ist definitiv zuende.

In diesem Punkt überschreitet sie jedoch die Grenze des von mir Gewollten und mir Zumutbaren: So sehr ich diese Verneinung in Bezug auf die Anderen bejahe, so unerträglich wird diese Forderung in Bezug auf mich, auf mein »Ich«: Zu sein, ohne »etwas Besonderes« zu sein, also »nichts Besonderes« zu sein – das ist die Rücknahme der bürgerlichen Verheißung an das Individuum. Bedeutet doch für das Individuum, also: das per se Besondere, »nichts Besonderes« zu sein – nichts Anderes als »nichts« zu sein! Denn: Wer das Besondere am Individuum negiert, negiert das Individuum. Grundsätzlicher – und scheinbar paradoxer: Indem die Gesellschaft alle Individuen für gleich erklärt, negiert sie das Besondere, das Individuelle am Individuum – indem sie dies aber tut, negiert sie das Individuum oder erklärt es zumindest für unwesentlich, zur quantité négligeable: Die bürgerliche Gleichheitsverheißung ist nur formal und äußerlich.

Damit aber lässt der Gleichheitsanspruch das neue, das bürgerliche Individuum ganz notwendig die Erfahrung eines für seine Existenz und seinen Gleichheitsanspruch so symptomatischen wie strukturellen Widerspruchs machen: Denn was ist es, das da »gleich sein« soll wie alle Anderen? Das, was mich ausmacht, das »Selbst«, das »Ich« eben – das also, was doch nichts anderes ist als meine Voraussetzung allen Seins und Bewusstseins dieses Seins. Es ist die Voraussetzung meiner Welt, es ist mir damit die Voraussetzung der Welt, eine andere kann ich nicht haben – ohne diese Voraussetzung gibt es für mich keine Existenz, kein

Sein, keine Welt. Es ist die unverzichtbare Bedingung meines Selbst- und Eigen-Seins – ohne dieses »Ich« ist mir alles andere – nichts.

Dieses mir so wichtige »Ich« aber ist – seinem Anspruch und weitgehend seiner Realität nach – eben zugleich auch das Besondere schlechthin, es ist »nicht so« wie die anderen und will, soll, ja, darf es um meiner Selbstachtung willen nicht sein. Das Ich *begreift* sich als, *ist* sich das Einzigartige, das Unvergleichliche, das *Un*-Gleiche schlechthin. Da liegt der Widerspruch in seiner zerreißenden Spannung vor uns: »Alle Menschen sind gleich« – aber *als Individuen* sind sie ungleich und beanspruchen, ungleich, anders, eben: individuell zu sein. Max Horkheimer hat dieses Dilemma so formuliert:

> »Jedes Individuum steht im Mittelpunkt seiner Welt und weiß zugleich, daß es in der wirklichen überflüssig ist.« (Horkheimer 1937/1968, S. 87)

Im Grunde bringt Horkheimer hier jene existentielle Differenz zum Ausdruck, die das »bürgerliche« Individuum vom »traditionellen« trennt: Letzteres kannte dieses Problem schlicht nicht. Das traditionelle Individuum war »Sohn des …«, nicht selten schon im Namen erkennbar, war eingefügt als mehr oder minder unverzichtbarer Baustein der Gesellschaft, mochte es nun in deren Fundament sein oder in deren »Überbau«: sozial *Überflüssige* gab es da nicht.

Mit der Freiheit überantwortete die bürgerliche Revolution das Individuum auch dem eigenen Tod – dies wurde zum konsequentesten wie schmerzlichsten Ausdruck seiner neuen Mündigkeit: Wirklich frei, wirklich autonom ist nur, wer auch dem Tod frei und autonom gegenüberzustehen vermag – das heißt: *in eigener Sinnstiftung* gegenüberzustehen vermag.

Damit enthüllt sich in dieser Freiheit ein Widerspruch von einer Dimension, der geeignet ist, die Individuen zerbrechen zu lassen. Sie können daran zerbrechen, weil hier im Grunde Unmögliches gefordert wird: Denn »von nichts kommt nichts«, und diese Freiheit zur Autonomie und also eigener Sinnstiftung kann sich immer nur auf der Basis dessen verwirklichen, *was da ist*, was das Individuum ausmacht. Das aber ist, erinnern wir uns der rein negativen Bestimmung seiner Gleichheit und Freiheit, sehr wenig, fast nichts, subjektiv manchmal nichts. Damit eröffnet sich das existentielle Paradoxon, dass das bürgerliche Individuum bestimmt. Es besagt nicht weniger, als dass das Vergängliche sich selbst Unvergänglichkeit, das Sterbliche sich selbst Unsterblichkeit »stiften« soll. Es soll den die Sterblichkeit überwindenden »Sinn« aus sich selbst heraus, »aus eigener Kraft und Vollkommenheit« stiften.

Die Gleichheit und Freiheit und die Autonomie dazu sind ihm jedenfalls gegeben – nebst der Forderung, dies zu tun.

Welch banale Logik: Um meinen »individuellen Sinn« auch stiften zu können, muss ich mich selbst annehmen können. Doch nichts anderes als eben die bürgerliche Umwälzung selbst hat mit den Konsequenzen, die aus all ihrer Freiheit »von ...«, aus all ihrem Anspruch der Autonomie resultieren, dem Individuum die Erfüllung der Voraussetzung fast unmöglich gemacht, aus der heraus es allein seinen Sinn schöpfen könnte, nämlich diese Annahme seiner selbst: Damit enthüllt sich uns das existentielle Paradoxon dieser anthropologischen Revolution. Die Art und Weise, in der die bürgerliche Umwälzung die anthropologische Gespaltenheit des Menschen zugunsten des Individuums löst – in dem sie das Individuum für »gleich« und »frei« von allem erklärt – ist für dieses vernichtend, zweifach vernichtend: indem sie mit der Gleichheit das Besondere dieses Besonderen, das Individuum also als Individuum, negiert, und indem sie ihm mit der Freiheit (fast) die ganze Last des alltäglich-praktischen Überlebens und schließlich auch des Todes und der Vergänglichkeit auflädt.

Die Logik individueller Gleichheit und Freiheit entfaltet sich jedoch noch weiter. Neben der Last der eigenen Sterblichkeit wird dem Individuum jetzt auch die der Begegnung mit den Anderen auferlegt – der soziale *Puffer Kultur* zieht sich zurück, das sozial ungeschützte Individuum ist nun selbst für seinen Schutz verantwortlich, allerdings nunmehr in einer qualitativ anderen, erheblich leichter zu bedrohenden Existenzform. Dies gilt umso mehr, als die »soziale Einheit der Sinnstiftung« jetzt nicht mehr die Kultur, sondern das Individuum ist: also eine erheblich prekärere, erheblich schwächere Instanz. Was bisher nur ganze Kulturen miteinander meist durch pure Praxis »ausgehandelt« hatten, was sie als jeweils ganze betroffen hatte – das wurde nun zur individuellen Angelegenheit und Aufgabe. Zudem stellte nicht mehr der der eigenen Kultur Fremde jetzt meinen Sinn infrage durch seine andere Existenz und Praxis, sondern das jeweils nächste Individuum: Indem sie alle ihre ganz individuelle Antwort zu geben berechtigt und gefordert sind, indem sie alle ihre jeweils individuelle Antwort auch praktizieren und sich so identifizieren, müssen sie einander zu Anderen, zu Fremden werden. Und das ist nur zu logisch: Wenn individuell sein »etwas Besonderes sein« heißt, heißt das auch »etwas Anderes sein«: In der bürgerlichen Form der Emanzipation des Individuums, in seiner »Individualisierung« erhält es zunächst das Recht und die Chance, anders zu sein, sein Leben anders zu gestalten, andere Antworten zu geben und zu vertreten. In der »Individualisierung« der Gesellschaft – eben zur »Gesellschaft der Individuen« (Norbert Elias) – werden wir zu »Anderen«, also auch einander zu Anderen.

Das aber heißt: Nun findet die Begegnung mit den Anderen nicht mehr als Ausnahme, als Besonderheit statt, geschützt und verteidigt zudem von meiner Zugehörigkeit zu meiner Gemeinschaft und von ihrer Geborgenheit – nein, jetzt wird die Begegnung mit Anderen, mit anderem Sein und Sinn, mit anderer Praxis und anderem Verhalten zur Alltäglichkeit – und fordert mich heraus, bedroht mich, relativiert mich: Der Kampf um *meine* Existenz und Individualität wird zum Alltagsgeschäft.

Die individuelle Flucht aus dem Unerträglichen

Als passender Begriff für die hier geschilderte existentielle Situation des bürgerlichen Individuums bietet sich am ehesten der des *Unerträglichen* an: Die seiner Emanzipation entspringenden Zumutungen haben ein solches Gewicht, dass dieses Individuum schließlich nicht am Ort dieser Unerträglichkeit, dass es folglich nicht »bei sich« bleiben kann. Der Bürger lässt sich geradezu definieren als »der Mensch, der nicht bei sich zu bleiben vermag«. Und so geschieht in dieser Situation heilloser Überforderung das Nächstliegende. Angesichts seiner paradoxen Existenz reagiert das Individuum in einer ebenso panischen wie im Grunde logischen, zumindest plausiblen Weise: Da es sich nicht mehr erträgt, nicht mehr »bei sich zu bleiben« vermag, reagiert es mit *Flucht*.

Diese Flucht vor sich selbst betrifft sowohl den Körper als die höchste Evidenz eigener Gebrechlichkeit und Endlichkeit wie auch all das, worin sich das Prekäre der eigenen Existenz manifestiert: die eigene Besonderheit, das eigene Selbst, die eigene Identität. Der existenzhungrige Blick des Individuums richtet sich nun nach außen, auf das Andere und die Anderen: Identifikation mit Anderem, die Gleichsetzung des Eigenen nunmehr mit Anderem – das ist der Weg, auf den die Aufgabe der Identität mit sich selbst verweist (die vorbürgerliche Identität »mit sich selbst« war ja wesentlich eine Identität des Individuums mit jenem »wir«, das die bürgerliche Umwälzung gerade aufgekündigt hatte): Identität bzw. Identifikation wird zu seinem zentralen Problem.

Da der Mensch bekanntlich »nicht aus seiner Haut heraus kann«, stellt sich die Frage nach dem Wie? Und vor allem die nach dem Wohin? Die nach dem Wie? beantwortet sich leicht, wenn wir bedenken, dass es sich immer nur um eine Flucht im übertragenen Sinne handeln kann und wir den Menschen mit Ernst Cassirer als ein *animal symbolicum* verstehen: Die Flucht dieses *animal symbolicum* findet in *symbolischer* Weise statt, in *symbolischer* Eins-Werdung mit dem Ziel seiner existentiellen Begierde, auf dem Wege der Identifikation mit ihm: In Umkehrung des Fluchtvorgangs von mir weg setze ich mich – ihm gleich, »es« wird nun gleich »ich«. Dass diese symbolische Beziehung durchaus harte Realität bedeuten kann, zeigt sich etwa an den Ritualen von Flaggenverbrennungen, die weit entfernte »Feinde« treffen sollen und sehr wohl auch treffen können.

Die Frage des Wohin? ist schwerer zu beantworten – muss es doch Kriterien genügen, die der existentielle Hunger des Individuums setzt. Wohin aber nun? Identifikation womit? In welchem Anderem kann das erschütterte Selbst sich bergen, zugunsten welches Anderen lohnt es sich, die Identifikation mit dem eigenen Selbst aufzugeben, um mit jenem übereinzustimmen? Wo honoriert sich diese Selbst-Aufgabe? Nachdem einmal Nichtigkeit und Endlichkeit erfahren worden sind, haben sich die Maßstäbe geändert. Wer einmal in den Abgrund der Nichtigkeit geschaut hat, scheut alle Relativität, alle zeitliche Begrenztheit und Vorläufigkeit. Der neue Hafen für das Selbst soll all das bieten, was diesem Selbst gerade fehlt: Unverletzlichkeit, Sicherheit und, ja: Zeitlosigkeit, Ewigkeit – mit einem Wort jenes, was ihm auch in seiner Vorbürgerlichkeit gerade genügte: das »wahre Sein« ist das Absolute. Und da über das Absolute bekanntlich selbst kaum je Gewissheit zu finden ist, gilt hier genauer: die *Verabsolutierung*. Und wir gehen sicher nicht falsch, wenn wir das, was H. E. Richter in Bezug auf die Beziehung dieses Individuums zur Technik sagt, auch erweitern: »Das Entsetzen vor einer unerträglichen Verlorenheit und Ohnmacht in der Welt ist somit die eigentliche Antriebsenergie, die sich hinter dem Drang nach technischer Allmacht verbirgt.« (Der Gotteskomplex, Vorwort). Wenn Richter im gleichen Zusammenhang vom »zügellosen Bemächtigungsdrang« dieses nur allzu bedürftigen bürgerlichen Individuums spricht, sagt auch er nichts Anderes, als dass dessen Expansivität zutiefst existentiell begründet ist, Ausdruck und Folge seiner Entfesselung.

Es ist nun nicht so, dass die bürgerliche Gesellschaft ihre Individuen in dieser existentiellen Not und auf der Suche nach rettenden Verabsolutierungen allein lässt. Das Gegenteil ist der Fall: Neben dem bereits angesprochenen Drang nach technischer Allmacht, also nach gleichsam praktisch wirksamer Ermächtigung, bietet die Gesellschaft einige institutionalisierte Formen der Verabsolutierung an wie z. B. das – private – Eigentum, »Vernunft und Wissenschaft«, die Nation u. a. m. Obwohl scheinbar naheliegend, tauchen in dieser Aufzählung weder Gott noch Religion auf: Als vor- und außerbürgerliche Kategorien stehen sie außerhalb des Komplexes genuin bürgerlicher Antworten. Wo und solange sie wirksam sind, sind bürgerliche Antworten nur bedingt erforderlich.

Zum besseren Verständnis eine kurze Illustration zu den genannten bürgerlichen Kategorien: Es ist kein Zufall, dass *Eigentum* in der bürgerlichen Gesellschaft immer nur als privates, als individuelles, gedacht wird. Schon der Volksmund setzt Haben mit Sein gleich: »Hast du was, bist du was«, das *Haben* wird zum *Sein* – wie das Erich Fromm in seinem fast gleichnamigen Buchtitel beschrieben hat. So baut denn auch die wesentliche Ideologie des Bürgertums auf dieser Gleichsetzung auf: Was das Individuum nicht hat, kann es *erwerben,* dieser Erwerb findet demnach vornehmlich durch Leistung statt und deren Verwertung über die Konkurrenz auf dem Markt zum Gewinn und also Haben als Form des Seins. Da das Individuum aber niemals genug an Sein haben kann, läuft dieser Prozess in einer Endlosschleife – in der Theorie! In der Praxis bleiben nur allzu viele auf der Strecke – als »Habe-Nichtse«.

Mindestens ebenso naheliegend als Zufluchtsort des zerbrechlichen Ich, nur eben erhabener, ehrenvoller im Vergleich zum Eigentum ist die Identifikation mit der *Vernunft* und ihrer institutionalisierten Schwester, der *Wissenschaft.* Wer sich der letzteren verbindet, tritt gleichsam in den Priesterstand der allgemein verbindlichen Verabsolutierung ein, die seit den Tagen des Vernunftkultes des Jakobinerklubs nicht selten und explizit als »höchstes Wesen« verehrt wird. Wie bei aller Priesterschaft ist diese Identifikation allerdings mit gewissen Voraussetzungen verbunden, z. T. auch mit einer gewissen Askese, die den Zugang zu ihr einschränkt; Eliten vorbehalten, reproduziert sie Eliten.

Wer dazu nicht gehören kann und auch nichts hat, dem bleibt die Identifikation mit dem populärsten und ungeheuerlichsten Absoluten der Bürgergesellschaft – mit der *Nation.* Dieses Identifikationsangebot für die große Masse stellt insofern einen Rückfall der bürgerlichen Gesellschaft und ihrer Gleichheit in die vorbürgerliche *Gemeinschaft* dar, als sie die spezielle Gruppe und nichts Anderes zum Kriterium der Zugehörigkeit macht – und dieser Zugehörigkeit eine besondere, verabsolutierte Qualität zuerkennt. Wer nicht zum privilegierten Club *meiner* Nation gehört, ob Bürger oder nicht, ist ungleich weniger wert. Da dies vice versa gilt und es immer zu Kreuzzügen kommt, wenn solche Verabsolutierungen aufeinanderprallen, führt der Nationalismus zu wahren Hekatomben an Menschenopfern. Diese werden bezeichnenderweise dann von der jeweils eigenen Seite zu *unsterblichen* Helden verklärt: »Gefallen fürs Vaterland«, »Tombé pour la patrie«. Es ist die Nation, die die Unsterblichkeit verteilt – zum höchsten Preis, den das Individuum zahlen kann.

Diese Bereitschaft, den höchsten Preis auch zu zahlen, kennzeichnet den Unterschied des bürgerlichen Individuums zum »traditionellen« vielleicht am deutlichsten. Der massenhafte Tod – auf der Jagd nach Besitz, nach nationaler Größe oder beidem im Imperialismus – ist eines der markantesten Kennzeichen der neuen Gesellschaft genauso wie die scheinbare Leichtfertigkeit, mit der das eigene Leben auf dieser Jagd nach *individueller Anerkennung* weggegeben wird. Dieses Individuum kann so wenig bei sich bleiben, dass selbst die Gefahr für das eigene Leben es von einer solchen Flucht nicht abhalten kann. Einem solchen Verhalten fehlen in der traditionellen Kultur schlicht Motiv und Motor; zudem wäre es extrem asozial, weil gruppenschädigend und die Verpflichtungen ihr gegenüber grob verletzend: Im Interesse der Gruppe hat das Individuum sich gefälligst zu bewahren.

Dass aber das bürgerliche Individuum »nicht bei sich bleiben kann«, sollte bald zu meist katastrophalen Konsequenzen für die Traditionellen führen. Dass es dann in seiner existentiellen Not, Dynamik und Expansion seine eigenen höchsten Maxime »vergaß«, seine Ansprüche auf universelle Gleichheit und Freiheit *aller* vergaß – erscheint vor dem Hintergrund der existentiellen Not dieses Individuums zwar nicht zu rechtfertigen, aber doch nicht völlig unbegründet, nicht völlig unverständlich. Ebenso plausibel ist jedoch, dass die von der globalen Expansion des bürgerlichen Individuums Betroffenen das völlig anders sahen und erfuhren.

Sakral-sozial versus säkular-individuell: doppelt inkompatibel …

Es dürfte klar geworden sein, dass wir es bei den zwei Kulturvarianten mit prinzipiellen Unterschieden zu tun haben. In Bezug und im Kontakt zu den traditionellen Kulturen – zumindest in deren extremen Ausformungen – war und ist die bürgerliche Kultur ihnen zweifach grundsätzlich fremd und »inkompatibel«.

Mochten die Gründe für eine Auseinandersetzung bisher im »falschen« Glauben, im »falschen« Gott gelegen haben – wie sie die Beziehungen zwischen islamischer und christlicher Welt fast ein Jahrtausend geprägt hatten –, standen diese für die bürgerliche Welt nicht mehr zur Debatte. Ihrer Expansion ging es um Macht, Herrschaft, Zugang zu Rohstoffen und billigen Arbeitskräften, letztlich immer um Profit. Religion, Mission mochten dabei hilfreich sein, störten sie, hatten sie zu weichen – zu weichen in »ihren« Bereich, in »ihre« Schranken. Und hier liegt denn auch die große Differenz zu den Traditionellen: Ein solcher Vorgang wäre für sie – wo auch immer – grundsätzlich nicht denkbar, wäre ein Sakrileg. Die Welt war stets als Ganzheit und Einheit zu denken, in der die Transzendenz, wie abgeschwächt auch immer, doch immer präsent war: Es war eine vom *Sakralen* geprägte und dominierte Welt.

Kommen wir zur zweiten »Inkompatibilität«: Verfügte die westliche Gesellschaft nun schon nicht mehr über das für die bisherige Menschheitsgeschichte so wesentliche *gemeinsame* Merkmal – »Sakrales« traf doch stets auch auf »Sakrales« –, so wurde dieser Mangel verstärkt durch das die neue Gesellschaft konstituierende Merkmal der Individualisierung. »Soziales« traf nicht mehr auf »Soziales«, sondern auf Individuen; dafür, mit ihnen umzugehen, war im Grunde keine Kategorie, kein Werkzeug und schon gar keine Erfahrung vorhanden – und schon gar nicht für die bisher so typische wie funktionale »Schnittstelle« für den Kontakt zwischen einzelnen Kulturen: »Sakral-Soziales« hatte bisher stets an »Sakral-Sozialem« andocken können, der Kontakt zu »Säkular-Individuellem« war gar nicht vorstellbar. Für eine völlig traditionelle Vorstellungswelt ist deshalb ein für den Westen so fundamentales Konzept wie das der Menschenrechte weder nachvollziehbar noch annehmbar, impliziert es doch die diametrale Umwertung des eigenen Weltbildes – und vor allem ein letztlich selbstzerstörerisches Konzept von Individualität: Indem diese Menschenrechte – vor diesem Hintergrund durchaus subversiv – Individuen als Individuen ansprechen, stellen sie sich damit nicht selten gegen ihre eigene Tradition, Sozialisation und Identität.

Auch hier ein Beispiel: Da die bürgerliche Aufspaltung der Gesellschaft in soziale bzw. politische Strukturen einerseits und »autonome Individuen« andererseits den Traditionellen fremd und nicht nachvollziehbar war, musste ihnen ihr bürgerliches Gegenüber auch da als »doppelzüngig« erscheinen, wo dies objektiv und selten genug nicht der Fall war: »Doppelzüngig« erscheinen musste ihnen eine Struktur, die einerseits als »die Vereinigten Staaten von Amerika« auftrat, feierlich – und manchmal sogar aufrichtig – Verträge unterzeichnete – und andererseits dann umgehend in ihre Individuen zerfiel, die in ihrem »pursuit of happiness« keinerlei Abmachungen und Respekt kannten (deren Raub die Staatsmacht dann allerdings wieder schützte). Wenn der Repräsentant der Weißen sein Wort gegeben hatte, so konnte das selbstverständlich nur sein Amt, nur seinen Kompetenzbereich betreffen; der »Privatmann« X brauchte sich nicht unbedingt daran gebunden zu fühlen, schließlich war er ein »freier Bürger«, war »sein eigener

Herr« – und mochte entsprechend agieren. Die Kohärenz, die die Traditionellen – aufgrund ihres Respekts vor ihrer Autorität – in ihrer Praxis zeigten und eben auch erwarteten, blieb bei ihrem bürgerlichen Gegenüber ohne Entsprechung. Selbst wenn List und Tücke nicht im Spiele waren, mussten sie die *private* Praxis der bürgerlichen Individuen oft genug so deuten.

Die zweifache Inkompatibilität der beiden grundsätzlichen Kulturformen stellt gerade in Bezug auf die Kommunikation zwischen beiden ein ganz wesentliches Hindernis dar. Die Wirklichkeit wird jeweils grundsätzlich anders wahrgenommen, ebenso manche Praxis. Das Miss- und Unverständnis ist eher die Regel, das Verstehen die Ausnahme – es sei denn, die Praxis ist so eindeutig, dass sie gewissermaßen »für sich selbst« spricht – z. B. im Falle von Gewalt, Raub, Unterwerfung. Das Übermaß der Erfahrung mit dieser bürgerlichen Praxis hat verständlicherweise zu einer gewissen Zurückhaltung geführt.

… und obendrein subversiv

Damit sind wir beim eigentlichen Problem dieses ganz spezifischen Kulturkontakts – bei der *Unmöglichkeit* einer einigermaßen *stabilen* Koexistenz beider. Die westliche Welt stellt nicht nur eine einzigartig machtvolle und dynamische »Lebensform« dar, die ihre Umgebung nicht »in Ruhe lassen« kann. Sie ist strukturell expansiv, ohne Wachstum verkümmert sie und gerät in eine Krise. Ihre Macht und Dynamik sind – im globalen Rahmen und gemessen an den Möglichkeiten der Traditionellen – unwiderstehlich. Die Skala ihrer Methoden reicht von der offenen Aggression und kriegerischen Konfrontation über die erdrückenden Machtdemonstrationen einer »projection of power«-Politik bis hin zur »privaten« Infiltration und eben der *Subversion*.

Der Begriff der Subversion an dieser Stelle wirft Fragen auf: »Subversiv« verbinden wir eher mit einer Bedrohung von innen her, clandestin initiiert von außen, historisch konkret geworden in Erscheinungen wie dem »trojanischen Pferd« bis hin zur »5. Kolonne«. Als Akteure unterstellt werden dabei jeweils Sympathisanten, Parteigänger oder Agenten der äußeren Macht. Widerspricht all dies aber nicht der soeben betonten Inkompatibilität, Beziehungslosigkeit und Fremdheit der beiden Welten zueinander?

Der Widerspruch im Historischen löst sich auf der anthropologischen Ebene auf: Angesichts der globalen Entwicklung haben wir mittlerweile allen Grund zur Annahme, dass der Individualisierungsprozess in der westlich-bürgerlichen Welt kein historischer Einzelfall ist. Vielmehr können wir davon ausgehen, dass sich das individuelle Moment der menschlichen Ambivalenz mit dem Wachstum der materiellen Möglichkeiten und Sicherheit aus der sozialen Einhegung löst und sich von ihr mehr oder weniger emanzipiert. Unterstützt wird dieser Prozess ganz zweifellos durch die zunehmende Verwandlung der sozialen Beziehungen in Geldverhältnisse und deren damit einhergehender Anonymisierung: Wer sich seine sozialen Bedürfnisse mit seinem Geld erfüllen kann, hat die Anderen bekanntlich »nicht mehr nötig«, der »kennt keine Verwandten mehr«.

Da wir unterstellen dürfen, dass es in jeder Gruppe Unangepasste gibt, dass vor allem die Jugend Tradition und Autoritäten der eigenen Gruppe auch als Zwänge empfinden können, wird es (fast) überall offene Ohren für die Verheißungen der Individualisierung geben. Hier können die an sich Fremden Hoffnungen und Erwartungen auf ihre Verwirklichung wecken. Dies gilt umso mehr dort, wo mehr oder weniger handfeste Bestechungen ins Spiel kommen – etwa in Form von Schulbesuchen, besseren Verdienst- und Aufstiegsmöglichkeiten und Teilhabe am Herrschaftsapparat: Ohne diese Dolmetscher, Überläufer und Kompradoren wäre die europäische Weltherrschaft denn auch nicht möglich gewesen.

Diese Fähigkeit zur Subversion hat aber auch ihre Kehrseite: So werden – wir greifen hier dem historischen Verlauf vor – die Ausdrucksformen der Individualisierungs- und Emanzipationsbestrebungen von einer innerkulturellen Reaktion oft als »Verwestlichung« denunziert und propagandistisch-politisch gegen diese Bestrebungen gerichtet: Der Westen als der »große Satan« wird zum abschreckenden Beispiel für die mit der individuellen Emanzipation einhergehende Verlorenheit des Menschen, für Dekadenz, Drogensucht, Kriminalität u. ä. – und seine angeblichen Parteigänger werden in die Rolle von Verrätern gedrängt. Hier eröffnet sich der Demagogie ein ganzes Arsenal an »Argumenten«, aus dem sich die schärfste Repression aller Individualisierungstendenzen legitimieren lässt.

Angesichts solcher Repression, wie wir sie aktuell z.B. im Iran, in China, auch wieder in Russland usw. erleben, gewinnt die Universalität von Menschenrechten natürlich eine ganz eigene Bedeutung. Umso dringlicher erhebt sich die Frage danach, warum mit dem europäisch-westlichen Anteil am globalen Individualisierungsprozess sich nicht zugleich auch seine Menschenrechte relevanter durchgesetzt haben. Diese Frage wird im Folgenden zu beantworten sein – leider leichter, als vielleicht anzunehmen wäre.

II.
Die historische Ebene: die *Welt*-Herrschaft des Bürgertums

1. »Alle Menschen sind gleich« anno 1776

Zur Erinnerung

Das Gedächtnis der Menschen ist kurz, kürzer noch in unserer Zeit der allgemeinen »Reizüberflutung«, am kürzesten da, wo es sich um eigene Fehler, eigene Versäumnisse und Sünden handelt – die werden nur allzu gern verdrängt. Wesentlich langlebiger ist jedoch die Erinnerung derer, die wir verletzt, getäuscht, beleidigt, betrogen haben – das Gedächtnis unserer Opfer. Und sehr wohl mag es geschehen, dass wir ahnungslos und freundlich auf jemanden zugehen – und der sich abwendet oder uns gar aggressiv begegnet: Was hat der nur!? Ralph Giordano hat – in einem ganz anderen Zusammenhang – diese »Vergesslichkeit«, dieses Verdrängen unserer alten Schuld als »Zweite Schuld« bezeichnet (Giordano 2000). Das Wesen der »Zweiten Schuld« liegt darin, dass ich die erste Schuld nicht annehme: Jemand zu verletzen, ist schlimm, könnte jedoch durch meine Entschuldigung gesühnt werden. Die Verletzung zu ignorieren und zu bestreiten, gibt dem Ganzen ein andere, zusätzliche Dimension: Ich akzeptiere meine Untat nicht als Untat. Dann werde ich sie aber auch nicht los ... Auch Europa trägt eine solche »zweite Schuld«.

Ohne sich dessen recht bewusst zu sein, hat das bürgerliche Euramerika – heute uns vertrauter als »der Westen« – das bisher einzig wirkliche Weltreich der Geschichte errichtet. Nach einer über 400-jährigen Expansion und Kolonialisierung der Welt durch Europa standen laut H. Dießenbacher auf dem Höhepunkt des offen kolonialistischen Imperialismus im Jahre 1914 84,4 Prozent der Erdoberfläche unter bürgerlicher, europäischer oder US-amerikanischer Herrschaft bzw. Hegemonie (FAZ, 25.5.1993, S. 12): eine Weltherrschaft des Bürgertums, ohnegleichen in der Geschichte der Eroberungen, ohnegleichen auch ihrer zeitlichen und räumlichen Intensität. Die polyzentrische Anlage dieser Expansion – ein jedes Land verfolgte seinen eigenen Kurs, zudem in härtester Konkurrenz zu den anderen – und die scheinbare Beliebigkeit der europäischen Expansion verhüllt den Umstand, dass sie eine Welteroberung von ganz besonders radikaler, ganz besonders totaler Art war. So entstand das bisher einzige, wirkliche *Welt*reich der Geschichte, ein Weltreich seit Karl V., »in dem die Sonne nicht unterging«.

Dies war an sich umso erstaunlicher, als die zur Verfügung stehenden Heimatressourcen oft in einem geradezu lächerlichen Missverhältnis zur Größe der kontrollierten Gebiete standen: Großbritannien und Portugal »gehörte« jeweils das über 100-fache des eigenen Territoriums, Belgien das 77-fache, den Niederlanden das fast 60-fache, Frankreich über die Hälfte Afrikas – die periphere Insel Madagaskar entsprach allein schon der Größe des »Mutterlandes« – und ganz Indochina, die spanischen »Besitzungen« dürften die eigene Größe um das 25-fache überstiegen haben. Nicht zufällig bestand dann auch die für die »Entkolonialisierung« entscheidende Ursache darin, dass diese »Besitzungen« »nicht mehr zu halten waren«, dass dies die Kräfte der »Mutterländer« überstieg. Spanien und Portugal hatten sich soweit verausgabt, dass sie dafür mit innerer Verarmung und gesellschaftlicher Stagnation zu bezahlen hatten.

Das Verhältnis zwischen Aufwand und Resultat bei vorangegangenen Versuchen der Welteroberung war niemals so unterschiedlich wie bei der bürgerlichen Welteroberung. Der Vergleich der friedlichen »Inbesitznahme« von Anliegern des Indischen Ozeans durch die chinesische Flotte des Admirals Zheng He mit den drei Nussschalen der Kolumbus'schen Expedition spricht Bände: Bei ersterer kaum mal als Beiboote akzeptiert, unterwarfen sie allein bereits Gebiete von der Größe des »Mutterlandes« und bereiteten den Weg zur Eroberung von dessen vielfacher Größe; bei den »Eroberungen« des Admirals Zheng He mit seinen so unglaublich viel größeren Schiffen und Mannschaftszahlen fiel wohl kaum je ein Schuss. Sie waren ganz offensichtlich nicht zu dem bereit, was Europas Globalisierung so unwiderstehlich machen sollte: Sendungsbewusstsein, Brutalität, Wortbruch, tiefste Verachtung für die zu Unterwerfenden, Genozid als Programm – und Gier …

Der Beginn der überseeischen Expansion Europas zum Ende des 15. Jahrhunderts ist zugleich der Beginn eines Massakers an Nicht-Europäern, dessen genaue Dimensionen bis heute nicht ausgelotet worden sind. Um nur eine Ahnung von der Dimension europäisch-verantworteter Völkermorde zu vermitteln, mag uns eine Berechnung des Anthropologen Todorov in Bezug auf die ersten Opfer dieser Expansion hilfreich sein: Er hat errechnet, dass im Jahre 1500 etwa 80 Millionen Menschen die beiden Amerikas bevölkerten. Mitte des 16. Jahrhunderts waren von diesen 80 Millionen nur noch zehn übrig, von Mexikos ehemals 25 Millionen nur noch eine Million:

> »Wenn das Wort Völkermord jemals wirklich zutreffend verwandt worden ist, dann zweifellos in diesem Fall. Es handelt sich dabei meines Erachtens nicht nur in relativen Zahlen (Vernichtung in der Größenordnung von 90 Prozent und mehr) um einen Rekord, sondern auch in absoluten, da wir es mit einer Dezimierung der Bevölkerung

> von schätzungsweise 70 Millionen Menschen zu tun haben. Keines der großen Massaker des 20. Jahrhunderts kann mit diesem Blutbad verglichen werden.« (T. Todorov 1985, S. 161)

Vom historisch größten Raubzug mit seinen für beide Seiten so entgegengesetzten Folgen berichtet Eduardo Galeano in seinem Buch »Die offenen Adern Lateinamerikas« (Galeano 1992). Hier wird nicht nur das Maß der Ausplünderung und Verarmung der eroberten Länder nachvollziehbar, sondern auch die Dimension des nach Europa entführten Reichtums. Karl Marx hat denn auch die ursprüngliche Akkumulation des europäischen Kapitals auf den Zustrom lateinamerikanischen Edelmetalls zurückgeführt: Demnach stammte die Kapitalbasis, die die Industrialisierung Europas – und damit seine künftige Machtposition – erst möglich machte, aus Raubzügen in Lateinamerika. Noch immer lebt man aber hier von den Zinsen dieses Kapitals – eines Kapitals, das vielfacher Ausbeutung und Auspressung entstammt, wie dies die – laut Galeano: acht Millionen (ebd., S. 83) – Skelette belegen, die heute noch im Boden der Silberminen von Potosì in Bolivien von einer Zwangsarbeit bis zum Tode zeugen.

Und doch ging es den meisten Völkern der übrigen Welt oft besser als denen der heutigen USA – ihnen wurde nicht nur das Land geraubt, ihnen wurde das Recht zu leben selbst verweigert. Auch dieses dunkle Kapitel europäischer Kolonisierungspolitik droht ungesühnt zu bleiben, weil sich nach der Auslöschung Hunderter von Ethnien heute keine machtvolle Stimme mehr findet, die diese Ethnozide anklagt – keine Stimme, die gehört würde und erinnerte an Gesetze wie z. B. jenes, das das von freien, aufgeklärten Bürgern demokratisch gewählte Parlament, die legislative Versammlung des Territoriums Idaho, in den sechziger Jahren des 19. Jahrhunderts erlassen hatte, dass »für jeden Skalp eines ausgewachsenen Bocks (so entmenschlichte man auch im Gesetz den erwachsenen männlichen Indianer. D.S.) hundert Dollar, für jedes Weib fünfzig Dollar und für alles in Gestalt eines Indianers unter zehn Jahren fünfundzwanzig Dollar gezahlt werden.« (Nölle 1959, S. 74). Das war nicht der Befehl eines blutigen Tyrannen, das war der Mehrheitswille »des Volkes«, die Entscheidung der Demokratie.

In dem deutschen Western »Sie nannten ihn Gringo« (1965) wurde ein »Sonntagsvergnügen« der weißen Siedler in Bismarck, Norddakota, Ende des 19. Jahrhunderts gezeigt: Ausflüge zur Jagd auf Indianer. Das Gleiche wird von den Buren Südafrikas in Bezug auf die Buschmänner berichtet, in Tasmanien führten solche Praktiken zur völligen Ausrottung der Aborigines. Auch hier waren die Täter jeweils der »Freiheit des Individuums«, seiner Gleichheit, der Vernunft und der Demokratie verpflichtete – und von all diesem legitimierte, stolze und freie Bürger. Den Irrtum der aus Afrika verschleppten Sklaven von Haiti, die Erklärung der universellen Menschenrechte gelte auch für sie, bezahlte bis 1804 eine halbe Million von ihnen mit dem Leben. Ihre Mörder waren Abgesandte, z. T. führende Revolutionäre jener Republik, die sich dem Motto »Freiheit, Gleichheit, Brüderlichkeit« und den universellen Menschenrechten verschrieben hatte.

Nicht enthalten in dieser Statistik des Todes sind jene Zahlen, die der von den Europäern wie kein anderer geschundene Kontinent Afrika beiträgt: Es wird geschätzt, dass ca. 12 Millionen Afrikaner die Sklaven-Transporte und die Überfahrten über den Atlantik überlebt haben, ein Mehrfaches davon aber auf dem Wege zur »Neuen Welt« umgekommen ist. Besser wurde es kaum in der Phase der Kolonisierung Afrikas selbst. Allein das Privatregime Leopolds II. von Belgien über den Kongo (1885 bis 1908) dezimierte eine ursprüngliche Bevölkerung von ca. 20 Millionen auf 10 Millionen: ca. 10 Millionen sind ermordet oder in den Tod getrieben worden. Millionen von ihnen wurde eine Hand abgehackt als Beweis dafür, dass die – aus Afrikanern rekrutierten – Kolonialtruppen die ausgegebene Munition »sachgemäß« verwendet hatten (Hochschild, *Schatten über dem Kongo,* 2000, literarisch bearbeitet in Joseph Conrads *Herz der Finsternis,* 1902). Der deutsche Völkermord an den Herero 1904/05 entsprang dem gleichen Geist: Die Herero wurden in die Wüste Kalahari getrieben, diese und die wenigen Wasserquellen wurden anschließend von den deutschen Kolonialtruppen abgeriegelt. Die Aufstände der Wahehe und des Maji-Maji in »Deutsch«-Ostafrika wurden um den Preis Hundertausender Menschenleben niedergeschlagen (s. Baer/Schröter 2001). Dem gleichen Geist entsprangen die italienischen (Gas-)Kriege gegen die Zivilbevölkerung in Libyen und in »Abessinien«, die französischen Massaker an einer aufständischen Bevölkerung in Madagaskar 1947/48, die der englischen in Kenia gegen die Mau-Mau-Bewegung in den 50er Jahren.

Zu den Methoden der Europäisierung des Globus gehörte auch die bewusste Ruinierung der über die Jahrhunderte erbauten und von allen früheren Eroberern gepflegten Bewässerungssysteme Indiens durch die britische Kolonialmacht, um so seine Bewohner von englischen Importen abhängig zu machen; es gehörten dazu die Opiumkriege mit dem erklärten Ziel, die chinesische Bevölkerung durch das aus Indien eingeführten Opium abhängig und zu Konsumenten zu machen – ersonnen in London explizit als »Strategie«, um die britischen Staatsfinanzen zu sanieren –, die systematische Ausrottung der Tasmanier in Form von

Treibjagden; die Ausrottung ganzer Dörfer der Aceh auf Sumatra durch die niederländische Kolonialmacht anlässlich deren Unterwerfung zwischen 1902 und 1912; der niederländische Wortbruch und Kolonialkrieg gegen das junge Indonesien nach 1945, dem doch zuvor die Unabhängigkeit zugesichert worden war; die französischen Kolonialkriege in Vietnam. Verdrängt wird der faktische Genozid an den australischen Aborigines, von deren für die Zeit der Entdeckung geschätzten Zahl von einer Million 1920 noch 60.000 überlebt hatten.

Die Liste ist so lang wie blutig, diese Daten sind markante Momente einer vor allem im Alltag, vor allem in seiner »Normalität« so tyrannischen wie räuberischen Herrschaftsstruktur einer Kultur, die mit dem Anspruch der allgemeinen Gleichheit aller Menschen angetreten war. Wenn sie auch im Westen verdrängt worden sein mögen – in den überlebenden Opfern westlicher Unmenschlichkeit müssen europäische Menschenrechtsforderungen sehr gemischte Gefühle wecken.

Das Ende von Afrikas blühenden Landschaften

Afrika war einst einmal ein blühender Kontinent, dessen Menschen sich sehr wohl selbst regieren und versorgen konnten, ein Kontinent mit hoher Zivilisation und mächtigen Reichen, Reichen wie dem des alten Benin, Ghana, Dahomey, Songhay, Mali, Meroe, Kongo, Zimbabwe…, mit glänzenden Städten wie der Universitätsstadt Timbuktu, deren Ruf weit über die Grenzen Afrikas hinaus reichte (siehe u.a. Linde/Brettschneider 1962: Bevor der weiße Mann kam). Als in den mitteleuropäischen Breiten noch ungebildete Ritter ihren groben Ton angaben, hatte Afrika vielfach schon einen Grad und ein Niveau an Verfeinerung und kultureller Entwicklung und Vielfalt erreicht, von dem Europa noch weit entfernt war. Doch entscheidender ist, dass die Bewohner des Kontinents sich damals selbst ernähren konnten, dass sie sich selbst zu regieren vermochten, dass sie ihre eigene Geschichte zu »machen« in der Lage waren. Das alles war einmal Afrika, das alles gab es einmal in Afrika – und fast alles davon ist verschwunden, »untergegangen«, wie es beschönigend heißt – und darin liegt das heutige Problem Afrikas.

Den Kindern der imperialistischen Bürger von gestern entgehen vor allem die Gründe für den Untergang dieses blühenden Kontinents. Die Ursache des afrikanischen Untergangs ist in einem Wort – Europa und sein Bürger. Europa war in vielfacher Hinsicht das Unglück, der böse Geist, der Zerstörer Afrikas – und dies schon lange vor dem letzten erdrückenden Zugriff des europäischen Kolonialismus. Lange vorher schon hatte der Sklavenhandel begonnen. Und dieser Menschenhandel, dieser ungeheuerliche »soziale Blutverlust« war der eigentliche Grund für den Niedergang der afrikanischen Zivilisationen. Denn der Sklavenhandel war nicht nur eine böse moralische Angelegenheit, wie dies in Europa gern kokett-selbstkritisch gesehen wird, er war nicht nur ein massiver und offener Verstoß gegen alle Christlichkeit und den Gleichheitsanspruch, er war für Afrika ein vielfacher Völkermord, ein traumatisierendes, Jahrhunderte währendes, millionenfaches Massaker, ein Aderlass von -zig Millionen Menschen zu einer Zeit, da Europa selbst noch nicht einmal die Zahl von 100 Millionen Einwohnern erreicht hatte. Der »Stoff«, aus dem Städte, Staaten, Zivilisationen gemacht sind, der unverzichtbare »Baustein Mensch«, wurde herausgepresst aus Afrika in einem bis heute in seiner ganzen Dimension, in seinen ganzen *verheerenden* Konsequenzen noch nicht bekannten, nicht akzeptierten Maße. Denn dieses Auspressen hatte auch tiefgreifende Konsequenzen für diejenigen, die der Sklaverei und dem Tod entkamen: Flucht und Verbergen allein versprach Rettung, Flucht aus den küstennahen Ortschaften und Gegenden in immer entferntere, unzugänglichere Refugien.

War so die soziale und wirtschaftliche Basis der afrikanischen Kulturen schon durch den Sklavenhandel aufs Schwerste in Mitleidenschaft gezogen worden, so erfolgte die gänzliche Zerstörung bzw. Liquidierung der eigenen, traditionellen Überlebensformen und -basis durch den direkten Zugriff der Bürger-Nationen Europas auf sein Territorium. Dieser Zugriff wurde im Übrigen in zutiefst zynisch-perverser Weise mit dem »Kampf gegen den Sklavenhandel« begründet (Sklavenhändler waren hier immer die Araber, die guten Europäer kamen zum Schutz der armen verfolgten Schwarzen).

Als die europäischen Kolonialmächte sich daran machten, die Hülle und die Kernlande des geschundenen, sozial ausgepressten Kontinents aufzuteilen – und die Teile *ihren* Interessen und Bedürfnissen gemäß zu organisieren, zerstörten sie nicht nur deren auf die Reproduktion des Eigenen gerichtete Ökonomie – sie setzten an deren Stelle eine *Zulieferstruktur* für die europäisch-bürgerlichen Wirtschaften, Bedürfnisse und Interessen. Die Schaffung jener Infrastrukturen, auf die man sich später soviel zugute hielt, waren ausschließlich den Verwertungsinteressen Europas gemäß entworfen und realisiert worden, ebenso die neuen sozialen, Rechts- und Bildungsinstitutionen: »Unsere Vorfahren, die Gallier ...« – so hatten sich die afrikanischen Schüler der französischen Kolonien ab sofort zu identifizieren: Sie selbst hatten offenbar keine

Vorfahren, hatten offenbar keine Geschichte, beides wurde ihnen in dieser Aussage bestritten – einschließlich ihrer afrikanischen Identität.

Ent-Menschlichung – nicht immer blutig

Ein Vergleich der europäisch-bürgerlichen Unterwerfungsmethoden mit denen der islamischen Araber, der Mongolen Dschinghis Khans oder der Osmanen bietet sich an. Diese Eroberer betrachteten und behandelten die einmal Unterworfenen zumindest bis zu einem gewissen Grade als Partner: Christen konnten sich als Christen in den islamischen Staat *institutionell* integrieren, Dschinghis Khan beschämte den Papst selbst durch seinen Großmut und seine religiöse Toleranz, die Griechen des alten Konstantinopel wurden von den osmanischen Eroberern im Rahmen ihrer traditionellen Strukturen – in einer Art »indirect rule« – in den neuen Staat mit bestimmten, durchaus relevanten Rechten integriert. Sie waren nicht gleichberechtigt, aber weit entfernt von jener völligen Rechtlosigkeit, die die Unterworfenen in der europäischen Herrschaftspraxis erfuhren. Wenn auch oft Subjekte zweiter Ordnung, waren sie doch respektiert *als Subjekte*, – mit konjunkturell z. T. sehr bemerkenswerten Chancen einer Teilhabe an der Macht – nicht zuletzt in deren Hinterzimmern, nicht selten als deren Dolmetscher, Diplomaten und »interkulturelle Sprecher«.

Grundsätzlich anders war bereits der Ansatz europäischer Eroberungszüge. Schon in die Konzeption der ersten Seereisen unter Heinrich dem Seefahrer bis hin zu den Expeditionen Livingstones, Stanleys, Rhodes', Carl Peters usw. war von vornherein und sich schließlich zunehmend verfestigend die Setzung eingeflossen, dass »die Welt« der gleichsam natürliche Bezugsrahmen Europas war – und Europa der natürliche Bezugspunkt der Welt. Bewusst und systematisch erfolgte diese Setzung auf theoretisch-ideologischem Gebiet durch die neu entstehenden Wissenschaften – die ihre Entstehung selbst häufig genug dieser Setzung bzw. deren Konsequenzen verdankten. Am deutlichsten wird dies beim Positivismus: Der als selbstverständlich unterstellte Bezugsrahmen von Comtes »voir pour prévoir« war nichts weniger als der *ganze* Globus.

Umgesetzt auf mehr praktische Bezüge wurden die Vorstellungen dieser Theoretiker vor allem durch die diversen naturforschenden Gesellschaften und Akademien aller wesentlichen europäischen Länder: In ihren Vorstellungen war die Welt bereits ein Bestandteil und legitimes Betätigungsfeld Europas. Sie leisteten die Pionierarbeit und die der

»Verdauung« einer symbolisch-ideologischen *Einverleibung* der Welt, die allerdings auch sehr reale Züge hatte. Diese Inbesitznahme des Globus durch die Wissenschaft wurde geleistet von Reisenden wie Amerigo Vespucchi, Cpt. Cook, den beiden Forsters, Alexander von Humboldt, Darwin, Livingstone und Stanley usw. – dies gilt auch da, wo wir ihnen die denkbar honorigsten Motive zubilligen müssen: Im Ergebnis ihrer Arbeit stand die Einverleibung des Globus in das europäische Weltbild und Selbstverständnis und die Konsequenz seiner praktischeren und konkreteren Einverleibung auch in den Erfahrungs- und vor allem in den *Macht*bereich der Bürger.

Von praktischen und taktischen Überlegungen abgesehen tauchten die Bewohner der übrigen Welt *als Subjekte* in den europäischen, den westlichen Vorstellungen und Planungen nicht auf. Darin wie in den Riten der sukzessiven Inbesitznahme des Globus wurden die Anderen von vornherein als Objekte betrachtet, es sei denn, dass ihnen aus vordergründig-taktischen Motiven vorübergehend mehr zugestanden werden musste. Europa war von vornherein als *Usurpator fremder Legitimität* aufgetreten – ganz praktisch, ganz real allein schon dadurch, dass es die Welt, den ganzen Globus als europäische Angelegenheit unterstellte. Der Gedanke, dass es auch außerhalb Europas eine Legitimität geben könne, dass man vielleicht erst einmal fragen, bitten müsse, spielte konstitutiv für diese Expansionspolitik keine Rolle. Bis zur Ankunft der Europäer erschien diesem Weltbild nach die Welt als herrenlos, als zur freien Verfügung Europas stehend und ihrer Inbesitznahme und Besiedlung durch Europa harrend. Deren Bewohner waren weder Subjekte noch *rechtsfähig*. Europa *war* die Legitimität, und außer Europa gab es keine Legitimität.

Symptomatisch für dieses Weltverhältnis ist der berühmte Vertrag von Tordesillas aus dem Jahre 1494: Nur zwei Jahre nach der Entdeckung der »Neuen Welt« hatte ein päpstlicher Legat in dieser spanischen Kleinstadt den Streit zwischen Spanien und Portugal darum, wem denn nun was auf diesem Globus gehöre, in der Weise geschlichtet, dass er die zwei nachmals so berühmten Linien quer über die Weltkarte zog und damit *die Welt* aufteilte, sie *auf*-teilte in zwei Teile und diese je an Spanien und Portugal *ver*-teilte – das diesem Umstand seinen amerikanischen »Besitz« Brasilien verdankte, so wie Spanien von nun an zu all seinem Amerika-Besitz auch noch die »Philippinen« erhielt.

Das setzte nur eine ältere Praxis fort. In der päpstlichen Bulle *Romanus Pontifex* hatte Papst Nikolaus V. am 8. Januar 1455 Heinrich dem Seefahrer das Recht zugesprochen, die Sarazenen, Heiden und anderen Feinde des Christentums zu überfallen, sie zu ewigen Sklaven zu machen und ihren Besitz zu nehmen. Hierbei erhielten die Portugiesen das alleinige Recht auf die bisher erworbenen Gebiete und neuen Eroberungen hinter Kap Bojador (Westsahara). Auch das steht in einer älteren Tradition. Bonifatius VIII. hatte 1302 in seiner Bulle »Unam Sanctam« erklärt: »Nun aber erklären wir, sagen wir, setzen wir fest und verkünden wir: Es ist zum Heile für jegliches menschliche Wesen durchaus unerlässlich, dem römischen Papst unterworfen zu sein«

Wie verräterisch doch die bloße Sprache sein kann: »Aufteilen«, »verteilen« kann ich legitimerweise nur das, was mir gehört oder was mir treuhänderisch übergeben wurde. So drückt sich im Vertrag von Tordesillas denn auch eine ganz bestimmte Art von Welt-*Anschauung* aus – jene Art, in der der Besitzer seinen Besitz *anschaut*: Diese Welt, so sagt der Vertrag, gehört uns, gehört Europa – und niemand anderem. In diesem Vorgang selbst findet der Raub schon statt. Es sollte nicht bei dieser einen Auf- und Verteilung der Welt unter Europa bleiben. Über so manche andere dieser Art verlängert sich diese Linie über den Vertrag von Faschoda (1899) und dessen Aufteilung Afrikas und das Sykes-Picot-Abkommen (1916) über die Vorderasiens – jeweils unter Frankreich und Großbritannien – und den von Petersburg (1907) über die Aufteilung Persiens unter das letztere und Russland bis ins 20. Jahrhundert.

Die Usurpation fand neben der juristisch-politischen Ebene auch auf der ideologisch-symbolischen statt. Das aber ist jene Form, die sich so leicht in Weltbilder und Sozialisation integriert – z. B. über die besitzanzeigende Namensgebung: von den Philippinen bis Neuseeland, von Neu-England bis Neu-Irland, von West-Indien bis Tasmanien, von New York bis zum Kap Hoorn, von Buenos Aires über Cordoba zur Weihnachts- und zur Osterinsel signalisiert die ganze Welt bis heute vor allem eines: Europa. Diese Welt muss »vor Europa« ganz offensichtlich namenlos und – in dieser Logik und als ihr deutlichster Ausdruck – herrenlos gewesen sein. Dass man mit dem neuen Namen, meist in Verbindung mit der Flaggenzeremonie und anderen Ritualen der »Inbesitznahme« offensichtlich »herrenlosen Landes« fremde, alte Besitzrechte und -ansprüche usurpierte, steht in kaum einem Geschichtsbuch der Sieger.

Die Eroberung der Welt durch Europa hat also nicht nur auf rein territorialer oder rein ökonomischer Ebene stattgefunden, sondern auch in den Köpfen der Europäer – und sich hier festgesetzt. Die Einverleibung des Fremden in die eigene Welt gestaltete sich totaler, als uns bewusst und vorstellbar sein mag. So erhielt auch die fremde Flora und Fauna ihre Existenzbestätigung erst durch ihre Aufnahme in die europäische Terminologie und Nomenklatur: Erst der europäische Name verlieh und verleiht Existenz: Was nicht im Linnéschen System auftaucht, wird immer erst »neu entdeckt«, mag es den Einheimischen ein noch so altvertrautes und selbstverständlichstes Lebensmittel sein.

Ähnliches gilt für die europäische Berechnung und Terminologie von Zeit und Maßen: Wie für das Vorherige gilt, dass sie nicht durchgesetzt werden konnten, ohne ihrerseits die entsprechenden Kategorien und Vorstellungen der Anderen zu entwerten und zu ersetzen: Es gilt das Maß Europas. Dabei wird gern übersehen, dass z. B. die global so aufwendig inszenierte Jahreswende zum 3. Jahrtausend kaum für ein Drittel der Menschheit galt: Die Zeitrechnungen der chinesischen, jüdischen und persischen Kultur reichen erheblich weiter zurück, die des Islam beginnt bekanntlich im christlichen Jahr 622. Europäische Selbstverständlichkeit und Selbstbezogenheit vergisst und verdrängt auch diese Dimension der Unterwerfung und Enteignung anderer Kulturen.

Resümieren wir: Lassen wir einmal jene innerbürgerlichen Unterschiede beiseite, die für die Eroberten ohnehin nicht existierten, und betrachten sie als die Bewegung einer einzigen Kultur, so ist festzuhalten, dass in der gesamten Weltgeschichte keine andere Welteroberung und -herrschaft ihr an Quantität, Qualität und an Unmenschlichkeit auch nur nahekam. Keine andere Eroberung kam ihrer territorialen Ausdehnung, ihrer kulturellen und materiellen Durchdringung der globalen »Beute«, ihrem Grade der Ent-Menschlichung der Eroberten gleich: Das bürgerliche Weltreich, die bürgerliche Weltherrschaft verantwortete die größte Unterdrückungs- und Entmenschlichungstatsache der Geschichte.

2. *Allgemeine* Gleichheit – im Widerspruch

Die historisch größte Tatsache von Unterdrückung, Entmenschlichung und Entwürdigung von Anderen, von »nicht-bürgerlichen« Menschen verantwortet – *die bürgerliche Gesellschaft!* Das ist eine Aussage von nicht zu unterschätzender Explosivität. Um uns diese zu vergegenwärtigen – und damit die mögliche Dynamik, die sie auslöst –, rekapitulieren wir noch einmal das Grundsätzliche des Bürgerlichen: Während allen anderen vorangegangenen und parallelen, eben *traditionellen* Gesellschaftsformen Herrschaft und Hierarchie, Diskriminierung und Unterdrückung gleichsam »natürlich« und »gottgegeben« galten, stand die bürgerliche Gesellschaft von vornherein unter einem ganz anderem, historisch in der Tat einmaligen Imperativ: Mit ihr erschien die allgemeine Gleichheit erstmals nicht mehr nur als Utopie, sondern als eigentlicher *Grund* einer Gesellschaft – *und* konkretes Ziel ihrer politischen Praxis. Konnte es in einer bisher (fast) ausschließlich auf Herrschaft und Hierarchie beruhenden Weltordnung Revolutionäres geben?

Revolutionär war das bürgerliche Programm umso mehr, als die Idee von »Freiheit, Gleichheit, Brüderlichkeit« – wie schon die Idee der Nächstenliebe – von vornherein nicht auf die eigene Kultur beschränkt gedacht war. Nein, ihre Botschaft ging ganz explizit an *alle Menschen*, sie schloss alle Menschen in ihre Vorstellung ein: alle waren gleich geschaffen, nicht etwa nur die Franzosen oder Nordamerikaner des 18. Jahrhunderts, nicht nur die Europäer bzw. die »Weißen« – nein, proklamiert wurde nichts Geringeres als die Gleichheit, die Würde, die Rechte aller Menschen: »All men are created equal«! Und die jeweilige Erklärung der Menschenrechte durch die bürgerlichen Revolutionen diesseits und jenseits des Atlantik bezog sich schon vom Begriff her auf die ganze Species, sah diese schon im Begriff als universell.

Nicht nur in Bezug auf die bürgerliche Revolution, sondern auf die gesamte Menschheitsgeschichte bis heute fällt es schwer, eine Forderung von ähnlich revolutionärer Brisanz und Tragweite auszumachen wie die der Gleichheit. Bedeutete und bedeutet sie doch vor allem die Infragestellung eines Grundprinzips aller bisherigen sozialen Organisation, nämlich der Hierarchie. Sie bedeutete die Infragestellung von Herrschaft und Macht, von Diskriminierung und Unterdrückung – und nicht nur implizit, nein, bewusst und gewollt, wie die enge Verknüpfung mit der Forderung nach *Brüderlichkeit* belegt: Sie ist der deutlichste Beleg für den Anspruch der Revolution, Herrschaft und Macht, Diskriminierung und Unterdrückung abzuschaffen und durch eine Gemeinschaft von Gleichen und Gleichberechtigten zu ersetzen – der deutlichste Beleg außer der Guillotine. Diese ihrerseits belegte, dass die Revolution ihren Gleichheitsanspruch den eigenen Herrschenden gegenüber *todernst* meinte und ebenso todernst nahm – und außerordentlich stolz darauf war und ist: Dieser Anspruch machte und macht den Bürger aus, ohne diesen Anspruch kein Bürger.

Das eigentliche Problem entsprang dem »*all* men are created equal«, der *Universalität* des Anspruchs: Die Gleichheit sollte für *alle* Menschen gelten. So ernstgenommen wie *nach innen,* hätte dieser Anspruch *nach außen* auch verlangt, jenes Weltreich bzw. jenes koloniale Erbe, das die Bürger in den Niederlanden, in Großbritannien und nun auch in Frankreich jetzt verantworteten – infragezustellen und letztlich zu liquidieren. Wäre es nicht die schlichteste Forderung der Konsequenz gewesen, das gigantische Herrschaftssystem aufzulösen und die Gleichheit aller auch zu praktizieren?

Das war bekanntlich weit gefehlt; liquidiert wurde dieses Weltreich der Unterdrückung keineswegs, das Gegenteil war der Fall. Nicht nur in »Übersee« war der Widerspruch zwischen Anspruch und Praxis von Anfang an *strukturell* – und blieb es. Als symptomatisch hierfür mag gelten, dass einer der Väter der Erklärung des »all men are created equal«, George Washington, die Zahl seiner ihm als Erbe überkommenen 50 Sklaven bis zu seinem Lebensende auf fast 400 steigerte, was sein Biograph Chernov zu recht als »schizophren« bezeichnet (Chernov 2010, S. 174). Diese »Schizophrenie« praktizierte selbst der Autor der Erklärung, Thomas Jefferson. Sklaven waren per se aus der Erklärung ausgeschlossen. Symptomatisch ist auch die Tatsache, dass nicht so sehr das *ancien régime* Frankreichs, wohl aber dessen bürgerliche Nachfolger das zweitgrößte Kolonialreich – nach dem britischen – aufbauten und es auch mit den blutigsten Mitteln bewahrten.

Der Widerspruch zwischen Anspruch und Praxis, wie er sich so symptomatisch bei Washington und Jefferson zeigte – und der ihnen bewusst war –, war weder eine Panne noch eine Ausnahme, noch der Ausdruck einer Übergangssituation. Er war schlechthin exemplarisch, typisch für das Verhältnis von Anspruch und Praxis der neuen Klasse. Das sollte sich am deutlichsten im Umgang mit ihrem geopolitischen Erbe zeigen – stellte dieses Erbe für den neuen Anspruch doch den Prüfstein schlechthin dar.

Gegenüber der vorrevolutionären Subalternität des Bürgertums hatte sich zudem etwas grundsätzlich verändert: Jetzt übte es die Macht in eigener Person aus und verkörperte und verantwortete sie selbst! Damit lag der Widerspruch »auf der Hand« und musste an Explosivität in dem Maße gewinnen, in dem die Expansion Europas nun als offen bürgerliche Expansion stattfand. Mit jeder weiteren Eroberung, mit jeder blutigen Niederschlagung einer Rebellion musste sich die Kluft zwischen Anspruch und Praxis vergrößern und dazu tendieren, unerträglich, unüberbrückbar zu werden.

Auch für die bürgerliche Gesellschaft selbst musste dieser Widerspruch eine ebenso strukturelle wie wachsende Provokation ihrer Glaubwürdigkeit und Kohärenz darstellen, die sich zu einer ganz realen Gefahr für allen Glauben an Recht und Moral, für die eigenen Fundamente und den gesellschaftlichen Zusammenhalt selbst entfalten musste. Es war kein Widerspruch, »mit dem man leben konnte«, einer zudem, den zu verdrängen unmöglich war. Mit einem solchen Widerspruch zu leben, musste tendenziell jeden moralischen Anspruch desavouieren und dem Zynismus und Nihilismus den Weg bahnen.

Rein theoretisch – wie gesagt – wäre dieses Problem der Glaubwürdigkeit durch die Einlösung der eigenen Ansprüche aus der Welt zu schaffen gewesen. Das Bürgertum war jedoch nicht bereit, solche Konsequenzen zu ziehen – war es doch schon bei den »vorbürgerlichen« Eroberungen der verschiedenen Nationen auch bei Kolumbus, Vasco da Gama, Magellan, Drake, Raleigh, Cartier, Bougainville, Cook usw. als kapitalkräftiger Sozius mitgereist, hatte mitfinanziert und miterobert und - noch hinter den Kulissen, aber zunehmend - die Rolle der die Eroberungen eigentlich vorantreibenden Kraft übergenommen.

Wenn man aber mit einem solchen Widerspruch nicht leben konnte, wenn man auf der anderen Seite – wie vielfach praktisch demonstriert – auch keinesfalls daran dachte, mit dem Credo »*Alle* Menschen sind gleich« wirklich ernst zu machen und konsequenterweise die eigene Unterdrückung des Globus zu revidieren – was war dann zu tun?

Das zumindest lässt sich im Nachhinein sagen: Europas bürgerliche Gesellschaft – und ihre Ableger in Übersee – haben Wege gefunden, mit ihrem prinzipiellen und strukturellen historischen »Großen Widerspruch«, ja: dieser *Schizophrenie* zu überleben. Sie haben sich Formen und Strukturen, eine ganze Kultur geschaffen, die ihnen bei diesem Überleben entscheidend nützt, die sie vor der Begegnung mit der ganzen Wirklichkeit und Wahrheit ihrer Gesellschaft, ihrer Praxis und ihrer Geschichte schützt. Darauf, wie die Bürger die Sprengkraft ihres Großen Widerspruchs zwischen Anspruch und Praxis neutralisieren, wie sie »mit ihm leben« lernten, soll nun der Blick gerichtet werden: Dieses kulturelle Erbe ist noch heute lebendig. Es ist dafür verantwortlich, dass die Wahrnehmung zwischen »uns« und den »Anderen« so diametral unterschiedlich ist. Es sind vor allem die drei folgenden »Lösungen« des Widerspruchs, die diese kulturelle und auch individuelle Erbe ausmachen.

3. Keine zufällige Koinzidenz

Von Anfang an mit auf den Weg gegeben und diesen Weg durchaus prägend war der neuen Gesellschaft der Gleichheit und der Freiheit aller Menschen also der tiefgreifende Widerspruch zwischen diesem eigenen, sie konstituierenden Credo und ihrer expansiven, die Anderen entmündigenden und entmenschlichenden Praxis – ein Widerspruch so flagrant, dass »mit ihm zu leben« nicht möglich war. *Mit ihm* zu überleben, wurde der bürgerlichen Gesellschaft nur möglich, indem er seinerseits zu einem starken Motor der Produktion erheblicher kultureller Konsequenzen wurde – Konsequenzen, die unsere Kultur, unser Selbst- und Weltverständnis bis auf den heutigen Tag prägen, sie umso erheblicher prägen können, als ihre materielle Basis z. T. noch fortwirkt und sie uns weitgehend unbewusst geblieben und wirksam sind.

Der Widerspruch war zu offensichtlich, um überdeckt und verdrängt zu werden. Ihn praktisch zu lösen – durch Aufgabe entweder des Credos oder der Unterdrückungspraxis –, war man nicht bereit. Welche Möglichkeiten verblieben also? Theoretisch-logisch diese eine auf jeden Fall: Wo stand denn geschrieben, dass dieser Widerspruch nur in die eine Richtung – der der Liquidation aller Unterdrückung – aufzulösen war? Er ließ sich doch auch in eine andere Richtung auflösen – z. B. dadurch, dass all den Unterworfenen und Versklavten der menschliche Charakter abgesprochen wurde. Wenn all diese Opfer bürgerlicher Herrschaft *keine Menschen mehr* waren, dann gab es keinen Widerspruch mehr! Dann gälte das »all men are created equal« widerspruchsfrei.

Richten wir unseren Blick in dieser Perspektive auf die Periode der Aufklärung, könnten sich bestimmte, meist eher als zufällig oder als zwar hässliches, aber eben doch anachronistisches Beiwerk betrachtete Erscheinungen zu einer eigenen Logik und Struktur formieren. Es fällt auf, dass mit der Aufklärung erstmals die »biologisch-natürlichen« Unterschiede zwischen den Menschen zunehmend ins Blickfeld rücken und eine breite Diskussion darüber geführt wird. Eine neue, seriöse, ja »wissenschaftliche« Wahrnehmung und Wertung der körperlich-natürlichen Unterschiede bricht sich Bahn: Über den Rassen-Begriff wurden diese Unterschiede nun in einer bisher nicht gekannten Weise thematisiert und mit Assoziationen und Wertungen gefüllt, die sie zuvor nicht hatten: Erst die Aufklärung »erfand« die biologistische Betrachtungsweise.

Der Begriff der »Rasse« selbst – meist als »Race« – war in der bisherigen zeitgenössischen Reiseliteratur stets als beschreibender, im wesentlichen neutraler Begriff für unterschiedliche Menschengruppen verwendet worden. Er war gleichsam ein Synonym für »Volk« und taucht in dieser Bedeutung in den frühen Reisebeschreibungen oft schon im Titel auf. Um das Jahr 1750 herum änderte sich dieser Gebrauch, der Begriff erhielt eine neue Füllung und wurde zu einem Instrument wertender, hierarchisierender »Ordnung« zwischen den verschiedenen Völkerschaften. In seiner *Geschichte des Rassismus* datiert der Historiker Immanuel Geiss den »Durchbruch« dieser nunmehr im heutigen Wortsinne *rassistischen* Füllung des Begriffs auf die Jahre 1774 bzw. 1775 (Geiss 1988, S. 151 ff.). Diesen »Durchbruch« macht er fest am fast gleichzeitigen Erscheinen zweier wissenschaftlicher Werke. Das Symptomatische an diesem Vorgang wird nicht nur durch das annähernd gleichzeitige, voneinander unabhängige Erscheinen beider Bücher unterstrichen. So verschieden auch die Quellen und Perspektiven beider Werke waren - in beiden wird der Begriff nun in seiner modernen Bedeutung, also: rassistisch, verstanden und verwandt.

Eines der beiden Bücher war die 1774 erschienene *History of Jamaica* von *Edward Long*. Es basierte auf dem Gedanken einer polygenetischen Entstehung des Menschengeschlechts, also der Entstehung aus unterschiedlichen »Stammbäumen«. In besonderem Bezug auf Weiße und Schwarzafrikaner stellte Long hier eine Hierarchie der Rassen auf: Letztere hätten keinen gemeinsamen Ursprung mit der übrigen Menschheit, sondern seien im Rahmen einer dreigliedrigen »genus humana« – »Menschen«, Schwarze, (schwanzlose) Menschenaffen – im Grunde dem Tierreich zuzuordnen. Ihre besondere Relevanz erlangte Longs detaillierte Argumentation in der Folge für die Praxis darin, dass sie über einen Nachdruck des wesentlichen Kapitels im *Columbia Magazine* von 1788 die in den USA durchaus stattfindende Diskussion um die Legitimität von Sklavenhaltung stark beeinflusste – zugunsten der Sklaverei. Der Verdacht, dass es sich bei Long um einen »Bruder im Geiste« der Sklavenhalter handelte, ist nur schwer von der Hand zu weisen.

In Deutschland hatte der Göttinger Anthropologe Blumenbach 1775 in seiner *De generis humanis varietate nativa* den Begriff der Rasse als Schlüsselbegriff zur (ab)-wertenden Einordnung der Rassen und der Begründung einer entsprechenden Hierarchie verwandt. Auch hier standen jeweils die »Weißen«, die Europäer, an oberster Stelle. Noch entschiedener gab sich Blumenbachs Kollege Christoph Meiners als Parteigänger Longs zu erkennen. Auch er verkündete 1785 in seinem *Grundriss der Geschichte des Menschengeschlechts* den Gedanken der Polygenese und der gesonderten Entstehung der Schwarzafrikaner als Grundlage seiner Hierarchie der Rassen.

Diese Befunde bilden in der Tat den »Durchbruch« einer ganzen rassistisch-diskriminatorischen »Schule«, deren Entstehung und Wachstum in der 2. Hälfte des 18. Jahrhunderts Geiss mit einem umfangreichen Material belegt (Geiss 1988, S. 141 ff, 149-162). Im Grunde stellt diese Periode den eigentlichen Beginn solch spezieller Theorieproduktion und also *Wissenschaft* dar. Diese Terminierung tritt besonders deutlich hervor, wenn wir unseren Blickwinkel auf das ganze Jahrhundert ausweiten. Wie Geiss am Beispiel David Humes zeigt, stellt die Jahrhundertmitte den eigentlichen Einschnitt dar. War der Begriff der Rasse bisher auch von ihm in seinen 1741 erschienenen *Essays. Moral, Political and Literary* als eine rein beschreibende Kategorie ohne wertende Implikationen verwandt worden, so lässt sich die Wende an seinem Beispiel ziemlich deutlich auf die Jahre unmittelbar nach 1750 datieren: In einer weiteren Auflage seiner »Essays« von 1753/54 fügte Hume eine Fußnote ein, die laut Geiss (a.a.O., S. 149) »bereits wesentliche Argumente des späteren Rassismus gegen Schwarze konzentriert zusammenfasst«, z.B. die Ansicht, dass die Schwarzafrikaner »von Natur aus minderwertig« seien, dass sie keinen höheren Geist und keine Zivilisation hätten (Hume 1741 und 1904, S. 213).

In der Tat beginnt nun eine – mit einer sich zur Jahrhundertwende hin verdichtenden Tendenz – relativ breite Produktion an rassistisch-entmenschlichenden Gedankengebäuden. Wichtig für unseren Zusammenhang ist der Befund, dass es sich hierbei keinesfalls um eine Diskussion »am Rande« der Wissenschaft handelte – nein, es handelte sich durchaus um deren »mainstream«: Es beteiligten sich an ihr so ziemlich alle namhaften Geister der Aufklärung, Voltaire, Rousseau und Kant eingeschlossen. Ersterer hatte festgestellt, dass die Intelligenz der Schwarzafrikaner »doch sehr inferior« und »nicht fähig zu großer Aufmerksamkeit« sei. Immanuel Kant hatte sich in seiner Schrift »Von den verschiedenen Rassen der Menschheit« noch 1775 um eine strikt sachlich-wissenschaftliche Argumentation bemüht, wertet aber 1802 in seiner »Physischen Geographie« dann auch hierarchisierend: »Die Menschheit ist in ihrer größten Vollkommenheit in der Race der Weißen. Die gelben Indianer haben schon ein geringeres Talent. Die Neger sind weit tiefer, und am tiefsten steht ein Theil der amerikanischen Völkerschaften.« (Akademieausgabe, Bd. IX, S. 316)

Peter Camper, niederländischer Anatom, »bewies« die Hierarchie zwischen Schwarz und Weiß mit ästhetisierenden Argumenten und Schädelmessungen, worin ihm Caspar Lavater in seiner »Physiognomie« (1781) folgte. J.-J. Virey folgte 1798 in seiner »Histoire du genre humaine« der polygenetischen Argumentation Meiners. Der philosophierende Arzt Lorenz Oken stellte die Schwarzafrikaner als »affenartig« den »menschlichen« Weißen gegenüber (alles nach Geiss, a.a.O., S. 160-62). G.W.F. Hegel schließlich verkündete in seinen Vorlesungen zur »Philosophie der Geschichte«:

> Der Neger stellt, [...] den natürlichen Menschen in seiner ganzen Wildheit und Unbändigkeit dar: von aller Ehrfurcht und Sittlichkeit, von dem, was Gefühl heißt, muß man abstrahieren, wenn man ihn richtig auffassen will; es ist nichts an das Menschliche Anklingende in diesem Charakter zu finden. (Hegel 1924, S. 101)

Die wissenschaftliche Konjunktur des Themas bis zur Mitte des 19. Jahrhunderts verbindet sich mit so bekannten Namen wie Auguste Comte und seinem »Cours de philosophie positive« (1841), mit Carl Gustav Carus und seiner »wissenschaftlichen« Untersuchung »Über die ungleiche Befähigung der verschiedenen Menschenstämme für die höhere geistige Entwicklung« (1849) und – 100 Jahre rassistische Argumentation krönend – mit dem Comte de Gobineau und seinem »L'essai sur l'inégalité des races humaines« (1853-1855), der sich damals durchaus als wissenschaftlich begriff und auch so begriffen wurde.

Die Belege für die Richtigkeit der Geiss'schen These eines »Durchbruchs« rassistischer Kategorialisierung und Systematisierung in der europäischen Wissenschaft um 1775 sind umso überzeugender, als das Thema zuvor faktisch keine Rolle gespielt hatte und es nun scheinbar ohne Not und doch so durchgängig aufgegriffen wurde. Gemeinsam ist diesen Aussagen außer dem zeitlichen Zusammentreffen, dass sie einerseits sich durchaus als *wissenschaftlich* verstehen und andererseits eine Hierarchie über den Begriff der Rasse herstellen. Der Rassenbegriff wird zum Hierarchisierungsinstrument, der seinerseits am biologisch-phänotypischen Erscheinungsbild der Menschen ansetzt: In ihm findet er sein »Material«, seine »Evidenz« zur Herstellung der Hierarchie.

Wir können mit gutem Grund resümieren, dass damit in der zweiten Hälfte des 18. Jahrhunderts erstmals jene sich als *wissenschaftlich* verstehenden *Theoriengebäude* gesellschaftlich wirksam entwickelt wurden, die eine Abwertung Anderer begründen und legitimieren bzw. legitimieren sollten – und zwar in rassistischer Weise: Greifen wir in diesem Zusammenhang Etienne Balibars Diktum auf: »Es gibt in der Tat ohne Theorie(n) keinen Rassismus.«(1989, S. 370) – Und halten wir schließlich fest: Diese Theorien wurzeln in der Aufklärung, also in der *ideologischen* Genese des Bürgertums.

Wenn dem aber so ist, dann ist damit allerdings zugleich eine andere, sehr banale Frage aufgeworfen, eine Frage, die erstaunlicherweise bis heute seriös und relevant nicht gestellt worden ist, obwohl sie sich angesichts der offensichtlichen Häufung rassistischer Theoriebildung in jenem Zeitraum doch aufdrängen müsste: Es ist die Frage nach dem Zusammentreffen, nach der zeitlichen Koinzidenz dieser Theoriebildung mit der Aufklärung im Allgemeinen und der Verkündung der Menschenrechte und des »all men are created equal« im Besonderen. Wenn dieses »equal« auch erstmals 1776 proklamiert wurde, so war dies doch nur der äußere Ausdruck und Abschluss einer schon lange währenden Diskussion. Die Menschenrechte ihrerseits waren ja eine logische Konsequenz des aufklärerischen Denkanspruchs und insbesondere des Cartesianischen Vernunftbegriffs. Nicht zufällig besteht auch das Hauptargument des Rassismus der Aufklärung im Bestreiten der Vernunft Anderer.

Das zeitliche Zusammenfallen dieser Grundlegung der bürgerlichen Welt mit der Entstehung dieser »Wissenschaft«, also die zeitliche Koinzidenz der Erklärung der Menschenrechte und der Allgemeinen Gleichheit mit dem »Durchbruch« des rassistischen Denkens bzw. die Parallelität der Diskussion von universellen Menschenrechten und biologistischer Ent-Menschlichung, wird bisher weitgehend ignoriert. Und doch haben wir es hier offensichtlich mit einem historischen Schlüsselmoment für die Beantwortung der Frage zu tun, wie denn nun die neue Gesellschaft mit ihrem Widerspruch leben lernte.

Im Grunde drängt sich vor allem eine Erklärung für das Ignorieren dieser Koinzidenz auf: Der Gegensatz, der Widerspruch zwischen der Proklamation der allgemeinen Gleichheit einerseits und dem entmenschlichenden Impetus der rassistischen Theorie andererseits ist einfach zu groß, zu klaffend, als dass da ein Zusammenhang zu vermuten wäre. Beide stehen einander diametral gegenüber, sie scheinen sich auszuschließen. Zu hoch ist auch das Podest, auf das die Aufklärung im westlichen Selbstverständnis gestellt wird, als dass es erlaubt wäre, ihr solch niedrige Motive und Denkansätze zuzuordnen.

Diese Parallelität bzw. Koinzidenz der Diskussionen um Menschenwürde und -rechte einerseits und der einer rassistisch-entmenschlichenden Diskriminierung andererseits mag auf den ersten Blick verblüffen. Sie lässt sich jedoch dann sehr plausibel erklären, wenn wir den ganzen Komplex in Beziehung setzen zu dem dramatischen Legitimationsbedarf, der aus dem Widerspruch zwischen der welterobernden, weltunterdrückenden bürgerlichen Praxis und dem Gleichheitsanspruch resultierte. Dass man »mit« jenem Widerspruch »nicht leben konnte«, hieß auch, dass man *ohne* solche Legitimation nicht leben konnte. Für den Legitimationsbedarf seiner kolonisierenden Praxis jedenfalls kam dem aufgeklärten Bürger diese neue, rassistische Argumentation »wie gerufen«, sie entsprach seinem dringenden Bedarf: Die Theorien führen den Nachweis, dass die *Anderen keine Menschen im vollen Sinne des Wortes sind.*

Welche Entlastung stellte ihr Diktum doch dar für jeden Sklavenhalter, für weitere Eroberungen: Die Anderen sind keine richtigen, keine vollwertigen, keine ernstzunehmenden, keine vernünftigen, keine erwachsenen Menschen, Nicht-Menschen, Noch-nicht-Menschen, Kinder, Wilde, Affen, Tiere ...

Damit allein begnügen sich diese Theorien jedoch nicht. Es geht um noch einen anderen Nachweis, und sie führen ihn: Er besagt, dass dieses Nicht-Menschsein nicht etwa sozial, also durch menschliche Praxis begründet ist – wie eben alle traditionelle Hierarchie –, sondern in der *Natur* begründet ist, dass jene von Natur aus, von der Natur selbst also als Nicht-(ganz)-Menschen definiert seien, dass sie von der Natur aus den Reihen der vernünftigen Menschheit – und damit aus dem Menschenbild der Aufklärung – ausgegrenzt seien. Die doppelte Botschaft der rassistischen Argumentation lautet im Klartext: Die Anderen sind keine (richtigen) Menschen und: Nicht die Menschen, *nicht wir,* schon gar nicht wir Europäer, nein – *die Natur* hat dies so eingerichtet, sie ist die Verantwortliche. Der Unterschied ist ein *natürlicher* – wie damit auch rassistische Ausgrenzung und Hierarchie *natürlich* sind, die europäisch-bürgerliche Praxis stellt lediglich einen Reflex auf diesen Zustand, gleichsam seine Bewusstwerdung dar. Die besagten Theorien bestreiten das Menschsein der Anderen unter Berufung auf die Natur, grenzen sie aus der vernünftigen Menschheit aus – unter dem »wissenschaftlichen« Nachweis der Verantwortung der Natur für Ausgrenzung und Hierarchie: Die Natur trägt die Verantwortung für die Ungleichheit. Ungleichheit ist ein transsoziales, ein biologisches Faktum.

Auf diese Weise löst sich der dramatische Widerspruch, der so gefährlich sich hätte entfalten können: »Sie sind keine (richtigen, vollwertigen ...) Menschen – und zwar von Natur aus« –, damit ist jener Widerspruch überbrückt, legitimiert, obsolet. Diese Botschaft erlaubt es nun der Gesellschaft der Gleichen, mit der eigenen Unterdrückungspraxis zu leben. Der Widerspruch löst sich auf in dem ganzen Credo, das da lautet: Alle Menschen sind gleich ... und die Nicht-Gleichen – sind keine Menschen. Das war und ist der rationale Kern, die eigentliche Botschaft aller rassistischen Theorie.

Damit offenbart sich der zunächst erstaunliche Zusammenhang der Diskussionen von Gleichheit und Menschenwürde einerseits und der Begründung von Diskriminierung andererseits nicht nur als eng und logisch, sondern als kausal, ja als Sachzwang: Aus dieser Perspektive erscheinen rassistische Argumentation und Rassismus überhaupt als die logische, die zwingende Konsequenz der Weigerung, den eigenen Anspruch universeller Gleichheit in der Praxis auch einzulösen: Da der Anspruch der Gleichheit aller Menschen die Absage an ihre Unterdrückung einschließt, kann ich moralischen Anspruch und Unterdrückungspraxis nur verbinden, wenn ich die Unterdrückten nicht als Menschen unterdrücke, wenn ich also ihr Mensch-Sein bestreite, wenn ich sie entmenschliche. Rassismus – das ist das vom Anspruch der Gleichheit aller Menschen diktierte Erfordernis, die Unterdrückten, die real Ungleichen, nun auch vom Begriff her zu entmenschlichen.

So wurde also in dem Augenblick und in den Gesellschaften, in denen die soziale Gleichheit postuliert wurde, die Kategorie »Mensch« auf der biologischen Ebene infragegestellt. Indem den Anderen aber das Mensch-Sein auf dieser Ebene abgesprochen wurde, entfiel selbstverständlich die Anerkennung einer sozialen Gleichheit. Der Widerspruch war gelöst. »Rassismus«, so lässt sich nun vor dem Hintergrund dieser Argumentation definieren, ist die »biologisch-natürliche« Entmenschlichung der Beherrschten vor dem Hintergrund des Anspruchs der sozialen Gleichheit der Menschen – als einer unverzichtbaren Legitimation ihrer fortdauernden Beherrschung: Die Schizophrenie ist geheilt.

Die Entstehung *dieses* »biologistischen Rassismus« war also eine spezifisch bürgerliche Angelegenheit, logische Konsequenz einer Praxis, die auf der Nicht-Einlösung des eigenen Gleichheitsanspruchs basiert. Mit dem Rassismus waren die Europäer nun nicht mehr »schuld« an der Unterordnung der Anderen. Konnte etwa ein Unterschied des Körpers, der Physis, der Natur ihnen angelastet werden?

Das Resümee dieses ganzen Prozesses, für die Nicht-Europäer, Nicht-»Weißen« so schmerzlichst fühlbar, für die Europäer so wenig bewusst, gerade auch in der Menschenrechtsdiskussion so wenig bewusst, liegt in der Einsicht: Parallel zu dem Gleichheitsanspruch und zu den Menschenrechten etablierte Europa ein Argumentations- und Legitimationsgebäude, das dem so laut proklamierten Universalitätsanspruch widersprach, ihn widerrief und seinen Gegenstand, die Menschenrechte, in ein Privileg eines exklusiven Kreises verwandelte. Wann und wo sonst auch immer die Universalität dieser Menschenrechte infragegestellt worden sein mag – Europa selbst hat dies an erster Stelle in flagrantester Weise getan. Es hatte damit auch seinen universalistischen Anspruch verraten, entleert zur hohlen Formel. Sein »Universalismus« wie sein Bekenntnis »universeller« Menschenrechte entbehrten fortan jeglichen Gegenstandes, jeglicher Legitimation. Deren Funktion bestand nun – im Verein mit der rassistischen Argumentation – darin, angesichts schlimmster Unmenschlichkeiten für jenes Minimum an gutem Gewissen zu sorgen, das eine Gesellschaft für ihren Fortbestand benötigt.

Unsere Erinnerung ist damit nicht beendet. Mit Schillers Don Carlos hatte sich das expandierende Bürgertum in einer schlimmen Logik gefangen: »Das eben ist der Fluch der bösen Tat, dass sie, fortzeugend, Böses muss gebären.«

4. Vernunft und »Bürde des weißen Mannes«

Beweisnot und Verfeinerungsdruck

Nun ist es keine Frage, dass jene »Tatsachen«, auf die sich die rassistische Argumentation stützte, keiner kritischen Hinterfragung hätten standhalten können. Ihre Deutung und »Erkenntnis« entsprang allzu offensichtlich dem eigenen Wollen und Wünschen, dem eigenen Bedarf und vordergründigen Interesse, nur möglich zudem in Verbindung mit einer gehörigen Portion Ignoranz, Ressentiment und Provinzialismus. Die Argumentation war von Beginn an immer auch Ausdruck einer ebenso permanenten wie strukturellen Beweisnot.

Die Beweisnot der rassistisch-diskriminierenden Theorie und Wissenschaft musste in dem Maße zunehmen, in dem sich die Provinzialität des Blickes auch nur ein wenig relativierte, in dem neue Erfahrungen von der Welt und Einsichten in die Natur von Menschen und ihren Gesellschaften den Axiomen rassistischer Argumentation den Boden zu entziehen begannen. Beispielhaft stellte sich das Problem bei solch einem Eckpfeiler rassistischer Denkgebäude wie der angeblich polygenetischen Abstammung des Menschengeschlechts: Zu offensichtlich waren die Anderen zumindest in physischer Hinsicht Menschen. Wie sonst hätte man mit ihnen Nachkommen zeugen können? Mit den Fortschritten von Erfahrung, Erkenntnis und Wissenschaft waren entscheidende Pfeiler der alten Argumentation nicht mehr zu halten. Das Problem einer Legitimation der Unterdrückung von Gleichen durch Gleiche brach damit erneut auf. Doch waren nun Argumente gefragt, die die Unterdrückung der Gleichen durch die Gleichen auf der Basis dessen zu legitimieren vermochten, dass diese Menschen waren, Argumente also, die eine vertikale Differenzierung, eine Hierarchisierung innerhalb der Spezies legitimieren konnten. Mit welchem ihm nicht anzulastenden Unterschied war eine Hierarchie zwischen Bürger und Nicht-Bürger zu begründen und zu legitimieren?

Die Lösung fand sich in der simplen Tatsache, dass eine soziale Hierarchie nicht nur durch die »Herab«-Würdigung, durch die »Ent«-Menschlichung der Anderen legitimiert werden konnte, sondern durch die eigene Überhebung, den Nachweis des eigenen *Über-Menschentums*. Wenn man den Blick nur auf die eigene Größe richtete und diese entsprechend begründete – dann brauchten die Anderen doch gar nicht ins Blickfeld zu geraten, ihre Minderwertigkeit war dann eine

Implikation, logische Konsequenz und *Beiprodukt*. Damit haben wir die Perspektive vor uns, die in der Folge zu einer »plausibleren« und verfeinerten Diskriminierungsargumentation führen sollte, in deren Rahmen die Gleichheit der Menschen konzediert – und sie zugleich als sehr »differenzierte« Gleichheit dargestellt und verstanden werden konnte. Wie aber konnte ein solches Muster gefüllt werden – und damit auch überzeugen?

Wiederum lag die Antwort näher als erwartet. Ergab sie sich nicht von selbst, wenn sich der Bürger im Spiegel betrachtete? Schließlich war *er* es gewesen, der die neue Gleichheit aller Menschen entdeckt und proklamiert hatte. War das nicht allein schon ein hinreichendes Zeichen seiner Überlegenheit? Doch damit war des Erhebenden noch nicht genug. Auch manche Religion wie das Christentum und der Islam und andere Propheten hatten schon vor dem Bürger die Gleichheit aller Menschen proklamiert – aber es war dies stets eine Gleichheit aller Menschen *vor Gott* gewesen! Der qualitative Sprung in der Gleichheit des Bürgers lag doch darin, dass dieser – und nur dieser! – den Mut aufgebracht hatte, sich auf sich selbst zu beziehen, auf sein Mensch-Sein, auf das Mensch-Sein aller. Einzig der Bürger sah sich nicht mehr als von jemandes Gnaden bewirkt, nicht mehr höheren Gnaden unterworfen. Nicht zufällig bezog er die Metapher des Prometheus, des Halbgottes und Rebellen gegen das Götterregime, so gern auf sich und seine historische Tat.

Von der Menschwerdung der Vernunft im Bürger

Der Bürger brauchte z. B. nur zu beginnen mit seiner eigenen Genese »im Geiste«, mit seiner Selbstbewusstwerdung, der *Aufklärung*. Wenn man deren Bestimmung, wie sie einer ihrer größten Protagonisten gegeben hatte, nun nach außen wandte, anwandte auf die Anderen, die Nicht-Bürger – dann war doch schon viel Trennendes, Hierarchierendes gesagt über sie und ihn: Wenn die Aufklärung, wie sie Kant gelehrt hatte, in der Tat als »Ausgang des Menschen aus seiner selbstverschuldeten Unmündigkeit« zu betrachten war, dann besagte dies in Bezug auf das Verhältnis von Bürger und Nicht-Bürger zweierlei: Der Bürger war – über die Aufklärung – *mündig* geworden, war ein Mündiger schlechthin, während die unaufgeklärten Anderen in ihrer Unmündigkeit verharrten, als Unmündige fortexistierten. Doch das machte, dem Kant'schen Diktum zufolge, erst die Hälfte der Differenz aus. Denn sprach gegen sie nicht schwerer noch als ihre Unmündigkeit die Tatsache, dass diese

Unmündigkeit eine *selbstverschuldete* war – und sie sich, immer im Gegensatz zum Bürger, aus ihr nicht lösten und offenbar nicht lösen *wollten*: Die Unmündigkeit wird dem nicht aufgeklärten Menschen zur *Schuld*. Die Unmündigen werden schuldig, schuldig an sich selbst: Die Anderen – die wollen offenbar gar nicht. Was aber könnte stärker gegen sie sprechen? Sie wollen nicht mündig, nicht erwachsen werden! Was könnte sie mehr verurteilen?

Auch andere Konzepte der Aufklärung waren rassistisch-hierarchisierend füllbar, wenn man sie nur in die entsprechende Perspektive rückte. Das betrifft besonders den zentralen Topos der Aufklärung, die Vernunft. Sie in das ihr zukommende Recht zu setzen und zur Richtschnur allen Handelns zu machen, hatte nicht nur Kant gefordert und programmatisch formuliert: Aufgeklärt sein, Bürger sein hieß doch vor allem, »von seiner Vernunft in allen Stücken öffentlichen Gebrauch zu machen« und »den Mut (zu) haben, sich seines Verstandes ohne Leitung eines anderen zu bedienen«.

Die Umwertung dieser Vernunft ins Hierarchisierend-Diskriminierende sollte an sich gerade nicht zu erwarten sein. Descartes hatte es noch ganz anders gelehrt: jene Vernunft, » die allein uns ja erst zum Menschen macht«, war ihm bekanntlich »bei allen Menschen gleich« – und als solche dann Begründung der Forderung nach Ausdehnung des Gleichheitsanspruchs auf alle Menschen. Wie konnte sich die oberste Gleichheit gebietende Instanz wenden in eine, die die Ungleichheit legitimieren sollte? Dies zu erklären, bedarf es einer speziellen Betrachtung des zeitgenössischen Vernunftkonzepts – allerdings nicht so sehr desjenigen der Philosophen, sondern des gesellschaftlich gültigen und wirksamen Konzepts der Vernunft, das eher der bürgerlichen Ideologie und politischen Praxis als einer differenzierenden Philosophie zuzuordnen ist.

Es stand außer Frage, dass der Bürger über jene Vernunft verfügte, die die Aufklärer dem mündigen Menschen zuerkannten. Er hatte über die gesellschaftliche Etablierung der Vernunft seine Macht begründet und errungen. Auf der Vernunft, auf seiner Teilhabe an ihr beruhte sein Recht auf Autonomie, ihrer Durchsetzung entsprang das neue, mündige, autonome, eben *bürgerliche* Individuum, keinem verpflichtet außer dem eigenen »Streben nach Glück«, keinem zur Rechenschaft verpflichtet außer der Vernunft. Die Vernunft war *das* eigentliche *Definiens* des Bürgers geworden – wie er ihre Verkörperung: Der Bürger war nicht nur der prometheische Halbgott, er war auch die menschgewordene Vernunft – und ihr Exekutor. Die Frage war, ob und inwieweit die Anderen an solcher Höhe Anteil hatten, Anteil haben konnten!

In Bezug auf den Blick nach draußen hatte schon Descartes selbst eine Formulierung gebraucht, auf die sich eine den Bürger überhöhende Uminterpretation stützen konnte. Variiert Descartes seine Aussage, dass die »Vernunft, die uns ja erst zu Menschen macht, bei allen Menschen gleich« sei, doch an gleicher Stelle in dem Sinne, dass »das, was wir unter Vernunft verstehen, bei allen Menschen gleich ist« – wohlgemerkt: gleich ist das, »was wir unter Vernunft verstehen«. Es wäre sicher unfair, die Verantwortung für die folgende Entwicklung dieser Aussage und damit Descartes anzulasten. Und doch hat er mit der Einschränkung »was wir unter Vernunft verstehen« nur vorweggenommen, was den eigentlichen Kern der folgenden Entwicklung und damit der verfeinerten Legitimationsargumentation des Bürgers ausmachen sollte: »Die Vernunft ist es, die alle Menschen gleich macht« – was aber diese »universelle« Vernunft, ihr Wesen und ihren Rang ausmachen –, das sagt unser Verständnis, also das besondere Verständnis einer einzelnen, der bürgerlichen Kultur. Der Bürger hat demnach nicht nur privilegierten Zugang zur obersten Legitimations- und Berufungsinstanz namens Vernunft, er weiß auch, was Vernunft ist – oder umgekehrt: was der Bürger unter Vernunft versteht, ist Vernunft. *Seine* Definition der Vernunft *ist* die Definition der Vernunft.

Damit zeigt sich hier ein Vorgang, der in der Folge häufiger zu beobachten sein wird: Während der Bürger den übrigen Kulturen und Menschen ganz selbstverständlich – und in bester humanistischer Tradition – »die« Vernunft als *anthropologische* Konstante und Basis möglicher Gleichheit zuspricht, wird diese Konstante zugleich mit einem bürgerlichen Inhalt gefüllt, also zur »anthropologischen Kategorie bürgerlicher Definition«: Vernunft haben prinzipiell alle Menschen – aber: Vernunft und vernünftig ist, was wir als Vernunft und vernünftig ansehen, sagt der Bürger – und usurpiert damit die globale, die anthropologische Definitionsmacht für das Vernünftige.

Dieser Vorgang erhält seine ganze Tragweite durch den Umstand, dass der Begriff der Vernunft ein höchst kulturspezifischer ist und in allen Kulturen anders gewertet und gefüllt wird. So sehr in der Tat allen Menschen Vernunft zugedacht werden kann, so sehr allen Kulturen eine Hochschätzung der Vernunft eigen ist – wie auch die Ergebnisse der modernen Kulturanthropologie belegen (s. u. S. 157 f.) –, so wenig ist belegbar, dass die Vorstellung von der Vernunft, von ihren Möglichkeiten und ihrer Macht und vor allem: von ihrem Rang »bei allen Menschen gleich sei« bzw. gar dem bürgerlichen Maß entspricht. Das Gegenteil ist der Fall: Was »Vernunft« ist, welche Aufgaben sie hat und welche Fähigkeiten, vor allem welche Macht und welchen Rang – darüber gehen die Vorstellungen in den einzelnen Kulturen weit auseinander. Wohl herrscht Übereinstimmung darüber, dass der Vernunft Macht zukommt. Aber man sieht auch ihre Ohnmacht, erkennt, dass sie selbst begrenzt und beschränkt ist, selbst unvollkommen sein kann, fehlerhaft, fehlend und irrend – kurz: eben *menschlich* und mit allen Mängeln dieser Menschlichkeit behaftet. Und der Rang, der der Vernunft bei Descartes – und ihm nachfolgend in der Aufklärung und in der bürgerlichen Weltanschauung – eingeräumt wird – den hat sie anderswo nicht. Die Götter, die Ahnen, die Tradition – all das, womit der Bürger bewusst gebrochen hat in jenem Bruch, der ihn zum Bürger machte – all das pflegt hier *über* der Vernunft angesiedelt und vom Bürger meist als Ausdruck tiefster Ignoranz oder gar als Beweis der Verworfenheit und Verstocktheit gewertet zu werden.

Widerruft der Bürger die Zuerkennung der Vernunft an »alle Menschen« formal und prinzipiell schon dadurch, dass er sich das Recht anmaßt, sie zu definieren, so wird diese Usurpation konkret und praktisch wirksam in der Art und Weise, in der er den Vernunftbegriff substantiell füllt – eben gemäß der bürgerlichen Kultur füllt. Betrachten wir nun diese Füllung, liegt doch in ihr der zweite wesentliche Schritt einer Wendung des Gleichheitskonzepts »Vernunft« in ein Diskriminierungskonzept. Es ist der Keim jener Herrschaftsideologie, die aus der Wandlung des bürgerlichen zu einem »universalistischen« Selbstverständnis erwuchs (was sicher nicht im Sinne Descartes oder Kants war). Dieses »universalistische« Selbstverständnis implizierte bereits den Geltungs- und Deutungsanspruch anderen Kulturen gegenüber, war also eine Form der interkulturellen Aggression.

Die Verabsolutierung der Vernunft

In der Tat ist der menschlichen Vernunft niemals eine solche Verehrung und Überhöhung zuteil geworden wie in der Aufklärung und der sie begleitenden bzw. ihr folgenden bürgerlichen Umwälzung. Robespierre z.B. formulierte am 7. Mai 1794: »Alle Erdichtungen schwinden vor der Wahrheit dahin, und alle Narrheit zerfällt vor der Vernunft.«(Klaus/Buhr, 1974, S. 1264) Oder Hegel: »Der einzige Gedanke, den die Philosophie mitbringt, ist aber der einfache Gedanke der Vernunft, daß die Vernunft die Welt beherrsche« (Hegel 1924, S. 9)

Zu messen an dieser Vernunft war nicht mehr und nicht weniger als: alles – und alles war ihrem Spruch zu unterwerfen. Die Vernunft hatte das Recht, die Aufgabe und die Macht, alles Existierende auf sein

Existenzrecht hin zu prüfen, es zu be- und verurteilen und notfalls zu verwerfen. Kant hatte ihr seinerzeit die Aufgabe zugewiesen und die Fähigkeit attestiert, Richterin in eigener Sache zu sein (Kant 1787/1990, S. 502).

Der Vernunft, wie der Bürger sie verstand, kam ein noch höherer Rang zu, in ihr war höchstes Licht enthalten, göttliches gleichsam. Und in der Tat hatte er sie zu *seinem* neuen, seinem ureigensten – Gott proklamiert, als »Göttin Vernunft« war sie explizit von Voltaire apostrophiert worden. Ihr war in der Französischen Revolution dann eine auch ganz formale, äußerliche Vergöttlichung zuteil geworden war, in der es zu einer expliziten, gewollten wie praktischen Sakralisierung und Mystifikation der »Göttin Vernunft« kam – mit einem ihr gewidmeten speziellen Kult, mit erklärten »Tempel«-Bauten, in der Etablierung des Dezimalsystems im Revolutionskalender. Die programmatischen Äußerungen Condorcets und später Comtes zielten auf die sakralisierte, verabsolutierte Überhöhung der Vernunft als höchstem Wesen einer neuen Religion. Als solche wurde sie ausgewiesen durch ein eigenes Mysterium, ein Dogma, durch eine eigene Passion. Wie Wolfgang Geiger es geschildert hat, wurde in höchst paradoxer Weise der »Sieg der Vernunft durch ihre Mystifikation« bewusst und gewollt gesichert (Geiger 1996): Und das hat seine eigene innere Logik – nur durch ihre Mystifizierung und ihre Sakralisierung konnte die *menschliche* Vernunft schließlich erst jene höchste und *verabsolutierte* Instanz der Folgezeit werden, nur so zu jener obersten Berufungs- und Legitimationsinstanz, die sie für die bürgerliche Gesellschaft nun einmal darstellt.

Nur als absolute – und also: verabsolutierte – Instanz vermochte sie, jene Funktion des obersten Wahrheitskriteriums auszufüllen, die ihr von der Aufklärung zugesprochen worden war: »Wahr« war allein, wem immer, welchem Ding auch immer sie das Siegel ihrer Bestätigung aufdrückte. Friedrich Engels hat diesen Anspruch zustimmend so formuliert: »Religion, Naturanschauung, Gesellschaft, Staatsordnung, alles... sollte seine Existenz vor dem Richterstuhl der Vernunft rechtfertigen oder auf die Existenz verzichten.« (Engels 1880, MEW Bd. 19, S. 189 f.) Zu messen an dieser Vernunft war also nicht mehr und nicht weniger als alles – und alles war ihrem Spruch zu unterwerfen: Über die Legitimität, über die Existenz allen Seins zu befinden stand – gottgleich – in ihrer Macht.

Wenn schon der »alltäglichen« Vernunft solch ein Rang zuerkannt wurde, welche Autorität musste dann erst ihre akkumulierte, systematisierte und institutionalisierte Form – die *Wissenschaft* haben? Wo der Vernunft noch der menschliche Ursprung und Mangel noch anzumerken sein mochte, da verhieß die Wissenschaft höchste Gewissheit, ja, sie *schuf* höchste Gewissheit: Sie wurde dem Bürger zur wissenden Instanz schlechthin. Diese Krone der Vernunft anzuzweifeln, gewann bald einen Beigeschmack von Blasphemie, dem umgekehrt eine Aura des Höheren, des Sakralen um die Wissenschaft und ihren Priester, den Wissenschaftler, entsprach: »wissenschaftlich bewiesen« – das war die höchste Legitimation, die in Europa zwei Jahrhunderte lang zu vergeben war, eine Legitimation von solcher Autorität, dass sie allen Zweifel, mochte er noch so begründet sein, erstickte, die Zweifler isolierte und der gesellschaftlichen Lächerlichkeit überantwortete.

Doch auch die Verehrung der Vernunft und ihrer Allmacht hat ihre zwei Seiten. Denn wenn vor dieser Vernunft »alles seine Existenz rechtfertigen ... oder auf diese Existenz verzichten« sollte – dann lag der Umkehrschluss nahe, dass nämlich die Existenz und die Praxis all dessen gerechtfertigt war, was von dieser Vernunft als existent, als Praxis legitimiert worden war. Also: Die Vernunft bürgerlichen Begriffs konnte nicht nur alles *delegitimieren*, sie vermochte wohl auch alles zu *legitimieren*. Und in der Tat sollte sie nach der Überwindung der vorbürgerlichen Gegner in ihrer nahezu alles legitimierenden Kraft, als alles legitimierende Instanz in der bürgerlichen Geschichte eine ganz besondere und nicht selten eine ganz besonders menschenfeindliche Rolle spielen.

In Bezug auf die oberste Legitimationsinstanz ›Wissenschaft‹ gilt dieses Umkehrverfahren natürlich mit erheblich höherer Autorität: So wie die Wissenschaft Existenz delegitimieren kann, so kann sie auch Existenz legitimieren: Was sie legitimiert hat, bedarf keiner weiteren Rechtfertigung – und, wie schon im Falle der Vernunft, gilt auch für die Wissenschaft damit, dass sie als oberste Legitimationsinstanz im Grunde *alles* legitimieren kann – ohne die Möglichkeit einer Revision ihres Spruchs.

Doch damit nicht genug. Die der Vergöttlichung von Vernunft und Wissenschaft zugrunde liegenden Motive und Intentionen entfalten und enthüllen eine eigene Logik – und dabei sich selbst. Symptomatisch zeigt sich dies an jenem theoretischen – besser: ideologischen – Denkansatz, der die Wissenschaft entscheidend prägen sollte, am Positivismus und in seinem – durchaus den Zeitgeist artikulierenden – Credo seines Begründers Comte – »Voir pour prévoir« – »Sehen, um vorauszusehen«. Dieses Credo des Positivismus unterstellte nicht nur einen universellen Bezug und universelle Geltung, sondern artikulierte auch eine prophetische, in letzter Konsequenz eschatologische Erwartung: Während sich das »Sehen« buchstäblich auf alles Existierende, auf das Universum selbst bezog, drückte die Erwartung der Voraussehbarkeit zugleich die Erwartung einer inneren Ordnung, eines inneres Sinns dieser universellen Wirklichkeit aus, der sich – irgendwann, entsprechend intensives und extensives »Sehen« vorausgesetzt – enthüllen würde.

Resümieren wir: Das Geringste, was sich also über dieses Vernunftverständnis sagen lässt, ist, dass es so irrational ist, wie die Anbetung der Ratio es eben nur sein kann. Weit entfernt von seinem Selbstbild eines nur der Ratio verpflichteten autonomen Individuums, das bestenfalls milde lächelnd auf die Idolatrie seiner Mit-Kulturen herabblickt, mystifiziert es vor allem sich selbst und sein eigenes Denken zur Quasi-Göttlichkeit ebenso, wie es eben diesen Vorgang vor sich selbst verdrängt und ignoriert. Das Maß seiner Irrationalität übertrifft das der Nicht-Bürger: Im Gegensatz zum Bürger kultivieren diese wenigstens nicht die Illusion, ohne Götter auszukommen.

Nachdem der Bürger seiner Vernunft solche Macht und Autorität zuerkannte, sich vor ihr alles zu rechtfertigen hatte und sie in den Rang des »Höchsten Gerichts« über alles Existierende erhoben worden war, war sie erheblich über das hinaus ermächtigt worden, was ihre menschlichen Träger, was menschliches Maß und Vermögen abzusehen und zu leisten imstande sind: Die Vernunft war in der Tat nur zu verabsolutieren, wenn sie abgetrennt und losgelöst von ihrer menschlichen Basis gedacht wurde. Sie konnte nur einigermaßen plausibel als »höchstes Wesen« gesetzt und verehrt werden – wie auch die Wissenschaft –, indem von ihren menschlichen und sozialen Trägern abstrahiert wurde, abstrahiert wurde von deren Mängeln und Stärken, von deren Zweifeln und Glauben und vor allem: von deren Macht und Ohnmacht, deren Moral und Unmoral, deren Borniertheit, Egoismus und Altruismus, von ihren dadurch bestimmten Perspektiven und Interessen. Von all dem musste abgesehen, all das musste ignoriert werden im Interesse eines »objektiven« Wissenschaftsverständnisses.

Wenn aber die Vernunft nur verabsolutiert werden konnte, indem von ihren menschlichen Trägern abstrahiert wurde, wurde sie auf diesem Wege zugleich *ent-menschlicht*. Und in der Tat wurden in der Folge Vernunft und Wissenschaft als a-menschliche, sachliche, objektive, vor allem aber als »wertfreie« Instanzen gedacht, per se jenseits der Sphäre des menschlichen Irrtums. In der Tat dokumentiert kein Begriff das a-menschliche Grundverständnis des Bürgers von seiner Vernunft und Wissenschaft deutlicher als das einer »Wertfreiheit der Wissenschaft«: Nicht einmal Nihilisten können praktisch ohne Wertung überleben. Als Differenzierungs- und Selektionskriterien gegenüber zahllosen Deutungsmöglichkeiten der Wirklichkeit sind sie eine existentiell unverzichtbare Kategorie. Dieser Umstand lässt sich nicht ändern, höchstens – verdrängen.

An sich lag in der Überhöhung des Eigenen ins Absolute keine besonders originelle Leistung der bürgerlichen Gesellschaft: Dies entsprach den üblichen Verfahren in anderen Kulturen. Sie alle hatten ihre Götter, ihren Absolutheitsanspruch. Neu war beim Bürger, dass er mit der Vernunft ein *menschliches* Merkmal zum »Höchsten Wesen« sakralisiert hatte und die *Ignorierung dieser Irrationalisierung und Sakralisierung.*

Vor diesem Hintergrund konnte die Frage der Legitimation einer Expansion des Bürgers nach außen nun kein mehr Problem sein: Der bürgerlichen Vernunft selbst, der Beziehung des Bürgers zur und seinem Begriff von der Vernunft entsprang doch ein Auftrag, genauer: eine Verpflichtung. Sie, als oberste, als einzig zulässige absolute Instanz *forderte* vom Bürger die Mission ebenso wie die Expansion. Keinen Zweifel gab es, dass die ganze Welt sein, des Bürgers Gegenstand, war, weil sie Gegenstand der Vernunft und weil diese Vernunft – seine Vernunft – universell war. Wer würde ihn aufhalten wollen? Wer ihn aufzuhalten wagen? Ihn, der sich im Dienste der höchsten Instanz wusste. Und war es nicht seine heiligste Pflicht, sich nicht aufhalten zu lassen? Seine gleichsam religiöse Pflicht gegenüber der »Göttin Vernunft«, die Botschaft ihres Heils über den ganzen Globus zu tragen? Ihr allein gegenüber war er noch Diener – und ihr Apostel und Missionar. Der Vernunft und Wissenschaft zu dienen, war sein Gottesdienst, ihr Licht in die dunkelsten Gegenden und Köpfe der Welt zu tragen – seine Mission, seine Pflicht, seine »Bürde«.

Was wir bisher noch nicht erwähnt haben: Neu – und entscheidend für die nicht-bürgerliche Umwelt – war die parallele Aufspaltung der Vernunft und die Abspaltung ihrer *instrumentellen* Komponente und damit in einen Macht-Quell, der ihm auch die Instrumente der globalen Expansion in die Hand gegeben hatte: Seine Vernunft vermochte nicht nur, ihm alles zu legitimieren, sie hieß ihn nicht nur – in ihrem Namen – den ganzen Globus zu missionieren, sie ermächtigte ihn auch und gab ihm die Instrumente in die Hand, alles zu realisieren.

Vormund einer unmündigen Welt …

Mit seiner Aussage, dass die Vernunft uns zu Menschen mache und bei allen gleich sei, hatte Descartes zugleich die allgemeinste Begründung der universellen Geltung des Anspruchs der Aufklärung formuliert: Indem er – und in seinen Fußstapfen Aufklärung und Bürger – allen Menschen Vernunft und gleiche Vernunft zuschrieb, schrieb er ihnen nicht nur ein erstes wesentliches Gemeinsames, eine »anthropologische Universalie« zu, sondern begründete damit – modern ausgedrückt – eine erste gemeinsame »Geschäftsgrundlage« der Menschen untereinander, die zudem nicht von Gott gegeben oder autorisiert war: Wir alle haben Vernunft – und sind im Namen, aufgrund und mittels dieser Vernunft auch als Gleiche definiert und ansprechbar.

Schon oben war gesagt worden, dass hier unter der Hand das kulturspezifisch-bürgerliche Verständnis der Vernunft allgemein-menschliche Geltung beanspruchte. Wieder erleben wir, wie im Namen der anthropologischen Universalität das besondere europäisch-bürgerliche Maß als allgemeines und globales etabliert und legitimiert wurde. Indem die Vernunft bürgerlicher Definition zu einer allgemein-menschlichen, zu einer anthropologischen Größe erklärt wurde, verfügte man nicht nur über eine »gemeinsame« Grundlage, sondern auch über eine Art »Rechtstitel« und damit über ein scheinbar legitimes Kriterium, in dessen Namen man die anderen Menschen *be-* und *ver*urteilen, *ein-* und *unter*-ordnen konnte. Hatte Europa im Laufe der Eroberungen schon andere Rechtstitel der übrigen Menschheit usurpiert und sich zur alleinigen Quelle aller Legitimität überhöht, so wiederholte es nun diesen Vorgang in Bezug auf die Vernunft: Obwohl allen Menschen grundsätzlich und potentiell gemeinsam, war sie konkret und real, nicht zuletzt aufgrund seiner besonderen historischen Herkunft und Leistungen, allein des Bürgers Maß und Besitz, das Zeichen seiner Höhe und Auserwähltheit. Er hatte nun die Deutungsmacht über die anthropologische Kategorie »Vernunft«, darüber also, was vernünftig und was unvernünftig war, denn sein bürgerliches Maß war ein universelles Maß.

Doch die Vernunft des bürgerlichen Subjekts versteht sich – wie gezeigt – als absolute Instanz. Sie stellt damit einen grundsätzlichen weltanschaulichen, einen quasi-religiösen Gegensatz zu anderen Verabsolutierungen dar: Du sollst keine Götter haben neben mir! Sie bestreitet damit praktisch und implizit, historisch auch explizit und aggressiv und obendrein in der Camouflage eines laizistischem Gewandes die Legitimität anderer verabsolutierter Instanzen, anderer Götter und Idole, an deren Stelle sie sich gesetzt sieht. Damit ist die spezifisch bürgerliche Vorstellung von der obersten, verabsolutierten Instanz eine Herausforderung an jeden traditionellen Gottesbegriff und wird von deren Anhängern häufig als Aggression verstanden – allein schon deshalb, weil er ihnen das Eine, Wesentliche als nicht mehr zulässig erklärt: zu bleiben was sie sind, *anders* zu sein und zu bleiben. Keine ihrer Existenz- und Kulturformen kann schließlich »vor dem Richterstuhl der Vernunft«

bestehen, der spricht ihnen allen das »Recht auf Eigen-Existenz« ab, weil diese Existenz den Kriterien dieser Vernunft nicht gerecht wird, weil sie »unvernünftig« ist – unvernünftig nach den Kriterien der Vernunft des bürgerlichen Subjekts und Richters.

Mit der bürgerlichen Überhöhung der Vernunft hatte noch etwas Anderes stattgefunden. Indem die Vernunft »ent-menschlicht«, indem ihr das Wissen um ihre eigenen Mängel und Grenzen, ihre Weisheit und Bescheidenheit amputiert worden war, war ihr – und denen, die sich auf sie beriefen – zugleich auch jene gemeinsame menschliche Basis abhanden gekommen, aus der die Fähigkeit des Respekts und der Achtung gegenüber Anderen und Anderem erwächst. Indem die Vernunft in ihrer bürgerlichen Definition verabsolutiert und ent-menschlicht und demgemäß all das, was ihr (noch) nicht angehörte, für nichtig erklärt worden war, hatte man zugleich die Voraussetzung einer gleichberechtigt-menschlichen Beziehung zu den Anderen verloren.

Ausgerüstet mit solcher Logik und Perspektive auf die Umwelt, konnte nun auch der »Große Widerspruch« zwischen Anspruch und Praxis kein Problem mehr darstellen. Denn wenn der mündige Mensch, der Bürger, seinen Blick aus seiner unbezweifelbaren Höhe nach außen und unten richtete, wenn er auf andere Länder, Völker, Menschen schaute, dann konnte er von solcher Warte aus gar nichts anderes erkennen als Wesen, die alles das, was ihn so groß machte, ihn so hoch gehoben hatte – *nicht* hatten. In der Tat, vieles, allzu vieles fehlte ihnen: Er, der die Aufklärung genossen hatte, der von seiner Vernunft »in allen Stücken öffentlichen Gebrauch« machte – war nicht eigentlich doch nur er – »der« Mensch? Gewiss, Tiere sah er nicht mehr in den Anderen, so primitiv urteilte der mündige Bürger nicht mehr – aber Menschen, so wie er es und sich verstand, waren sie auch nicht. Hatten sie doch keinen Anteil an dem, was ihn so groß machte, die Aufklärung und das Licht der Vernunft – war es doch dunkel in ihren Köpfen, voll des Aberglaubens an Götzen und Fetische; dumpfe Ängste vor einer undurchschauten Natur bedrängten sie. *Mündigkeit* in des Bürgers Sinn war ihnen fremd, Unmündige, Kinder, ja Wilde waren sie.

So fremd war das dem Bürger das Unmündig-Sein nicht, im Gegenteil: Unmündig war er, waren seine Vorfahren ja auch einmal gewesen, vor langer Zeit, vor der Aufklärung. Damals war auch er ein *Noch-nicht-Mündiger*, *Noch-nicht-ganz-Mensch* gewesen. Die Anderen waren offensichtlich Noch-nicht-Menschen. Ihr Zustand war zweifellos beklagenswert – aber war ihre Unmündigkeit, ihr Noch-nicht-Mensch-Sein nicht »selbstverschuldet«? Das bürgerliche Subjekt hatte sich schließlich aus eigener Kraft aus seiner Unmündigkeit gelöst. Die

Vernunft gehörte doch allen, *das* wusste man seit Descartes – warum machten sie keinen Gebrauch von ihr, schon gar keinen öffentlichen? Wollten sie am Ende gar nicht, wollten sie gar nicht – mündig sein wie der Bürger?

Auch so etwas kannte der Bürger – von den eigenen Kindern: Auch sie wollten nicht jenes Beste, das man für sie erkannt und bereitet hatte, auch sie waren oft verstockt, verbohrt, verlangten nach Strenge und Züchtigung. Und so, über seinen Zaun in die dunkle Weite blickend, erkannte der Bürger seinen Auftrag, seine *Mission*, seine Pflicht, seine »Bürde«: er war es, der das »Licht der Vernunft« trug, der deren Fackel über die Welt und in alle Erdteile zu tragen hatte – es den Dunklen und Unmündigen zu bringen, sie zu retten, zu erlösen aus der Dumpf- und Dunkelheit ihrer Existenz und sie so zu Menschen heranzubilden.

Das Problem stellte sich damit nun nicht mehr als eins der Legitimation, es war die *Einsicht in die eigene Verantwortung,* Pflicht, in seine – Bürde, die »Bürde des weißen Mannes« eben. Der Universalität verpflichtet, waren Europa und sein Bürger verpflichtet, die eigenen Errungenschaften allen zu bringen, waren verpflichtet zur Mission und zur Erlösung der Anderen. Diese Mission aber bedeutete in der Praxis – Expansion. Nein, nicht mehr Machthunger, nicht mehr Habgier, nicht mehr die Konkurrenz um die Ressourcen waren es, die nun den Bürger aufbrechen hießen – es waren sein Verantwortungsbewusstsein und sein Leiden an der »Niedrigkeit« der Mitmenschen, seine Verpflichtung zur Hilfe, diese hießen den Bürger aufbrechen, um mit dem »Licht der Vernunft« jenen Schleier der Finsternis, der noch über der nichtaufgeklärten Welt lag, zu zerreißen.

Diese Finsternis verhüllte nicht nur die noch unbekannten Weltteile und deren deren Flora und Fauna – all dies galt es, dem Lichte von Vernunft und Wissenschaft zu öffnen, deren innere Logik und Systematik mit ihrer Hilfe zu »entschleiern« und der vernünftigen Welt zu vermitteln und zu öffnen. Aber um wieviel mehr traf diese Verpflichtung auf die Finsternis in den Köpfen der Unmündigen, der »Wilden« zu: Sie waren das spezielle Ziel der Forderung, aller Dumpfheit und Dunkelheit ein Ende zu bereiten und das Licht der Vernunft in den letzten Erdenwinkel zu tragen.

Dass die Wirklichkeit »vor Ort« oft ganz unmenschliche Züge annahm, war der auf's Instrumentelle reduzierten Vernunft zuzuschreiben – man kann auch sagen: der alltäglich-praktischen im Gegensatz zur sonntäglich-sakralisierten Vernunft. Wie schon zuvor in der Christenheit ist auch hier wieder ein beispielloses Auseinanderfallen der »offiziell« proklamierten Ansprüche einerseits und der alltäglichen Praxis andererseits zu beobachten, wobei wir wohl zugestehen müssen, dass eine verabsolutierte Instanz wie die Vernunft, der ja *alles* zu unterwerfen ist, natürlich auch (fast) alles legitimiert, was der Realisierung und der Ausweitung dieser Herrschaft zu dienen vorgibt. Und so hatte sie denn viel zu legitimieren, sehr viel von dem, was in den – bürgerlichen – Geschichtsbüchern steht, denn nur deren Inhalt gilt, und auch viel von dem, was lieber nicht darin aufgenommen worden ist.

Die wissenschaftlich-missionarisch verbrämte Form war die »zivilisierte« und damit eigentlich bürgerliche Form des Raubes. Sie grenzte sich bewusst gegen solch peinliche Direktheit des Bemächtigungsinteresses ab, wie sie vornehmlich am Anfang und an der jeweiligen Peripherie des bürgerlichen Expansionsraumes üblich war. In ihrer unverhüllten Schamlosigkeit war diese Form zu beredt gewesen, zu offenbarend in Bezug auf die eigenen Motive. In den frühen, noch plumpen Formen der europäischen Bemächtigungspraxis war nicht selten zerstört oder entwertet worden, was doch gewonnen werden sollte. So ist die frühe Geschichte der Unterwerfungen beider Amerikas, Afrikas und der übrigen Welt voller Beispiele dafür, dass die blinde Bemächtigungsgier häufig die Objekte zerstörte, auf die sich die kollektive Begierde richtete: Exemplarisch mag hier jenes »Gold von Caxamalca« genannt werden, mit dem sich der gefangene Inka-Herrscher Atahualpa aus Pizarros Gefängniszelle freikaufen sollte: Die kunstvollsten Gegenstände wurden eingeschmolzen, um dieses Gold kompakter, teilbar und transportabel zu machen (s. dazu auch die Erzählung Jakob Wassermanns: Das Gold von Caxamalca.)

Eine solche Plattheit der Bemächtigung fand bald ein Ende. Mit der Wissenschaft als oberster Legitimationsinstanz präsentierte sich der globale Unterwerfungsfeldzug gern als ein *Kreuzzug* im Namen ihrer Herrlichkeit. In einem solchen Rahmen wurde dann alles, was den Bürger so groß gemacht hatte, alles, in dem sich seine Höhe spiegelte, ihm zur Legitimation und Verpflichtung, die Anderen zu erleuchten – in seiner Weise und in seinem (privaten) Interesse: Seine – auch der Vernunft entsprungene – *Kultur,* auch im Begriffe nun aufgespalten, abgespalten vom Menschen und emphatisch überhöht, allein *»dem Wahren, Schönen, Guten«*, dem *»Geist«* verpflichtet, unterstützte diese Legitimation: Wer solche Geistesleistungen und Fortschritte wie Europa hervorgebracht hatte, der war doch berechtigt, die anderen zu erziehen.

Ein zur Legitimation der neuen Hierarchie besonders geeignetes Instrument stellte der Begriff des *Fortschritts* dar: Er stempelte die übrigen Kulturen nicht nur zu Randerscheinungen, sondern vor allem zu Anachronismen. Sie passten nicht mehr in die Zeit, die es nach dem

Bild des bürgerlichen Subjekts umzuformen galt. Und war zu einem solchen gewaltigen Werk nicht ganz logisch eine Kultur berufen, die sich – von ihrer Vernunft und Wissenschaft autorisiert – als *universalistisch* begriff? Daran änderte in der Realität auch nichts, dass diese Paradoxie eines »bürgerlichen Universalismus« – also eines *kulturspezifischen* Universalismus – nur ein zu universellem Schein aufgeblasener Kultur-Provinzialismus sein kann, in dem der Anspruch auf kompetentes Urteil und entscheidende Mitsprache allen anderen Kulturen gegenüber ganz selbstverständlich, ganz natürlich impliziert ist – und dessen Überheblichkeit zur Lächerlichkeit verurteilt wäre, wenn ihm nicht die Wirklichkeit seiner inzwischen überwältigenden Ausdehnung und die ihm zur Verfügung stehenden Machtmittel entsprächen.

Überhöht durch die verabsolutierte Vernunft erhielten die bürgerlichen Konzepte von »Kultur«, »Fortschritt« und »Universalismus« schon im 19. Jahrhundert – und bis in unsere Tage hinein – eine Wendung nach außen, eine transkulturelle und damit – wie schon das Konzept der Vernunft – eine aggressive, eine notwendig diskriminierende Wendung, weil so das bürgerliche Maß für »universell«, für all-gültig erklärt wurde – mit der Implikation, dass das Andere, das Nicht-Europäische eben für unwert oder zumindest sehr viel weniger wert gelten musste als dieses Europäische.

Dies nun mag der angemessene Begriff einer solchen aus der eigenen »fundierten« Überhöhung ganz logisch, fast zwingend resultierenden Diskriminierung sein: Es ist ein Rassismus des elitären Selbstverständnisses, ein bürgerlich-elitärer Rassismus, ein »Rassismus des Über-Menschen«. Er stellt das verfeinerte Pendant dar zum »Rassismus des Unter-Menschen«, mit dem nun solch grobe Muster wie das der polygenetischen Entstehung des Menschengeschlechts aus der Weltanschauung der Gebildeten ausrangiert und den ungebildeteren Kreisen der Gesellschaft überlassen werden konnten. Der neue, verfeinerte Rassismus ersetzt nicht den alten, groben, er ergänzt ihn.

… und ihr Lehrer und Erzieher

Europa hatte die Aufgabe und Pflicht zur Mission – und das hieß: *Unterweisung*. Es galt, das Licht der Vernunft in die letzten Winkel der Finsternis zu tragen – vor allem ins dunkle Afrika und in seine dunklen Köpfe. So verklärte sich durch die Vernunft schicksalhaft-mythisch jene hohe »Verantwortung« und »Verpflichtung«, die als »Bürde des weißen Mannes« zu *der* Legitimationsformel bürgerlicher Weltbemächtigung geworden ist. Angesichts des ganz realen Imperialismus dieses weißen Mannes ließe sich auch sagen: zu der fundamentalen Lüge über diese Praxis. Diese »Bürde« war, wie das Wort so verklärend sagt, keine leichte Aufgabe. Hatte schon die Erforschung der Natur manchen Forscher zum Märtyrer seiner Wissenschaft werden lassen, so waren in Bezug auf »die Wilden« ganz andere Anstrengungen zu erwarten – schließlich wurzelte ihre Schuld an der eigenen Ignoranz ganz offensichtlich in ihrer eigene Bequemlichkeit, Trägheit und Verstocktheit (der Beitrag der südlichen Sonne zu diesen Eigenschaften lag auf der Hand), sie konnten und wollten sie sich nicht aufraffen zu einem Streben nach Höherem, nach Erlösung aus ihrem elenden Dasein, zu ihrem Besten nach bürgerlicher Definition.

Die Methode der Unterweisung war die *Arbeit*, Zwangsarbeit, wenn es nottat – unterstrichen durch Prügelstrafen und andere Züchtigungen (s. Robin 2007). So würden die Wilden allmählich erzogen werden, wie dies Carl Peters, der Begründer der deutschen Kolonie in Ostafrika, so exemplarisch resümierte: »Wenn auf diese Weise und mit Nachdruck vorgegangen wird, so wird nicht nur Deutschland mit der Zeit einen werthvollen Kolonial-Besitz in Ostafrika erhalten, sondern es wird andererseits diesem schönen und weiten Gebiete die Segnungen der Gesittung bringen und die schwarze Bevölkerung zu einem nützlichen Gliede der Menschheit erziehen« (Peters 1889, S. 44). Und vom Kamerun der Westküste echote ihm Adolph Woermann: »Dem Neger West-Afrikas den Segen der Arbeit zu bringen, das sollte der Kernpunkt aller Bestrebungen sein.« (Hücking/Launer 1986, Umschlagseite): Auch der Kolonialismus verstand sich schon als Bildungs- und Entwicklungshilfe.

Der Reiz dieser Argumentation liegt darin, dass in ihr das eigene Bemächtigungsinteresse gänzlich unter dem Mantel des Altruismus verschwindet – auch das ist eine »kulturelle Leistung«, eine Leistung an Heuchelei, an Fremd- und Selbstbetrug. Die Verklärung des eigenen Imperialismus zu einem humanistisch-altruistischen Unternehmen war damit relativ stringent gelungen und dessen inhumane Praxis in den Schein ihres Gegenteils verkehrt. Der Anteil von »Vernunft und Wissenschaft« an dieser heuchlerischen Verklärung ist kaum zu überschätzen – ohne den Beitrag des »Geistes« wäre weder ein »humanisierender« noch ein elitär begründeter Rassismus denkbar. Diese, in der Tat einmalige Leistung des Bürger-Geistes findet in den vielen Hymnen auf seine Leistungen bezeichnenderweise keine Erwähnung.

USA: Paternalismus und »Privatisierung«

Im Norden der sich gründenden Vereinigten Staaten war die Sklaverei schon bei der Verkündung der Menschenrechte im Jahre 1776 als eine offene Wunde der Gesellschaft empfunden worden. Deren Heilung war damals an den herrschenden Realitäten und Opportunitäten gescheitert (ohne die Hinnahme der Sklaverei hätte der Norden den Süden nicht für den Unabhängigkeitskrieg gegen England gewinnen können).

Die sich in der ersten Hälfte des 19. Jahrhunderts zugunsten der Abolitionisten, also der Gegner der Sklaverei, verändernde Konstellation führte zu einer Erneuerung des Gleichheitsanspruchs in Bezug auf die Sklaven. Vehement wurde in unzähligen Schriften deren Befreiung aus ihrem unmenschlichen Los eingeklagt. Derartige abolitionistische Schriften hatten sich auch schon seit geraumer Zeit einer wachsenden Leserschaft erfreuen können. Das galt vor allem für ihr hervorragendstes Beispiel, Harriet Beecher-Stowes »Onkel Toms Hütte«. Die allgemeine Betroffenheit wurde insbesondere in den Nordstaaten zur emotionalen und psychosozialen Basis der Sklavenbefreiung und hatte damit eine wahrhaft historische Dimension.

Doch das bedeutete keineswegs die Annahme der Schwarzen als Gleicher und Gleichberechtigter. Vor allem auf zwei Ebenen setzte sich die Diskriminierung und Hierarchisierung fort. Zunächst jener, die in der Position Harriet Beecher-Stowes und der vieler Tausender ihrer Mitautoren und Parteigänger impliziert ist. Denn wie in zahllosen anderen, heute weniger bekannten Publikationen wie auch in »Onkel Toms Hütte« stand genauso wenig infrage, dass die Hierarchie in der Praxis grundsätzlich fortbesteht: Einem aufgeklärten Herrscher gleich beugt sich die Autorin – und mit ihr die vielen Tausende ihrer begeisterten Leser – hinab zu den »armen Negern«, hinab zu denen, deren »trauriges Los« sie wortreich beklagt, hinab zu denen, die sie dessen ungeachtet verklären kann zu den »guten«, den so sehr leidensfähigen, so warmherzigen – *Negern*. Denn Neger bleiben sie letztlich auch für sie, auch für ihre Leser – und sie sehen sie als demütig, als angepasst, als dankbar – mit einem Wort: als brav. Beschützend beugt man sich herab zu diesen »braven Schwarzen«, zu den Bedrückten und Gedemütigten – und bestätigt im Herabbeugen die unterstellte Hierarchie. Und es bleibt gänzlich außer Zweifel, dass es eben um diese »herabbeugende Zuwendung« geht – die die Leidenden bitte auch demütig empfangen sollen.

Der Paternalismus hatte seinen ebenso klassischen wie exemplarischen Ausdruck gefunden: Die Befreiung erfolgt von oben, der Befreier beugt sich herab, die Hierarchie wird subtiler – und als subtilere bestätigt; Subalternität statt Emanzipation, Angepasstheit statt Rebellion, Bevormundung statt Selbstbestimmung bzw. Gleichberechtigung. Nicht zufällig wurde der Ausdruck »Onkel Tom« innerhalb der schwarzen Emanzipationsbewegung der USA zur Beleidigung und zum Schimpfwort.

Neben dem Wechselbalg eines »humanisierenden Rassismus«, den der Paternalismus darstellt, entwickelte sich nun, scheinbar ganz naturwüchsig, noch eine andere Form subtilerer Diskriminierung in der Praxis, die ohne besondere Legitimation auszukommen schien. Alexis de Tocqueville berichtet:

> Sind die Neger in jenem Teil der Union, wo sie nicht mehr Sklaven sind, den Weißen näher gekommen? Jeder, der in den Vereinigten Staaten weilte, wird die gegenteilige Wirkung bemerkt haben.
>
> Das Rassenvorurteil scheint mir in den Staaten, die die Sklaverei abgeschafft haben, stärker als in jenen, wo die Sklaverei noch besteht, und nirgends erweist es sich so unduldsam wie in den Staaten, wo die Knechtschaft immer unbekannt geblieben ist.
>
> Im Süden hat der Herr kein Bedenken, den Sklaven zu sich emporzuheben, weil er weiß, dass er ihn jederzeit nach Belieben in den Staub niederwerfen kann. Im Norden bemerkt der Weiße die Schranke, die. ihn von einer erniedrigten Rasse trennen soll, nicht mehr deutlich, und er hält sich vom Neger um so sorgfältiger fern, als er fürchtet, sich eines Tages mit ihm zu vermischen.
>
> So scheint in den Vereinigten Staaten das Vorurteil gegen die Neger in dem Grade zu wachsen, als sie aufhören, Sklaven zu sein, und die Ungleichheit setzt sich in dem Maße in den Sitten fest, als sie aus den Gesetzen verschwindet. (Über die Demokratie in Amerika, München 1976, S. 397ff.)

»...die Ungleichheit setzt sich in dem Maße in den Sitten fest, als sie aus den Gesetzen verschwindet«: der die Ungleichheit abgeschafft und den Schwarzen »die Gleichheit zugesprochen hat«, hat sie ihnen nur formal zugesprochen, in der Praxis, in der *privaten* Praxis wird die Ungleichheit wieder eingeführt. Form und Praxis, Anspruch und Praxis widersprechen sich diametral – und koexistieren doch in stabiler und vor allem alltäglicher Weise. Die Diskriminierung wird scheinbar sprachlos, scheinbar ausschließlich praktisch, scheinbar zur Selbstverständlichkeit. Sie verschwindet ganz und gar nicht, treibt stattdessen vielfältige neue Blüten in der Sitte. Das aber ist jener Bereich, der nicht justitiabel, nicht einklagbar ist. Die Diskriminierung, der Rassismus werden scheinbar zur Privatangelegenheit.

Die gesellschaftliche Wirksamkeit der Ausschließung beeinträchtigt dies nicht, sie wird eher effektiver. Sie erscheint den Ausgeschlossenen gegenüber als mafiöse Verschwörung der Mehrheit, gegen deren hartnäckiges Leugnen des offensichtlichen Tatbestandes umso weniger anzukommen ist, als die Richter – sollte das Verfahren je diese Ebene erreichen – Bestandteil der Verschwörung sind. Als ultima ratio trägt der keinesfalls immer unter Ausschluss der Öffentlichkeit stattfindende latente oder virulente Terror gegen die Ausgegrenzten zur Aufrechterhaltung und zum Funktionieren der Struktur bei.

Die formale Gleichstellung der Schwarzen bei gleichzeitiger Fortdauer der praktischen Ausgrenzung und Diskriminierung in der Sitte unter dem Schein des Privaten stellt eine neue Form gesellschaftlicher Diskriminierung dar, eine für die sich modernisierende Gesellschaft typische: die Form der *institutionellen bzw. strukturellen Diskriminierung*. Diese ist eine scheinbar informelle, unkodifizierte, gesellschaftlich »stumme« und ganz und gar praktische Form der Diskriminierung – bei ihrer gleichzeitiger Verleugnung seitens der hegemonialen Akteure. Sie wurde zu *der* Diskriminierungsstruktur innerhalb der modernen bürgerlichen Gesellschaften.

In der »Befreiung« der Schwarzen aus der Sklaverei zeigt sich in exemplarischer Weise, wie in der weiß-europäischen Gesellschaft jene Emanzipationsansprüche *nach innen* »eingelöst« werden, die der eigene Anspruch allgemeiner Gleichheit legitimiert: Offiziell, formal wird zugestanden, was privat und vor allem in der gesellschaftlichen Praxis zugleich und mit aller Macht wieder unterbunden wird. Jetzt wird die klassisch bürgerliche Trennung von Staat und Gesellschaft – oder in Tönnies Verständnis: von Gesellschaft und Gemeinschaft – zur Quelle jener Schizophrenie, die hier das Eine verkündet und da dessen Gegenteil tut: die Heuchelei wird zur »Sitte«, wird zur tragenden Säule, wird zur staatspolitischen Notwendigkeit eines Herrschaftssystems, das ohne sie an seinem eigenen Widerspruch ersticken müsste.

Der Paternalismus erfüllt in diesem Kontext eine wesentliche Funktion: Er vernebelt diese Verhältnisse, er verhüllt und verbirgt sie vor allem vor der diskriminierenden Gesellschaft selbst: Verbal die Gleichheit und Menschenwürde der Diskriminierten einklagend, werden die »armen Schwarzen« – oder wer sonst auch immer diese Kategorie füllen mag – in einer Praxis der Bevormundung erneut ihres Subjekt-Seins beraubt und in die Subalternität gedrängt. Nicht überrascht, dass diese paternalistisch begründete Diskriminierung von den »Wohlmeinenden« praktiziert und so von den Diskriminierten auch erfahren und – anfangs – geschätzt wird. Umso schwieriger gestaltet sich dann die schließliche Emanzipation von diesem »humanisierenden Rassismus«.

Von nun an sollte es den Wechselbalg eines »humanisierenden Rassismus« geben. Wenn auch nicht so schnell erkennbar, begann doch im Grunde die Zeit des offen diskriminierenden Rassismus als einer seriösen politischen Kraft abzulaufen. Dem widerspricht nicht, dass er als taktisches Instrument nicht nur der politischen Rechten seine größte historische Machtentfaltung noch vor sich hatte. Aber diese besondere Form politischer Machtentfaltung des offenen Rassismus lag gerade darin begründet, dass er zunehmend zu einer Ideologie der untersten Schichten der weißen Gesellschaftspyramide wurde.

5. Der neue Schein der Wirklichkeit

»Denn er ist unser« – Auf dem Globus gilt Europas Wort, Form und Maß

Wer kennt nicht Jules Vernes und seines Phileas Foggs berühmte *Reise um die Welt in 80 Tagen*? Noch heute erregen seine Reisen und ihr gewaltiges Unterfangen unsere Sympathie, noch immer steckt uns ihr Enthusiasmus an, und auch die amüsante Verfilmung begeistert noch immer das Publikum. Doch so schön der erfundene Bericht auch ist, so leicht kann man eine wesentliche Botschaft des Buches übersehen – eine wesentliche auch für den damaligen Erfolg des Buches. Diese Botschaft besteht im genussvollen Nachweis der fast vollendeten Europäisierung des Globus, im Nachweis der Realität dieser Europäisierung: Die Reise um die Welt in 80 Tagen ist nicht irgendeine Abenteuerreise, wie sie damals vor allem in England in Mode kamen. Sie ist, ins Praktisch-Konkrete übersetzt, der krönende Beweis, dass die europäische Wirklichkeit global ist und global funktioniert – ob sie nun als Dampfschiff, als Eisenbahn oder gar als Luftballon erscheine, ob die Kommunikation über Telegraph, Telefon oder auch »nur« über die Zeitung hergestellt wird: Immer sind es die Errungenschaften der bürgerlich-westlichen Kultur und Technik, die »triumphieren«. Die »Reise um die Welt in 80 Tagen« ist eine Apotheose westlich-europäischer Fähigkeit und Überlegenheit. Der Kern der Meldung nach 80 Tagen lautet denn auch so: »Er ist unser«, der Globus. Der Rest ist Folklore.

Es war nicht das einzige Buch des vielgelesenen Verne mit dieser Botschaft – und er wiederum nicht der einzige Autor solcher Vermittlung. Sie war in der einschlägigen Literatur des ausgehenden 19. Jahrhunderts ein durchgehendes Motiv oder selbstverständlich unterstellter Hintergrund: Die Welt *ist* europäisch, Europa *ist* global, ist überall präsent, ist das eigentlich aktive, lebendige, wirksame und wirkliche Element in einer zunehmend auch kulturell monopolisierten Welt. Das Andere ist demgegenüber eine eher folkloristische, exotische Kulisse, vor deren Hintergrund die europäische Größe umso kontrastreicher leuchtet. Die Anderen sind exotisiert, kurios, nicht ganz ernstzunehmen, unfähig, europäische Ernsthaftigkeit und Zielstrebigkeit zu teilen, weshalb ihnen auch gern die Rolle des Hofnarren der bürgerlichen Zivilisation übertragen wird. Und wenn der Historiker Eric Hobsbawm in seiner »Blütezeit des Kapitals« (1980) seinerseits auch 1875 »Die Welt als Einheit« (a.a.O., S.67) sieht, so ist zu ergänzen, dass diese Einheit eine *bürgerliche* Einheit war, hergestellt und erfüllt vom bürgerlichen Subjekt.

Mit Phileas Foggs Reise wird deutlich, dass die ganz reale Umgestaltung, die dieser Globus im Zuge seiner Einverleibung durch die europäisch-bürgerliche Macht und Kultur erfahren hatte, sich mittlerweile nicht mehr nur als »Europäisierung« der politischen, wirtschaftlichen, rechtlichen, kulturellen Verhältnisse auf allgemeiner Ebene darstellte. Was zu Beginn der europäischen Expansion rein theoretisch-weltanschaulich als Bezugsrahmen Europas gesetzt worden war, hatte sich im Laufe dieser Expansion »mit Wirklichkeit angefüllt«, war konkret und praktisch geworden: Die Konsequenzen von Kolumbus und Magellans Reisen, des Vertrags von Tordesillas, der großen »Entdeckungsreisen«, die ganze Inbesitznahme des Globus hatte ihren Ausdruck nicht nur in europäisierten Länder-, Landschafts-, Orts- und sonstigen geographischen Benennungen gefunden, nicht nur in einer europäischen Nomenklatur für Fauna und Flora, nicht nur in der zunehmend realen Eingemeindung auch der Peripherie in diesen bürgerlichen Rahmen, nicht nur in der Entstehung von bürgerlicher Lebenswirklichkeit auf allen Kontinenten, in Städten, in Sprachen, Umgangsformen, Selbstverständnis: Um die Jahrhundertwende war die die Welt dominierende Erscheinung bürgerlich. Und was vermöchte die Wirklichkeit der bürgerlichen Globalität besser zu unterstreichen als die Tatsache, dass alle jene, die noch die geringste Chance eigenen Überlebens, eigener Geltung und Mitsprache sichern wollten, dies nur durch ihre angestrengte »Selbsteuropäisierung« erhoffen konnten: Russland, Japan, das Osmanische Reich, China. Wer hier den Anschluss verpasste, nicht »bürgerlich« wurde, war zum Untergang verurteilt. Das gilt für das Osmanische und das Zarenreich und China als Kaiserreich – sie verschwanden prompt aus der Geschichte – und tauchten als »sich Europäisierende«, sich Verwestlichende ebenso prompt und in anderer Form wieder auf.

Wo aber die Welt, die ganze globale Wirklichkeit dem europäischen Reisenden bestätigte, dass die Welt seine Sprachen spricht, dass andere Sprachen nicht zumutbar sind, dass überall da, wohin wir kamen und kommen, Europa ist, *unsere* Welt ist – da wandelt sich der Anschein zur Gewissheit, wird zur Selbstverständlichkeit. Ob es sich nun um unsere Tickets, um unser Geld, um unser Essen und um unsere Unterkunft handelt: Messlatte ist unser europäisch-bürgerlicher Standard: Was zu Heinrich des Seefahrers Zeiten nur eine Setzung war, die Welt als Bezugsrahmen Europas, Europa als Bezugspunkt der Welt – das war nun mit Wirklichkeit angefüllt worden – zumindest an der Oberfläche.

Von diesem Schein, den die globale Realität nährt, ist es nicht mehr weit bis zum nächsten Schritt: Ist denn eben diese Tatsache, diese Wirklichkeit nicht in der Tat demjenigen, dem der Erfolg, der Sieg wesentliches Kriterium ist (wie dies für eine Leistungskultur gilt), nicht hinreichender, nicht ganz selbstverständlicher Beleg und Beweis für »unsere« Überlegenheit – und für die Unterlegenheit der anderen? Entscheidet hier nicht ein ganz »sachliches«, ein ganz »objektives«, ein ganz »praktisches« Kriterium über das Oben und das Unten, ganz jenseits allen hässlichen Diskriminierungsinteresses? Spricht die Wirklichkeit hier nicht eine eindeutige Sprache, ein klares Urteil? Sind denn Eroberung und Unterwerfung nicht zugleich auch praktischer Beweis der Überlegenheit bzw. Unterlegenheit? Teilen nicht selbst die Unterlegenen diese Einschätzung: Der Sieger ist der Überlegene – so sehr, dass diese Verbindung als Tautologie erscheinen mag. Und beweist sich diese Überlegenheit der »Sieger-Kultur« nicht auch in ihrer gewaltigen Attraktion, die sie auf die Individuen der »Verliererkulturen« ausübt? Laufen sie nicht scharenweise über…?

Da Eroberung bzw. Unterwerfung zumindest in den Augen der Sieger häufig zugleich auch als Gericht über »Wert« und »Unwert« von Kulturen erscheint, über deren »richtig« und »falsch«, so kann die Eroberung des ganzen Globus durch eine Kultur – und die »Niederlage« aller anderen – doch nur Beweis für ihre beispiellose Überlegenheit sein. Ist die Tatsache der Europäisierung des Globus also nicht zugleich auch Beweis – wenn denn schon danach gefragt wird – für die Überlegenheit der bürgerlichen Welt und Kultur? Wird die Europäisierung des Globus nicht spätestens durch ihren Erfolg legitimiert?

Natürlich war die Welt nicht in ihrer ganzen komplexen Wirklichkeit europäisch und bürgerlich geworden. Eigenes, anderes als bürgerliches Leben und Selbstverständnis war selbstverständlich noch mächtig und vielfältig unter dem europäisch-bürgerlichen Firnis. Aber dieser Firnis – und die ungeheure Machtentfaltung des Bürgertums, das ungeheure Machtgefälle zu den Anderen – ließen die globale Wirklichkeit als europäische *erscheinen*, und das in erster Linie den Bürgern selbst. Sie nahmen diesen Firnis nur zu gern als die ganze Wirklichkeit, erlagen nur zu gern dem europäischen Schein der Welt – war er doch Ausdruck und Bestätigung ihrer selbst: Dieser Schein belegte doch: Wir sind die Herren der Welt. Jules Verne feierte dies literarisch.

Neben der expliziten Diskriminierung vor dem Hintergrund des Widerspruchs zwischen Gleichheitsanspruch und Unterdrückungspraxis, neben der elitären – der »stummen«, scheinbar privaten, wirklich jedoch institutionellen und strukturellen Diskriminierung einerseits und der impliziten Diskriminierung in der aktiven Selbstüberhöhung über die Vehikel von »Vernunft und Wissenschaft«, von »Geist«, »Kultur« und »Fortschritt« andererseits – stoßen wir damit auf eine dritte Schicht einer europäisch-bürgerlichen Diskriminierungslegitimation, möglicherweise auf die am wenigsten bewusste, am tiefsten internalisierte, weil von nichts Geringerem als von der Erscheinung der Wirklichkeit selbst eingegeben. Welche Macht von hier ausging auf die Prägung von Identität, von Selbst- und Weltverständnis, auf die gesamte Sozialisation der heranwachsenden Bürgergenerationen, das können wir hier nur skizzieren, jedoch nicht wirklich ausloten.

Auf jeden Fall spiegelten die herrschenden Verhältnisse in ihrer Erscheinung jene Legitimation wider, die allem Natürlichen und Selbstverständlichen vordergründig innewohnt: Die Dinge waren nun einmal so. In sie hineingeboren zu werden, in ihnen, auf ihrer Basis sozialisiert zu werden, musste die Hierarchie fraglos werden lassen. Alle Menschen waren gleich? Ja, aber – die Europäer, die »Weißen« waren doch »erkennbar«, »nachweisbar« überlegen und die Herren der Welt. Trotzdem jedoch alle Menschen als gleich zu erklären – zeigte sich nicht auch darin wieder nur ihre überragende Größe?

Gefangen in der Logik der Selbst-Entgrenzung

Auch der Bürger musste bezahlen für seine grenzenlose Expansion, jedoch in gänzlich anderer Währung. Europa hatte den Globus europäisiert und sich selbst damit globalisiert. Damit *entgrenzte* es sich zugleich selbst, setzte und realisierte sich selbst als »universelle« Kultur. Damit gehörte die bürgerliche Welt zu den wenigen Kulturen, denen das Korrektiv der Grenze fehlte oder die sich ihm verweigern. Das aber hieß, dass auch ihrem Allgemeingültigkeitsanspruch, der tendenziellen Verabsolutierung der eigenen Werte und Anschauungen der bürgerlichen Gesellschaft keine ausreichende Gegentendenz, eben kein Korrektiv mehr gegenüberstand.

Auch diese Selbst-Entgrenzung ist zweifach bewirkt: Indem Europa das Eigene entgrenzte und sich über den ganzen Globus hinweg als Wirklichkeit setzte, reduzierte es auf der anderen Seite parallel dazu – immer in seiner, aber nicht nur in seiner Wahrnehmung – das Andere zur Randerscheinung, zur quantité négligéable, die sein Fortschrittsbegriff obendrein zum Anachronismus erklärt hatte: Das Andere ist das, was man vernachlässigen kann.

Dies war die banalste Folge der Entgrenzung: Zur Randerscheinung reduziert, nehme ich das Andere kaum wahr. Sicher, wahrnehmen als Folklore, als Exotisches werde ich es wohl, es begegnet mir immer wieder sinnlich auffällig als Gegenstand des Tourismus. Aber das Andere wahrnehmen als Ernstzunehmendes – das ist mir nun schon von meinem Selbstverständnis, von meinem »Welt«-Verständnis her nicht mehr möglich – es sei dann, dass ich mit aller Energie dagegen ankämpfe. Und wie sollte es anders sein? Schließlich bin ich so sozialisiert worden, macht das meine Identität aus.

Und wie soll es dann auch anders sein für die Masse jener meist mäßig Gebildeten, aus der sich z. B. der koloniale Apparat in Afrika rekrutierte? Von vornherein ausgestattet mit dem verachtenden, zutiefst selektiv wahrnehmenden »kolonialen Blick« (Henning Melber 1989 u. 2001), sogar im besten Fall nur der Erscheinung verhaftet und im gesicherten Wissen, dass all dieses Andere besser heute als morgen der europäischen Welt Platz zu machen habe, konnten sie doch kaum anders sehen, als sie es sahen. Und was sie sahen – »Lehmhütten«, »nackte Wilde«, »Neger« eben – bestätigte sie in ihrem Blick. Was ahnten sie, was wussten sie, was wollten sie denn wissen von Afrikas Kultur und Geschichte? So etwas gab es nicht, konnte es auch gar nicht geben. Das hatte ihnen im Übrigen auch schon die höchste Instanz Wissenschaft selbst bestätigt.

Weder die Bürger noch ihre Wissenschaft wollten etwas wissen von dieser Kultur und Geschichte – wenn es nicht der Bestätigung des eigenen Weltbildes diente. Dass Europas Bürger lange vor der territorialen Kolonisierung, schon im Sklavenhandel mit der Verschleppung von Millionen Menschen Afrikas Kulturen und Geschichte zerstört und vernichtet hatten, dass hier aber Kulturen und Reiche geblüht hatten zu einer Zeit, da in Europa noch die schiere Barbarei herrschte – solches durfte gar nicht sein, konnte nicht sein, war auch nicht zu vermuten: Die eigene Wissenschaft wurzelte in der eigenen arroganten Ignoranz und bestätigte sie. Das eigene Vorurteil herrschte.

Es war eine gewollte, gepflegte Ignoranz – als notwendige Voraussetzung eigener Arroganz, die logische Folge des mit der eigenen Ent-Grenzung verbundenen Nicht-Ernstnehmens der Anderen. Man wollte gar nicht wissen, gar nicht sehen, was diese Arroganz hätte erschüttern können – und vermochte es dann auch nicht: Da Afrika keine eigene Kultur haben konnte, durfte es auch keine haben – und wo man auf unübersehbare Zeugnisse stieß – da konnten Schwarzafrikaner deren Schöpfer nicht gewesen sein. Im besten Falle waren diese Schöpfer, wenn denn schon Afrikaner, so doch »Hamiten«, die bekanntlich »arabisches Blut« in ihren Adern hatten, oder »weiße Berber«.

Ignoranz, gesichert durch das feste Bollwerk eigener Arroganz und gepflegter Blindheit, wurde zunehmend zum »Beweismittel« derer, die die Dinge nicht anders sehen durften, wenn ihre ganze Legitimation nicht widerlegt werden sollte. Allein der ganze Barbarismus jenes »zügellosen Bemächtigungsdrangs« und der ihm gemäße Geierblick nach Verwertbarem bedurfte solcher »Legitimation« durch Ignoranz und Arroganz, wollte er seine Energie nicht durch eventuelle Skrupel gelähmt sehen. Er bedurfte der Unfähigkeit zu feinerer Selbst- und Fremdwahrnehmung – wie sich am Goldhunger als treibender Kraft oft erwiesen hatte. In der Geschichte der Eroberungen gibt es kaum ein Beispiel, in dem sich dieses Motiv so schamlos-offen als ausschlaggebendes darstellt, wie an dem des Inka-Goldes von Caxamalca: Unfähig, selbst in den wertvollsten Gegenständen etwas Anderes zu sehen als eben – Gold, wurden ganze Ladungen von Kunstwerken eingeschmolzen, weil nur so das Gold richtig zu messen, zu transportieren und vor allem – zu verteilen war.

Was sich hier für Europäer peinlich offen zeigte – und deshalb gern distanzierend »den Spaniern« angelastet wird, war nichtsdestoweniger die typische Art und Weise des Umgangs mit den Eroberungen. Nur schlecht verhüllt, war die Beutemacherei auch da das Hauptmotiv, wo es nicht vordergründig um Gold ging: Die Gier nach Verwertbarkeit lieferte die Kriterien zur Inbesitznahme auch da, wo es um Gewürze, Hölzer, Stoffe oder einfach ganz platt um Arbeitskraft und Land ging. In Rahmen eines solchen Interesses störte dann auch all das, was auf einen Eigenwert dessen hindeutete, das zur Bemächtigung anstand, ein Eigenwert, der vielleicht gar Respekt erheischen mochte. Ist die Gier nur groß genug, reduziert sie alles Interesse nur auf eins: auf das Habenwollen, auf das Besitzergreifen. Nicht bereit, das Andere als Anderes zu belassen, unfähig, eine andere Wahrnehmungsperspektive anzunehmen als die nach der potentiellen Verwertbarkeit der anderen Welten, musste das bürgerliche Europa – einschließlich der übrigen »weißen« Kolonien – jener Bedingungen verlustig gehen, die es ermöglichen, das Eigene und die eigene Welt *als eine Möglichkeit unter anderen* zu erkennen und zu relativieren.

In dem Maße, in dem äußere Maßstäbe jedoch definitiv abhanden kamen, musste das eigene nicht mehr als Möglichkeit, sondern als Selbstverständlichkeit, als natürlich erscheinen: Die Dinge waren so und nicht anders – und sie waren so – *weil* sie so waren. Indem Europa sich seiner Schranken entledigte bzw. sie da, wo sie kulturell-qualitativ waren, in bornierter Weise ignorierte oder selbst vernichtete, erfuhr es sich als scheinbar schrankenlos – erfuhr also keine Grenze mehr, keine

Relativierung: die Erfahrung selbst bewirkte so die Verabsolutierung der eigenen Welt zur unerschütterlichen Selbstverständlichkeit. Diese »Erfahrung« ließ dann Europa aber auch verkommen – zu jener Provinzialität, die sich selbst nur deshalb für einzigartig und großartig hält, weil sie nichts Anderes kennt, nicht zu kennen vermag.

Eine solch überwältigende Position innerhalb des globalen Rahmens hat notwendig bestimmte Konsequenzen in Bezug auf die Wahrnehmung und Erfahrung der Wirklichkeit durch die eigenen Individuen. Auf allgemeinster Ebene entfällt mit der Negation und Vernichtung der anderen Kulturen jenes praktische Korrektiv der Verabsolutierung des Eigenen, das die anderen Kulturen allein aufgrund ihrer schieren Existenz darstellen. Wenn sich aber die anderen Kulturen, d. h. die anderen Möglichkeiten von Weltinterpretation und -bewältigung, nicht mehr relevant artikulieren und manifestieren können, so erscheint die allein verbleibende Kultur als die nunmehr einzige Möglichkeit, notwendig als *die* Möglichkeit schlechthin: Die besondere eigene Kultur und Welt erscheint nun ganz unangefochten und unwidersprochen als *die* Welt. So wandelt sich das ursprünglich Besondere, Kulturspezifische zum Allgemeinen und einzig Möglichen. Damit aber sinkt die Fähigkeit zur Relativierung und damit Reflexion des Eigenen dramatisch.

Diese Konstellation enthält noch eine Steigerung. Liegt der gewichtigste Beweis für die Überlegenheit des Bürgers nicht darin, dass er all denen, die ihm zu widerstehen suchen, seine Mittel und Methoden aufzwingt? Dass ein Bestehen gegen den Bürger nur in der Transformation zum Bürger eine Chance hat? Es war vor allem Japan, das diese Logik bestätigte – es vermochte Europa nur deshalb zu widerstehen, weil es sich ihm auf anderen Ebenen umso totaler, umso systematischer unterwarf. Nur europäisiert vermochte es zu widerstehen, und als europäisiertes vermochte es sogar die am wenigsten europäisierte Macht Europas, Russland, zu schlagen. Hatten die Anderen also nur als Europäisierte eine Überlebenschance auf dem Globus?

Demonstrierte die japanische Wendung die Überlegenheit – und so die »Richtigkeit« und »Wahrheit« – des bürgerlichen Weges in seiner Praxis, so musste als die letzte Besiegelung dieser Überlegenheit erscheinen, dass die Anderen, die Besiegten, die Unterlegenen schließlich selbst das Echo von Europas Argumenten bildeten, dass Europäer aus ihrem Munde schließlich das Zeugnis der eigenen Überlegenheit vorgesungen bekamen. Aimée Césaire, der senegalesische Dichter, charakterisierte die Schwarzafrikaner als »die, die niemals etwas erfunden haben« – eine flagrante Unwahrheit. Oder Leopold Senghor, früherer Dichterpräsident des Senegal und gemeinsam mit Césaire Sänger der »Négritude«

– von dem die Scheidung stammt: »L'émotion est nègre et la raison hèllene« – das Gefühl gehöre zum »Neger«, die Vernunft dagegen sei hellenisch, was wir durchaus mit »europäisch«, mit »bürgerlich« aktualisieren können: Die »Neger« selbst bezeugen es doch, kaum oder weniger Vernunft zu haben als die Weißen.

Kann es einen größeren Triumph für einen Sieger geben als jenen, in dem die Besiegten das Lied des Siegers singen? Nichts anderes tat Senghor hier. Handelt es sich doch keinesfalls um eine »neutrale«, um eine »sachliche« Scheidung nun einmal gegebener kultureller Unterschiede. Nicht nur Europa, nicht nur der Bürger sieht eine Hierarchie zwischen »Gefühl« und »Vernunft«. Und nicht nur dem Bürgertum eignet die Ansicht, dass die Vernunft das Gefühl zu beherrschen habe. Ist die Beherrschung der »emotionalen« Afrikaner durch die »vernünftigen« Bürger nicht also legitim? Der Afrikaner Senghor singt dem Bürger seine eigene Weise vor, dass der »vernünftige« Bürger den »emotionalen« Afrikaner zu erziehen und zu leiten habe: Er legitimiert noch im Nachhinein ihre Beherrschung Afrikas: »Unsere Opfer ... müssen uns nur zeigen, was wir aus ihnen gemacht haben, damit wir erkennen, was wir aus uns gemacht haben.«(J.-P. Sartre, Vorwort zu Frantz Fanon 2001)

Hier entfaltet sich der ganze Triumph Europas: In seinen Schulen wurden die afrikanischen Intellektuellen zu – schwarzen – Europäern »umgedreht«. Wie sollten diese Intellektuellen nicht von Europa eingefangen werden können, wenn sie erst einmal die ganze Größe europäischer Herrschaft zu überblicken vermögen? Ist es nicht verständlich, dass sie, die Einzelnen, Staunenden, einsam Denkenden dem Schein einer Realität erlagen, dem der Bürger längst erlegen war? An ihnen zeigt sich nur das erdrückende, die Wahrnehmung und das Denken erdrückende Gewicht jener bürgerlichen Erscheinung und Monopolisierung des ganzen Globus. Herausgerissen aus allem, was sie traditionell hielt, fehlt ihnen die Kraft zum Widerstehen – das Gegenteil wäre und ist das Wunder. Der intellektuelle Europäer mag die Nase rümpfen ob soviel »Verrats« an den eigenen Wurzeln. Wichtiger wäre die Einsicht, dass das Überlaufen zum Sieger das Ergebnis der erfolgreichen Umsetzung des Siegeranspruchs, der Siegerideologie in den Schulen, in der Gesellschaft und in den Werten der Besiegten ist: Es ist das, was die Sieger gewollt haben, dem sie alle Kraft zugewandt haben – der *Mission* der Unterworfenen für Europa, für den Bürger. Wichtiger wäre die Einsicht, dass sich hier nicht Europas Triumph, sondern Schande ausdrückt.

Der intellektuelle Europäer übersieht mit dem Naserümpfen ein ganz anderes, ein dramatisches Problem: Nicht nur jene afrikanischen Intellektuellen, noch viel mehr er selbst ist längst dem selbst geschaffenen

Schein seiner Welt erlegen: »Die Welt ist so« – wie der Bürger sie sieht; »die Wirklichkeit ist so« – wie der Bürger sie sieht. Damit enthüllt sich solche Weltbemächtigung und -herrschaft nicht als Triumph, sie enthüllt sich als Schande und als Katastrophe der Bürger: Nachdem sie einen großen Teil des Globus nach ihrem Bilde geformt, vieles relevante Andere zerstört, vernichtet, entwürdigt haben – bleibt ihnen kaum ein wirklich relevantes Gegenüber mehr. Wer bleibt aber noch zum Dialog, wenn man das Andere und die Anderen nicht anerkennt? Von überall her schaut nur das eigene Spiegelbild herab. In seinem Erfolg droht Europa, selbst sich des wichtigsten zu berauben: des Anderen – und das heißt immer auch: der anderen Möglichkeiten, das heißt: der realen Alternativen und Möglichkeiten; das aber heißt in letzter Konsequenz: der Voraussetzungen wirklicher Freiheit.

Einmal in die Welt gesetzt, entfalten die Dinge ihre eigene Logik – und so tut dies auch unsere »dritte Ebene«: Denn der Eindruck der Grenzenlosigkeit und Universalität, wie ihn der »neue Schein der Wirklichkeit« dem Bürger vermittelt, ist kein Endpunkt, mit dem es nun sein Bewenden hätte. Im Gegenteil: Der Schein der Grenzenlosigkeit, der Universalität entfaltet nun seine eigene Logik, gebiert seine eigenen Konsequenzen. »Grenzenlosigkeit«, »Universalität« einer bestimmten Kultur – das ist nicht irgendetwas, nicht irgendeine technische Kategorie. Angesichts der inneren Verfassung von Kulturen verleihen sie ihnen vielmehr eine neue Qualität – und eine folgenschwere dazu. Immer selbstverständlicher wird es, dass »der« Mensch – ein Europäer ist, »die« Vernunft eben die Vernunft bürgerlicher Definition ist, »die« Menschenrechte natürlich die bürgerlicher Definition sind – und also der Bürger – »universell«, ganz zu schweigen von der Generalisierung eines so kulturspezifischen Konzepts wie dem des »Erwerbstriebs« zum anthropologischen Merkmal: Der »Trieb« entspringt allein des Bürgers existentieller Bedürftigkeit.

Eine *Kultur* der Diskriminierung

Es ist nun an der Zeit, den Begriff der *Diskriminierungskultur* präziser zu fassen – denn eine solche hat sich über die geschilderten »Lösungen« zunehmend herausgebildet und als solche tritt sie uns im Folgenden entgegen. Keinesfalls beansprucht der Terminus Gültigkeit für die gesamte bürgerliche Kultur. Er weist zunächst einmal auf die zentrale Bedeutung, Verfeinerung und Verdichtung eines bestimmten kulturellen Zuges hin – etwa in dem Sinne, in dem wir von »Esskultur« sprechen, von »Streitkultur«, von einer »Bierkultur« in manchen deutschen Gegenden, oder – typisch für Deutschland – von einer »Vereinskultur«, vielleicht beklagt man auch den Untergang der »Arbeiterkultur«

Unser Begriff reicht über die impliziten Begrenzungen der genannten »Kulturen« hinaus. Ihm eignet ein zusätzliches, mehr als metaphorisches Moment, das im Sinne eines pars pro toto auch für das Ganze gebraucht werden mag – etwa wie wir die chinesische Kultur als »konfuzianisch«, die tibetanische als »lamaistisch«, die der Inka als »staatsbürokratisch« oder die mancher Steppenvölker als »Reiterkultur« bezeichnen – wohl wissend, dass wir damit nur ein, wenn auch relevantes Merkmal zur Bezeichnung des Ganzen herausgegriffen haben.

Unser Begriff erfasst ein ganz Wesentliches der bürgerlichen Kultur: Würde sich doch kein Bürger dagegen wenden, seine Gesellschaft und Kultur als die der allgemeinen Gleichheit – also anhand eben dieses Kriteriums, allerdings positiv – zu bezeichnen. Angesichts des Mangels gerade an dieser Gleichheit und der gewaltigen und komplexen Anstrengungen, diesen Mangel zu tarnen und die dem Anspruch widersprüchliche Praxis zu verbergen, der tiefen Verankerung dieses Bemühens im Fundament der bürgerlichen Kultur und der vom Zwang der Legitimierung, Verhüllung und Verfeinerung ausgelösten Dynamik gibt es in der Tat nur wenige dieser Gesellschaft so angemessene Begriffe wie den der Diskriminierungs*kultur*: Die bürgerliche Gesellschaft muss das Leugnen und Tarnen ihrer Unterdrückungs- und Diskriminierungspraxis »kultivieren«, wenn sie sich »ungestraft« und effektiv der Welt bemächtigen will, wenn sie »Wachstum« und Verwertung will: Offen erobern mögen Andere die Welt, die Bürger müssen ihre Eroberungspraxis verleugnen – nicht zuletzt vor sich selbst.

Zur Kennzeichnung solch dominanter kultureller Züge bietet sich Ruth Benedicts *pattern* an, so wie sie ihn in ihrem Klassiker *Patterns of Culture* (1934) verwendet (ins Deutsche besser mit »Urmuster« zu übersetzen). Benedict hatte die Untersuchung und Beschreibung solcher »pattern« in den Mittelpunkt ihrer kulturanthropologischen Arbeit gestellt und solche z.B. für die Zuni im Südwesten der USA, die Kwakiutl an der kanadischen Pazifikküste und die Dobu von der Neuguinea vorgelagerten Dobu-Insel und für die japanische Kultur (»The Chrysanthemum and the sword. Patterns of japanese culture«,1946) postuliert. Benedict zeigt auf, wie solche Kulturzüge das Ganze wesentlich beeinflussen und auch integrieren – so bei den Zuni ein ausgeprägter Anti-Individualismus, bei den Dobu tiefstes Misstrauen und »Zauberei« den Mitmenschen gegenüber, bei den Kwakiutl individueller Stolz, aggressive Konkurrenz und ein Kult um Eigentum und Reichtum. Es fällt also nicht schwer, bei anderen ähnlich dominante Charakteristika zu finden. Ruth Benedicts Verdienst liegt darin, das wissenschaftliche Konzept für eine populäre Wahrnehmung geliefert zu haben.

In Bezug auf unsere eigene Kultur sind wir nun sogar in der Lage, die Ursachen, die historische Entfaltung und die Gründe für die heutige Erscheinung unserer »Diskriminierungskultur« nachzuzeichnen. Angesichts des strukturellen Charakters des »Großen Widerspruchs« überrascht die Entfaltung einer solchen »Diskriminierungskultur« nicht und ist schon gar kein Zufall. Die Diskriminierungskultur erscheint als das *logische* Resultat eines ständigen und jahrhundertelangen Arbeitens an den praktischen und ideologischen Erfordernissen der strukturell notwendigen Vernebelung des Großen Widerspruchs. Wenn man »mit diesem Widerspruch lebt« und leben will, wenn man also auf keinen seiner beiden Bestandteile verzichten kann oder will – weder auf den Anspruch der Gleichheit »aller Menschen«, noch auf die Praxis der Unterdrückung und Ausbeutung von Menschen – dann *muss* man die Ent-Menschlichung dieser unterdrückten Menschen »kultivieren«, die eigene Argumentation immer mehr verfeinern, immer subtiler und elastischer machen, dann muss man sie schließlich zu höchster Ausarbeitung, Blüte und Feinheit entwickeln; immer in der Befürchtung, dass selbst die höchste Ausarbeitung der Diskriminierungs- und Entmündigungsargumentation und -praxis vor einem Richterblick und -urteil zu bestehen hat, dem sich das Individuum am wenigsten entziehen kann – eben dem des eigenen Gewissens.

Sozialisiert in der Kunst der Diskriminierung

Die Annahme, hinter dem Diskriminierungsinteresse stünden nur »Erwerbsinteresse« und Machthunger, wäre sicher etwas schlicht. Jenseits dieser Gründe entspringen die Diskriminierungsstrategien weiteren Quellen: Sie liegen einerseits in dem, was oben zur Sozialisation des Individuums durch die Kultur gesagt worden war – also in der tiefen Verankerung kultureller Muster in der individuellen Psyche (man denke hier nur an die Zähigkeit männlicher Verhaltensmuster). Für die bürgerliche Kultur bedeutet das die tiefe Verankerung hierarchisierender, diskriminierender und rassistischer Argumentationsmuster und Verhaltensweisen in der Individualpsyche: Die Gesellschaft hält dem individuellen Diskriminierungsinteresse auch ein kulturelles Arsenal an Diskriminierungs- und Entmenschlichungsargumentation und -legitimation bereit: Was z. B. assoziieren wir nicht alles mit dem Wort »Neger«? Es ist so viel und so entlarvend zugleich, dass der Begriff selbst tabuisiert werden musste. Und doch: Diese Diskriminierungsmuster sind Bestandteil unserer Sozialisation.

Auf der anderen Seite liegt diese Fortdauer in der besonderen existentiellen Schwäche des bürgerlichen Individuums begründet. Anders als das traditionelle Individuum wird es nicht hineingeboren in eine soziale Rolle, einen sozialen Ort in der Gesellschaft und ist damit schon jemand – z.B. der »Sohn des ...«, der Erbe dieser Funktion, jener Rolle u.ä. –, sondern es kommt als »Nichts«, als »niemand« auf die Welt und muss »erst einmal jemand werden«, muss »erst etwas leisten«, um Anerkennung zu finden. Angesichts dieser Schwäche und Verletzlichkeit der bürgerlichen Existenz liegt im Rassismus ein zutiefst korrumpierendes Angebot: So wenig wir nach innen auch sein mögen – mehr als diese Anderen, mehr als die da draußen bin ich, sind wir allemal. Aus dem Gegenüber selbst ziehen wir unsere Bestätigung, unser Sein, ziehen wir das, was wir allemal sind: »Weiße«, »Europäer« – und damit natürlich auch: »aufgeklärte«, »mündige« Bürger, im Grunde erst »richtige« Menschen – die diesen Farbigen, »Unmündigen«, »Unfähigen«, im Vorgestern Stehengebliebenen doch unendlich viel voraus haben!

Aus dieser Wahrnehmung erwächst dem bürgerlichen Individuum etwas Aufbauendes, Orientierung Stiftendes. Und wie Finkielkrauts »Niederlage des Denkens« (dt. 1989) zeigt, gilt das keineswegs nur für die Ungebildeten dieser Gesellschaft des universellen Gleichheitsanspruchs, nicht nur für den Stammtisch. Aus dieser selbst gestifteten Hierarchie ziehen auch viele Gebildete Bestätigung, Inhalt und Unterhalt ihrer Existenz (als »Experte«, als »Helfer«, als »Erzieher« dieser Anderen) – und auch aus den Ängsten, die sie doch selbst erst mit ihrer Deutung erzeugen -z. B. denen eines »Clash of Civilizations«.

Die Attraktivität des Rassismus liegt darin, dass er die Nichtigkeit der Existenz nicht durch Leistung und gesellschaftlichen Aufstieg zu überwinden fordert, sondern durch die Erniedrigung und Ent-Menschlichung Anderer ermöglicht. Der Rassist *er*-hebt sich, indem er die Anderen *unter sich* stellt, sich *auf sie stellt*. Er gewinnt Sein in der Er-Niedrigung und Ent-Menschlichung der Anderen. Der Rassismus verheißt auch der ohnmächtigsten Ohnmacht – Macht, Macht über die Anderen. Wie elend und niedrig das Individuum innerhalb seiner Gesellschaft auch immer sein mag – als Weißer steht es hoch über den Kolonisierten. Der Rassismus der bürgerlichen Gesellschaft liegt darin begründet, dass sie soviel Ohnmacht und so viele Ohnmächtige hervorbringt.

Im Rassismus wird jene strukturelle Ohnmachts- und Nichtigkeitserfahrung »sozial« kompensiert, die die bürgerliche »Individualisierung des Individuums« enthält: Nicht zufällig sind die Saturierten liberal und ist der Rassismus die Ideologie und der »rettende Strohhalm« jener, die innerhalb der bürgerlichen Gesellschaft am meisten um ihre Identität und bürgerliche Existenz fürchten. Da die Leistungsgesellschaft und ihre Konkurrenz solche Gruppen und Erfahrungen notwendig produziert und potenziert, ist auch das diskriminatorische Interesse struktureller Bestandteil dieser Gesellschaft. So tief liegen die Gründe für »Die Schwierigkeit, nicht rassistisch zu sein«, wie Kalpaka/Räthzel (1989) schon in ihrem Buchtitel konstatierten.

Das wenig erfreuliche Resümee dieser Analyse lautet deshalb, dass das rassistische Interesse der Struktur der bürgerlichen Gesellschaft selbst entspringt, der besonderen Schwäche ihrer Individuen ebenso wie deren Überforderung durch die Ansprüche der Konkurrenz. Da die Gesellschaft diesem Interesse zugleich ein unerschöpfliches Arsenal an Diskriminierungslegitimation zur Verfügung stellt bzw. »ansozialisiert«, wird dieser Komplex nicht von selbst absterben – und auch nicht allein durch – notwendige – pädagogische Maßnahmen. Wer an die Wurzel von Rassismus und die Diskriminierung gehen will, muss die bürgerliche Gesellschaft selbst verändern – und zwar in ihrer Struktur.

6. Die Diskriminierungskultur entfaltet sich

Eine naive Vorstellung könnte das bisher Ausgeführte mit dem Argument widerlegen wollen, dass das doch »alles Geschichte« und längst vorbei und vergessen sei. Die Praxis Europas und des Westens allgemein scheint jedenfalls nicht selten eine solche Sprache zu sprechen: Die Kolonialreiche sind liquidiert, die neuen Staaten unabhängig – was wollt ihr noch? So vorteilhaft diese Wahrnehmung für den Westen auch sein mochte, so wenig hielt sie der Überprüfung durch die Wirklichkeit stand. Ihr widersprach und widersprechen mehrere Tatsachen: An erster Stelle ist hier die Realität der Beziehungen zwischen den einstigen Herren und Unterdrückten, den nun »Ent-Kolonialisierten« zu nennen. Diese wiederum ist eng verbunden mit dem Erbe des Kolonialismus in den ehemaligen Kolonien, das das Kolonialregime hinterließ, als die Flaggen der jeweiligen »Mutterländer« eingeholt wurden. Der positiven Wahrnehmung widerspricht auch das ideologische Erbe des Kolonialismus in Europa und den USA, das Erbe des Kolonialismus in den Köpfen der Menschen, das also, was wir nun mit dem Terminus *Diskriminierungskultur* bezeichnet haben. Insbesondere geht es hier um die westlich-bürgerliche Wahrnehmung der Beziehungen zu den einst Kolonisierten – und die Frage nach der möglicher Fortdauer jener materiellen Bedingungen, die diese Kultur der Diskriminierung hervorgebracht und benötigt haben. Beginnen wir mit dem Ersten, der heutigen Realität.

»Entkolonialisierung«: die Evolution des *Scheins*

Volkswirtschaftlich gesehen war der ganze Erdteile kolonisierende Imperialismus Europas nicht unbedingt effizient. Die territoriale Aufteilung der Welt konnte sich in der Tat als eine politisch wie wirtschaftlich höchst sinnlose und damit teure Form von Weltbemächtigung erweisen: Auf bestimmte Territorien fixiert, zu deren Sicherung, »Befriedung« und Erschließung ein sehr aufwendiger Militär- und Verwaltungsapparat, teure Infrastrukturmaßnahmen und hohe Transportkosten erforderlich waren und für deren innere Entwicklung der Kolonialmacht auch die politische und soziale Verantwortung anzulasten war, konnten sich all diese Investitionen und Mühen in dem Augenblick als vergeblich erweisen, in dem z. B. die Kohle, das Gold, das Öl zwar endlich gefunden wurden – aber eben einige Kilometer weiter, jenseits der Grenze, auf dem Territorium des imperialistischen Konkurrenten: viel Land war nicht gleich viel wertvolles Land. Der territoriale Imperialismus formaler Kolonien war im Grunde ein Dinosaurier, zu aufwendig, zu schwergängig und vor allem: zu teuer. Diese europäische Form der Klientelwirtschaft tat vor allem der Eitelkeit des Kleinbürgers und seinen Phantasien von »nationaler Größe« Genüge.

Wie das Ganze erheblich kostengünstiger zu haben war, hatte schon seit Längerem die fortgeschrittenste bürgerliche Gesellschaft, die der USA, demonstriert. Im Gegensatz zum eher feudal-anrüchigen Kolonialismus der Europäer hatten die USA zunächst praktisch und dann auch über »Eine Große Debatte über die Taktik des Imperiums« – wie der Historiker W.A. Williams es nannte (1973, S. 121-141) – grundsätzlich auf den Erwerb von Kolonien verzichtet. In dieser Diskussion setzte sich schließlich die Ansicht durch, dass der Verzicht auf formale Kolonisierung nicht nur den eigenen Grundsätzen von Selbstbestimmung und Unabhängigkeit entsprach, sondern auch dem wohlverstandenen ökonomischen Interesse.

Die USA hatten schon mit ihrer ersten Strafexpedition – 1799 in Tripolis – ihre eigene Methode demonstriert: Nicht die Territorien, nicht die Fahne, nicht der Name war wesentlich – wesentlich war, dass das US-Kapital sich im globalen Rahmen freizügig bewegen konnte, dass es überall da, wo sein Interesse es hinführen mochte, eine »offene Tür« fand – nicht mehr und nicht weniger. Wo und wann sich dieser Opendoor-Politik jemand zu widersetzen wagte, sollte er die ganze Macht, auch die militärische Macht der USA zu spüren bekommen. Wenn dieser Grundsatz durchgesetzt war und die Gegenseite die Einschränkung ihrer Souveränität durch das US-Kapital akzeptiert hatte, dann konnte man die Kanonenboote wieder abziehen. Diese höchst effektive Form des – möglichst von vornherein überwältigenden – Machteinsatzes ist als Methode der »projection of power« bekannt geworden. Und es versteht sich, dass diese Methode nicht willkürlich, sondern immer erst dann eingesetzt wurde, wenn sich das betreffende Territorium bereits als interessant, als verwertbar – in weitesten Sinne – erwiesen hatte: globale Freizügigkeit für US-amerikanisches Kapital, Waren und Bürger – mehr wollten die USA gar nicht. Die staatliche Unabhängigkeit blieb (formal) unangetastet, was umso hilfreicher war, als die Übernahme politischer Verantwortung für die jeweiligen Territorien überflüssig wurde. Ein heikles Problem, mit dem sich die Europäer bis zur Entkolonialisierung herumzuschlagen hatten, gab es damit für das US-Kapital gar nicht: Im berühmten »Hinterhof« der USA, von Mexiko bis Argentinien gab es – mit Ausnahme der europäischen Kolonien Belize und

Guayana – nur »unabhängige« Staaten. Hatte das private Kapital dort Probleme verursacht, so war das eine Privatangelegenheit – für die die USA nicht zuständig waren. Zuständig wurden sie dann, wenn diese privaten Kapitale bedroht waren, wenn etwa die United Fruit Company oder Standard Oil von der Verstaatlichung bedroht waren. (Aber auch das war dann oft eher eine Angelegenheit des CIA als eine der sichtbaren US-Politik.)

Alles in allem war die US-amerikanische Form der Weltbemächtigung also geprägt von dem, das man mit einem modernen Ausdruck als »low profile« bezeichnen würde – und war damit erheblich rentabler. Spätestens mit der sogenannten Entkolonialisierung nach dem 2. Weltkrieg setzte sich diese Form der Herrschaft global durch. Nun erhielten die Klientel-Territorien ihre formale Unabhängigkeit zugestanden – unter der Voraussetzung eben der Freiheit vor allem des Kapitalverkehrs. Wo und wann immer einer der neuen Staaten ernst zu machen versuchte mit der neu gewonnenen Unabhängigkeit – was nicht zuletzt durch die Existenz und Rückendeckung der Sowjetunion möglich wurde –, enthüllten sich schnell deren enge Grenzen. Ob es das Ghana Kwame Nkrumahs war, das Guinea Sekou Tourés, das Kuba Castros, das Indonesien Sukarnos oder »nur« ein Politiker, der die Unabhängigkeit ernst zu nehmen drohte wie Patrice Lumumba im »entkolonialisierten« Kongo, sie mussten mit schärfsten Sanktionen, mit internationalem Boykott oder eben – im Falle von Personen – mit Mord rechnen. Demonstrativ hofiert wurden dagegen Marionetten wie Houphet-Boigny von der Elfenbeinküste, Tsiranana von Madagaskar und all jene kleinen und großen Diktatoren und Foltermeister, die sich zu den unverzichtbaren Handlangern und Komplizen einer Open-door-Politik und entsprechender Ausplünderung machen ließen wie z. B. Mobutu.

Wie die Militärdiktatoren Lateinamerikas waren sie die besten Garanten für einen Fortbestand von Abhängigkeitsverhältnissen, die nun unter neuen, unter »unabhängigen« Vorzeichen effektiver fortgeführt werden konnten. Die allerdings, die nichts anzubieten hatten, gerieten nun logischerweise dahin, wohin sie die Marktgesetze verbannten: an den Rand des Marktes und damit ihrer Existenz. Dafür aber war man nun nicht mehr verantwortlich: Formal waren sie frei und unabhängig, formal bestand keine Herrschaft von außen – damit hatte die bürgerliche Herrschaft über die Welt endlich auch ihre entsprechende Form gefunden: Der Form nach, also als sichtbare, erkennbare – bestand sie gar nicht. Auch sie war »dereguliert« worden. Und es war dieser Schein, der die bürgerlich-westliche Wahrnehmung nunmehr wesentlich bestimmen sollte – wie auch das Selbstverständnis und das Urteil des Bürgers.

Nach Wahrnehmung und Urteil des westlichen Bürgers ist der ganze Komplex mangels materiellen Bedarfs ohnehin im Absterben begriffen, nur noch eine Reminiszenz an das Zeitalter des Imperialismus. Der Schein spricht zunächst dafür: Die »Entkolonialisierung«, nach dem Krieg begonnen und in den 1960er Jahren auf ihrem Höhepunkt, hat mittlerweile auch die letzten Territorien erreicht: Hongkong, die britische Kronkolonie, ging 1997 an China zurück, das portugiesische Macao folgte ihm 1999 nach – damit wären die letzten »offenen« Stützpunkte der westlich-bürgerlichen Kolonialisierung aufgegeben, die Welt »entkolonialisiert« – abgesehen von jenen zahllosen Relikten, die als »departments d'outre mer« u.ä. als Teile des »Mutterlandes« geführt werden. In den Augen des bürgerlich-liberalen Westens und der großen Mehrheit seiner Bürger ist dem dann auch so: Der bürgerliche Imperialismus war zugestandenermaßen ein Fehler, ist aber längst Geschichte, die ehemaligen Kolonien sind unabhängig, das Kapitel historisch abgeschlossen.

Das gilt jedoch nicht für die Opfer des Imperialismus. Auf ihnen lastet das Erbe des Kolonialismus, das sie nicht einfach »zur Tagesordnung zurückkehren« lässt: Sie werden noch lange zu leiden haben unter den Ausplünderungen, Verwüstungen von Landschaft, Kulturen und Seelen und der Entfremdung und Zurichtung ihrer Gesellschaften, Vorstellungen und Wirtschaften auf die Bedürfnisse schier unersättlicher »Mutterländer« und unter der Verlegung ihrer Zentren in die »Mutterländer«. Über Generationen wurde die eigene Vergangenheit und das, was sie konkret ausmachte, verschüttet, zerstört, vergessen – und an ihre Stelle die Zurichtung auf das Interesse und das Bild des Bürgers von den Afrikanern gesetzt – nicht nur auf materieller, sondern auch auf sozialer und weltanschaulicher Ebene.

So bestanden die gerühmten »Kulturleistungen« der Kolonialmächte denn auch wesentlich in einer Praxis, die den Einheimischen alle Kultur und alle Fähigkeit zu eigener Kultur und Geschichte bestritt, sie bestreiten musste, um sich zu legitimieren. Dass nun diese heutigen Länder – deren Existenz in ihrer konkreten geographischen Form allein dem Kolonialinteresse entsprungen war – soweit wie es nur möglich war, bis zur Erschöpfung ausgeplündert wurden, dass den ausschließlich im Kolonialinteresse getätigten öffentlichen Investitionen der Transfer z.T. exorbitanter privater Gewinne nach Europa gegenüberstand und heute noch eine wesentliche Basis seines Wohlstands bildet: Das alles weiß der geschichtsvergessene Bürger Europas nicht mehr, will es nicht mehr wissen. Er gibt sich der Illusion hin, mit seiner »Entkolonialisierung« sei alles abgeschlossen, alles erledigt und bereinigt. Deshalb ist dies ein eigener Skandal: Naiv-verwundert gibt sich heute der Westen, wenn er heute auf die Nöte Afrikas und der übrigen Welt blickt. Im besten Fall, im üblichsten Fall fühlt sich der Bürger zutiefst bestätigt in dem, was ihm sein Blick offenbart: Allein, ohne ihn, können die Schwarzen das nun einmal nicht.

Dass er selbst mit dem Zustand seiner Umwelt etwas zu tun haben könnte, gar ursächlich, gar verantwortlich etwas damit zu tun haben könnte – vor dieser Einsicht schützt ihn seine eigene, sehr hilfreiche, durchaus gepflegte Kultur der Ignoranz: Warum sollte er zur Wiedergutmachung verpflichtet sein? Der Schein jedenfalls verpflichtet ihn nicht.

Doch das ist nur der schöne Schein, der uns den Blick verstellt für die Wirklichkeit. Dass die »Entwicklungshilfe« nicht nur weiterhin ein eurozentrisches – und eurozentrierendes – Programm darstellte, sondern auch nicht selten der »Fuß in der Tür« für die eben verabschiedete Kolonialmacht blieb, wird etwa an solchen Beispielen deutlich: Die großzügige französische Kolonialmacht schenkte der madagassischen Republik vor ihrem Abschied eine ganze Universität. Allerdings war an dieses Geschenk die Bedingung geknüpft, dass Französisch die Unterrichtssprache zu sein habe – was konsequenter- und effizienterweise dazu führte, dass Französisch auch die Unterrichtssprache in den höheren Schulen zu sein hatte – ganz zu schweigen davon, dass Materialien und Inhalte französisch bestimmt waren und dem Lehrkörper außer Madagassen keine Nicht-Franzosen angehören durften – und sich damit die gesamte Führungsschicht Madagaskars auch weiterhin auf und an Frankreich orientierte. Da Frankreich über den sogenannten CFA-Francs zugleich auch die Währung und damit das Wirtschaftsleben der – nur in ihren europäisierten Spitzen »frankophonen« – Länder kontrollierte, war ein Ausbrechen aus der französischen Bevormundung nun eher schwerer als zuvor geworden, als sie auch noch formal bestand und erkennbar war. Nicht selten kaschierte die »Entwicklungshilfe« lediglich den Fortbestand der alten Strukturen, ebenso wirkte der Umstand, dass jetzt nicht mehr die Staaten involviert zu sein schienen, sondern immer nur Private, immer nur Individuen. Dass die staatliche »Hilfe« im Verein mit den privaten Unternehmen häufig genug zum völligen finanziellen Ausbluten der Hilfsbedürftigen führte, war zwar schlimm, doch offensichtlich ganz außerhalb unserer Verantwortung. Näheren Einblick in diese Zusammenhänge einschließlich ihrer desaströsen Wirkungen gibt Jean Zieglers Buch »Das Imperium der Schande«(2005).

»Open door« und »Entwicklungshilfe«

Die »Entkolonialisierung« hat zunächst die prinzipielle Ungleichheit in den Handelsbeziehungen zwischen beiden Seiten kaum verändert – ist diese Ungleichheit doch in der ökonomischen Aus- und Zurichtung der ehemaligen Kolonien auf die Bedürfnisse ihrer »Mutterländer« bzw. des Westens strukturell begründet. Die Zerstörung der vorkolonialen Wirtschaftsform – die z. T. schon in der territorialen Aufteilung der Kolonien, in der Zerreißung gewachsener Strukturen begründet war – und deren Ersetzung durch eine einzig der Metropole dienliche Monokultur wie Kaffee, Kakao, Tee, Kautschuk, Zuckerrohr, Rohstoffe … wurde kaum rückgängig gemacht, sondern blieb ein für die neue Unabhängigkeit höchst gefährliches Erbe. Schon aus Gründen der Devisenbeschaffung auf die jeweiligen Monokulturen fixiert, blieben die Ressourcen zur Stillung des eigenen Bedarfs eingeschränkt, während die Wirtschaft zugleich von der überlegenen Marktmacht der Metropolen abhängig blieb: Diese blieben auch weiterhin die unverzichtbaren Kunden einer weit über die eigenen Bedürfnisse aufgeblähten Monokultur. Den bekannten hegemonialen Handelsketten gleich, konnten diese dann den Produzenten die Preise diktieren. Wie das in der Praxis stattfand, zeigt sich am besten in den Handelsbeziehungen bis zum Zusammenbruch des Ostblocks.

Im Gegensatz zum stetigen Preisanstieg der vom Westen produzierten Industriewaren unterlagen die Produkte dieser Monokulturen seinerzeit einem ebenso kontinuierlichen wie für die Betreffenden katastrophalen Preisverfall. Das betraf nicht nur die Rohstoffe wie Metalle, Baumwolle u.ä., sondern auch die für den unmittelbaren Konsum bestimmten Erzeugnisse insbesondere der Landwirtschaft. Ein Beispiel aus der Welt des ehemaligen Luxusartikels Kaffee, das der »Zeit« zu entnehmen war, ist in seinen konkreten Zahlen zwar nicht mehr ganz aktuell, zeigt aber in exemplarischer Weise die Art der Beziehungen: Während die Kaffeeproduzenten 1985/86 für 14,2 Mrd. $ Kaffee verkauften, erhielten sie 1989 für eine noch gestiegene Menge nur noch 5,5 Mrd. $. Während die Produzenten 1986 für einen kleinen deutschen LKW 92 Sack Kaffee beibringen mussten, bedurfte es Ende 1989 schon derer 300. – Ein anderes Beispiel aus der Welt des Automobils und seines angeblich so teuren Sprits zeigt das Gleiche: Trotz aller Preiserhöhungen war das Benzin im Jahre 1991 mit *inflationsbereinigten* 0,38 DM gegenüber 1950 mit 0,56 DM um real 36 Prozent billiger. Der – auch inflationsbereinigte – Preisanstieg der Automobile in dieser Zeit ist aufgrund der technischen Fortentwicklungen statistisch kaum erfassbar, macht aber auf jeden Fall mehrere 100 Prozent aus. Die *terms of trade* einer Open-door-Politik sind angesichts der schwachen Position der afrikanischen – u.a. – Ökonomien nichts Anderes als ein Freibrief zu deren fortgesetzter Ausplünderung.

Wie sehr dies auch für das so human erscheinende Konzept der Entwicklungshilfe gilt, erhellt das Zahlenbeispiel aus der »Zeit« von W. Grills: Für die 80er Jahre »betrug nach einer Rechnung des Afrika-Experten Walter Michler der Netto-Kapitalzufluss in die Subsahara-Staaten 82 Milliarden Dollar. Durch Verfall der Rohstoffpreise auf den Weltmärkten aber hat Schwarzafrika – gemessen an den Preisen von 1980 – 137 Milliarden verloren. ... Man hätte sich – zynisch gesprochen – das ganze Kredit- und Entwicklungshilfespektakel ersparen können, und Schwarzafrika wäre immer noch um 55 Milliarden Dollar reicher gewesen.« (Die Zeit, 24.5.1991) Wenn es nämlich aufgrund der nachteiligen terms of trade nicht hätte viel mehr geben müssen, wenn die »Geberländer« ihm also nicht soviel genommen hätten: Die Entwicklungshilfe erweist sich hier als ein Alibi für das eigentliche Geschäft und den Profit, der weiterhin gemacht wird auf Kosten der Ärmsten – und den wir alle genießen: Die Entwicklungshilfe der Reichen an die Armen hat die Reichen – reicher gemacht! Eine recht profitable Hilfe – eine recht profitable Entkolonialisierung.

Der Begriff der *Entwicklungshilfe* ist in diesem Kontext besonders erhellend: Indem die ehemaligen Räuber den Beraubten »helfen« wollen, verleugnen und verschleiern sie ihren Raub. In der Hilfe, in ihren Almosen für die armen Bedürftigen bestreiten sie deren Recht auf eine Entschädigung und Wiedergutmachung des ihnen zugefügten Schadens. Ganz gegen die Wirklichkeit lässt mich meine »Hilfe« als Retter erscheinen. Dass diese »Hilfe« sich dann auch noch als profitabel für mich erweist – ist doch eine glückliche Fügung.

Die Situation hat sich seither in der Tat verändert. Nachdem die Konzepte »staatssozialistischer« Entwicklung mit dem Zusammenbruch der Sowjetunion auch in Afrika an Zuspruch und Relevanz zugunsten einer nunmehr offen kapitalistischen Entwicklung verloren hatten, sind auch in Schwarzafrika im wesentlichen zwei Gruppen von Staaten zu beobachten: die Gewinner dieser Entwicklung – aufgrund gestiegener Nachfrage nach Rohstoffen, Erdöl u.a. und deren Preisen – und deren Verlierer. Zu den ersteren gehören v.a. Angola, Nigeria, Gabun, Botswana u.a., zu letzteren Somalia, Mali, Zimbabwe und die meisten der anderen Länder. Dass Rohstoffe durchaus auch Unglück bedeuten können, zeigen vor allem Sierra Leone und der Kongo.

Schließlich gibt es mindestens noch eine Ebene, auf der ein höchst einseitiger »Ressourcentransfer« stattfindet, der sich als »ökologischer Kolonialismus« bezeichnen lässt. Er betrifft die ökologisch katastrophalen Konsequenzen unserer »Wachstumsgesellschaft«, die spätestens seit den Alarmrufen des Club of Rome und Büchern wie Herbert Gruhls *Ein Planet wird geplündert* ins öffentliche Bewusstsein gerückt worden sind. Das Waldsterben, die Klimakatastrophe, das Ozonloch, die Vergiftung und Zerstörung unserer Lebensgrundlagen wie des Wassers, des Bodens, der Nahrungsmittel hatten schon vor dem Zusammenbruch des Sowjetreiches die Gefahr eines Atomkrieges in den Hintergrund treten lassen – umso mehr, als mit Tschernobyl deutlich wurde, dass es eines Krieges gar nicht bedarf, um den Globus atomar zu verseuchen.

Es ist nur ein Fünftel der Menschheit, das heute fast allein jene Ressourcen des Lebens, die für alle da sind, aufzehrt, erschöpft und zerstört. Dagegen nimmt sich das Argument der »Bevölkerungsexplosion« als zweitrangig aus. Nehmen wir nur einmal das Beispiel des Energieverbrauchs aus Kohle, Erdöl, Erdgas, Atom und den wenigen anderen Quellen: Laut Weltbank verbrauchen allein die USA mehr dieser Energien als die ganze nicht-industrialisierte Welt zusammen. Die 80 Millionen Menschen der Bundesrepublik verbrauchen fast immer noch doppelt soviel Energie wie die etwa eine Milliarde Menschen Indiens: Ein Einwohner Deutschlands verbrauchte Ende des 20. Jahrhunderts 18 mal soviel Energie wie einer Indiens, einer der USA fast 33 mal soviel wie ein Bewohner des Subkontinents. Woher nehmen die Verschwender unserer Lebensgrundlagen das Recht, denen, die oft nicht einmal das Existenzminimum haben, Vorschriften zu machen?

Es ist dieses reiche Fünftel der Menschheit, das mit seiner Lebensweise des Konsums und Wachstums die Lebensgrundlagen dieses Globus in höchste Gefahr gebracht hat. Völlig irrational ist es, den Anderen das gleiche Rezept zur Seligkeit anzupreisen, wo doch die billige und wohlbekannte Wahrheit lautet, dass die Anderen, die Verarmten, Verelendeten überhaupt nicht reicher werden dürfen, wenn es mit diesen Lebensgrundlagen nicht noch sehr viel rasanter, sehr viel unkontrollierbarer bergab gehen soll. Wo »Wachstum« als sakrosankt gilt, heißt das auch: Leben auf Kosten der Anderen. Der Anspruch auf eigenes Wachstum enthält eine ökologische Aggression des Nordens gegen den armen Süden.

Die Selbstverklärung: wir Helfer und Lehrer

Indem die neuen Staaten in die »Unabhängigkeit« entlassen wurden, war also nach hiesigem Verständnis das Kapitel »Kolonialismus« abgeschlossen: Dass es ein geistiges Erbe des Kolonialismus in den Bürger-Köpfen geben konnte, dass es einer Ent-Kolonialisierung der »Mutterländer« und des hier herrschenden Bewusstseins und der hier herrschenden Kenntnisse, Perspektiven und Wahrnehmung dringend bedurft hätte, wurde nicht in Betracht gezogen. Diese Notwendigkeit wird weiter gern verdrängt, geleugnet und gegebenenfalls bestritten – spätestens darin, dass man die Verantwortung für die elenden Zustände in den ehemaligen Kolonien deren Einwohnern und ihrer Inkompetenz anlastet.

Deutlichstes Indiz für diese Haltung ist eine Erscheinung, die sicherlich den meisten Bürgern unverzüglich als Gegenargument in Bezug auf die hier vorgetragene Argumentation in den Sinn gekommen wäre – nämlich die vielen Formen und Initiativen, die sich doch so löblich um »Spenden« und »Hilfen« für Afrika bemühen – wobei zumindest auf der privaten Ebene der gute Wille der Spender und Helfer gar nicht bezweifelt werden soll.

Betrachten wir einmal das Spendenaufkommen und -wesen grundsätzlich: Im Spenden verbinden sich zwei Tendenzen: Indem ich gebe, helfe ich und beweise Mitmenschlichkeit. Auch der zweite Aspekt liegt im Wesen der Spende selbst – »spenden« heißt freiwillig geben, aus meinem eigenen Entschluss und Motiv heraus, nichts zwingt mich– vor allem kein Anspruch der Anderen: Wenn sie einen Anspruch auf meinen Beitrag hätten, wäre dies keine Spende mehr. So ist im Wesen der Spende das Bestreiten einer Verpflichtung enthalten. Indem ich »spende«, bestreite ich zugleich auch einen eventuellen Anspruch Anderer auf meine Unterstützung; indem ich spende, bestreite ich meine Mitverantwortung an der Not des Anderen: Ich gebe, weil ich es will. Es sind Mitleid und Barmherzigkeit, die mich spenden lassen, nicht aber eine Verpflichtung, nicht die Anerkennung eines Rechts des Anderen: Im Beharren auf dem Charakter seiner Gabe als einer Spende weist der Bürger seine Verantwortung für das schlimme Erbe des Kolonialismus zurück. Das ist die eigentliche Botschaft all des aufgeblähten Spendenwesens: Einen Anspruch habt Ihr nicht darauf! In der Form der Spende bestreitet der Spendende den Adressaten das, worauf sie nach dem Kolonialismus und angesichts dessen Erbes einen Rechtsanspruch haben: auf zumindest materielle Wiedergutmachung.

Das Bestreiten des Anspruchs auf Wiedergutmachung ist auf staatlicher Ebene institutionalisiert: Auch hier hat man sich für die entlastende Form der »Spende« entschieden – in Form von »Hilfe«, von »Entwicklungs«-*Hilfe*: Schon der Begriff drückt eine hierarchisch-paternalistische Beziehung aus – der Helfer ist nicht nur der Große, der Starke, der dem Bedrängten, dem Schwachen hilft: Der Helfer steht auch oben in unserer sozialen Vorstellung – wie das Objekt seiner so ehrenvollen Bemühung unten steht. Moralisch gesehen, ist der Helfer vor allem aber der Gute, seine Tat die gute. Rechtlich aber besagt die »Hilfe«, dass der Andere keinen Anspruch auf sie hat. So bestreiten die »Spender« im Begriff der »Entwicklungs-Hilfe« – als verallgemeinerter Form der Unterstützung ihrer ehemaligen Kolonien –, dass die, denen geholfen wird, einen Anspruch auf ihre Hilfe hätten – konkreter: Die Spender bestreiten in der Spende ihre Verantwortung für die Situation ihrer ehemaligen Kolonien, sie bestreiten ihre Schuld an Hunger, Armut und Not in den von ihnen ausgeplünderten Ländern.
Doch im staatlich organisierten »Almosengeben« in Form von »Hilfe zur Entwicklung« wird noch mehr getan für das ruhige Gewissen des Bürgers – es wird die Diskriminierung und Entmündigung weiter kultiviert: Dafür steht der Begriff der »Entwicklung«. Er enthält drei sehr entlastende Aspekte, im Grunde die ganze Rechtfertigung der hierarchischen Nord-Süd-Beziehung. Zunächst konstituiert der Begriff eine Hierarchie, ein »oben« und ein »unten« – ein »oben«, zu dem die von »unten« hinentwickelt werden müssen. Er unterstellt damit das Entwickelt-Sein der »Geber« und das Nicht-Entwickelt-Sein der »Nehmer«, unterstellt »uns« als Lehrer und »sie« als Schüler (leider meistens schlechte). Dem Begriff nach sind die Anderen »noch nicht Fertige« gegenüber uns »Fertigen«, »Nicht-Entwickelte« gegenüber den entwickelten Bürgern. Darüber hinaus definiert der Begriff die Zustände und Verhältnisse bei den »Gebern« als Ziel und Maßstab der Bemühungen, unterstellt also die Geber selbst als Maßstab. Und hier offenbart sich schon mehr als Arroganz – hier offenbart sich Hybris: Dass es möglicherweise andere, nicht an Europa orientierte Wege und Weisen der Fortentwicklung von Kultur geben könnte, ist nach dem Verständnis jener, die die Entwicklungsrichtung auch mit ihren inhaltlichen Vorgaben bestimmen, gar nicht denkbar – weshalb ja auch jene, die, eigensinnig genug, andere, gar eigene Wege suchen und gehen wollen, als Ungehorsame mit dem Verlust der »Hilfe« und der Gunst des Westens abgestraft werden.

In dieses eurozentrische Verständnis vom Nicht-Entwickelt-Sein fließen noch zwei andere Aspekte ein, die nicht nur einen wesentlichen

Baustein der eurozentrischen Identität bedeuten, sondern darüber hinaus auch die konstitutive Dimension der Verdrängung eigener und fremder Geschichte für diese Identitätsfindung enthüllen. Da ist zunächst die systematische Verdrängung fremder Geschichte, ja, der Tatsache selbst, dass es eine solche Geschichte gibt. Schon oben war auf die Tatsache und die Träger dieser Geschichte hingewiesen worden, auf die zahlreichen Reichsbildungen, Städtegründungen und auf die reiche kulturelle Vielfalt und Zivilisation. Welche tabula rasa man da anzutreffen meinte, wie wenig diese Afrikaner in kompetenten europäischen Augen der europäisch-bürgerlichen Entwicklungshöhe entsprachen, illustriert noch einmal das Urteil eines hervorragenden Vertreters dieser demokratischen Gemeinwesen. Wolfgang Zeidler, Sozialdemokrat und seinerzeit Präsident des Bundesverfassungsgerichts im Jahre 1985:

> Der durchschnittliche afrikanische Massenmensch, der unerzogen im Busch lebt, hat noch nicht die Entwicklungsstufe der Abstraktionsfähigkeit erreicht. Und wir wollen ihnen unser in 2000 Jahren geformtes Modell der Staatskunst aufzwingen ohne Rücksicht auf die Aufnahmefähigkeit! Das wäre ja so, als ob man einem Säugling, der drei Tage alt ist, mit Rumpsteak und pommes frites füttert! (Ress 1986, S. 197)

Dieser hervorragende Europäer hätte sicher den Vorwurf, Rassist zu sein, empört bestritten, sein Argument war allein der Sorge um das Wohl der Afrikaner entsprungen – nicht, dass ihnen das europäische Modell der Staatskunst aufgezwungen werden sollte, war sein Problem, sondern dass »dieser unerzogene afrikanische Massenmensch« dadurch – wieder einmal – heillos überfordert wurde. Verdrängt hat der höchste Repräsentant des Rechts der Bundesrepublik nicht nur die Tatsache, dass diese Art oktroyierter »Entwicklung« gegen das Recht auf Selbstbestimmung und damit gegen die Menschenrechte verstößt, die der Westen selbst der Welt geschenkt hat; verdrängt hat er auch die ganze eigenständige afrikanische Geschichte hervorragender »Modelle der Staatskunst«, die Afrika vor dem europäischen Menschenraub und Raubbau entwickelt hatte; verdrängt auch die europäische Zerstörung jener »Modelle der Staatskunst«, die einst die afrikanischen Kulturen hervorgebracht hatten; verdrängt auch unser ungeheuerlichstes »Modell der Staatskunst« bürgerlich-deutschen Ursprungs, das die Welt zwischen 1933 bis 1945 das Fürchten gelehrt hatte.

So war das Konzept der »Entwicklungshilfe« von kaum zu überschätzender Bedeutung für die europäische Bewältigung des Kolonialismus: Implizit und praktisch bestritt es afrikanische Ansprüche auf eine Wiedergutmachung und stellte zugleich die alte Hierarchie und das alte Klischee in der Dimension von »Gebern« und »Nehmern«, von »Helfern« und »Hilfsbedürftigen« wieder her. Obendrein war es ein wirksames Instrument weiterer Europäisierung und Bevormundung und des Bestreitens von kultureller und politischer Autonomie der Afrikaner – und schließlich war es ein hervorragendes Geschäft.

Wie fest der provinzielle Aberglaube an nicht-europäische Inkompetenz das gebildete europäische Selbstverständnis und dessen Wahrnehmung bestimmen, belegt eine Notiz aus einer bekannten Frankfurter Zeitung. Sie berichtete den Fall eines pakistanischen Unternehmers, dessen Visumantrag zu Geschäftsverhandlungen in Deutschland von der dortigen deutschen Botschaft abgelehnt wurde mit der Begründung, dass dieser Unternehmer »nur Punjabi spricht und somit bei den Geschäftsverhandlungen nicht von Nutzen sein kann«. Die Bearbeitung eines parallelen Antrags eines vorschriftsmäßig Englisch sprechenden Pakistani wurde verzögert mit dem Argument, dass Ramadan sei und Pakistaner in dieser Zeit »sowieso kein Interesse an Auslandsreisen« hätten: Ein deutscher Konsularbeamter weiß allemal besser, was gut und richtig für einen Pakistani ist, als dieser selbst – und muss folglich für ihn entscheiden. Mit Rassismus hat das schon deshalb nichts zu tun, weil es in der deutschen Diplomatie und Bürokratie selbstverständlich keinen Rassismus gibt. (F.A.Z. 31.3.1993)

Die gleiche Zeitung drückte anlässlich der Wahl Tansu Cillers zur türkischen Regierungschefin in den 1990er Jahren ihr Erstaunen aus, weil das »als eine Seltenheit in einem muslimischen Land angesehen wird«: Regierungschefinnen in Pakistan, in Bangladesh, Ciller in der Türkei ... sind natürlich »Seltenheiten« angesichts der Häufigkeit, mit der Frauen etwa in den westlichen Ländern Regierungschefin werden – das Vorurteil, die vorurteilende Wahrnehmung triumphiert wie sooft über die Wirklichkeit. (F.A.Z. 14.6.1993)

Noch immer beansprucht der Bürger, der »alleinige Erzieher der Welt« zu sein, wie es Prof. David Simo aus Kamerun, formuliert hat (1991, S. 56, 288): Der Bürger ist auch heute noch der Weltpädagoge, der sich ja auch im Konzept der »Entwicklungs«-hilfe ausdrückt. Und wenn wohlmeinende Bürger sich auch zurücknehmen wollten, wird der gute Wille sehr bald an die Grenzen stoßen, die ein tragender Pfeiler dieses Welt- und Selbstbildes impliziert: den so stolz proklamierten und reklamierten »Universalismus« seiner Kultur. Dieser Anspruch drückt sich nicht nur in der Gleichsetzung des eigenen kulturspezifischen Menschenbildes mit »dem« Menschen in Geschichtsverständnis, Philosophie, »Vernunft und Wissenschaft« und politischen Proklamationen aus. Ob da von »dem Menschen des 19. Jahrhunderts« (Finkielkraut; Frevert & Haupt), von »dem Menschen der Neuzeit« oder – in provinziell-apologetischster Weise – vom »Erwerbstrieb *des Menschen*« die Rede sein mag – es handelt sich immer und ausnahmslos um das Menschenbild dieser Kultur, immer um »den« Menschen der bürgerlichen Kultur. »Der« Mensch – das ist allemal der Bürger, auch und gerade dem bürgerlichen »Universalismus« (siehe dazu Kap. 9) – und »erziehen« heißt ihm allemal »zum Bürger erziehen«, denn erst dann ist er – ein »richtiger« Mensch.

Eine andere, gern praktizierte Form der Legitimation der eigenen Praxis besteht in der Verlagerung der Verantwortung für alle Übel auf die Schultern der Armen selbst. Dieses Bemühen kann sich auf ein großes Instrumentarium stützen, vornehmlich auf die ganze angesammelte Dumpfheit des antiafrikanischen Vorurteils des Eurozentrismus, das die hiesige individuelle Sozialisation lange genug prägte und noch immer prägt – eben in Ermangelung einer wirklichen, auch das kolonialistische Denken erreichenden Entkolonialisierung. So kann ein deutscher Professor dann als "Lösung" vorschlagen, die Afrikaner wieder einer Treuhandschaft zu unterstellen – wobei dieser Entmündigungsvorschlag durchaus in der Attitüde des Helfens-Wollens daherkommt. (U. Menzel, Frankfurter Runschau, 3.6.1991)

Hier wird das alte Muster afrikanischer struktureller Unmündigkeit und Unreife unterstellt und kultiviert, logisch ergänzt durch die Attitüde des Helfers, der sich bevormundend herabbeugt zum armen, hilflosen Menschenkind. Das alte hierarchisierende, rassistisch-diskriminierende Weltbild des 19.Jahrunderts bestätigt so seine lebendige Fortdauer im europäisch-bürgerlichen Denken. Störend wirkt da, dass die Afrikaner solche Herablassung bemerken. Jomo Kenyatta prangert schon 1938 jene »professional friends of the African« an, »who are prepared to maintain their friendship for eternity as a sacred duty, provided only that the African will continue to play the part of an ignorant savage so that they can monopolise the office of interpreting his mind and speaking for him.« (Kenyatta 1938/1965, Vorwort, S. xviii)

Das Bemühen, die Verantwortung für das Elend auf die Opfer selbst zu verlagern, stellt eine neue Qualität in der Entwicklung und der Verfeinerung rassistisch-diskriminierender Argumentation und Legitimation dar, entlarvend wie infam zugleich. Sie bedeutet auf der einen Seite, dass die Starken die historischen Hintergründe des aktuellen Elends und damit ihre eigene Verantwortung dafür weiter ignorieren wollen – was auf der anderen Seite aber impliziert, dass den Opfern europäischer Beutezüge, den Beraubten also, von den so reichgewordenen

Räubern nun auch noch die Schuld an ihrer Armut gegeben wird: Der Ausgeraubte, das Opfer ist schuld an seinem Elend.

Dies allerdings auch nur einigermaßen bewusst und bekannt zu machen, hat das Opfer fast keine Chance. Nicht nur, dass sich der eurozentrische Westen weiterhin für das Maß und Ziel aller Dinge hält, er ist es, der die Geschichtsbücher schreibt, der die veröffentlichte Meinung weltweit bestimmt – er hat in der Folge ihrer Welteroberung und ungeachtet aller Entkolonialisierung auch sein Weltbild und seine Spielregeln als globale Maßstäbe durchgesetzt.

Wer deutet die Wirklichkeit? Die Definitions*macht*

Kommen wir zum scheinbar Harmlosesten, zur Sprache selbst. Hier geht es um die Fähigkeit und damit die Macht der Sprache, die ihr ganz selbstverständlich als Tor zur und Deutung von Wirklichkeit innewohnt – unserer ganz konkreten, alltäglichen, aber auch der umfassenderen Wirklichkeit. Sprachen sind Interpretationssysteme von Wirklichkeit, alle Sprachen deuten und definieren sie. Dass es sich hier um Handfestes handelt, zeigt sich am Begriff der Definitionsmacht: Sprache hat die Macht zu sagen, was Wirklichkeit ist. Und in gewissem Sinne konstituiert Sprache selbst Wirklichkeit, als sie nämlich ein unverzichtbareres Instrument der Wahrnehmung und Bemächtigung von Wirklichkeit für uns Menschen ist. Der Zugang zur Sprache, die Verfügung über sie wird damit zu einer Frage von Macht und Ohnmacht – wie jeder Laie im Gericht erfährt.

Sehr viel alltäglicher sind die hiermit verbundenen schmerzlichen Erfahrungen von Angehörigen der weniger gebildeten sozialen Schichten oder eben von Migranten, die der Sprache der Mehrheitsgesellschaft noch nicht mächtig sind: Es gilt die mehrheitssprachige Interpretation der Wirklichkeit. Was an der Wirklichkeit relevant ist, wird in der Mehrheitssprache ausgedrückt. Die eigene Muttersprache ist in diesem Zusammenhang nicht nur machtlos; sie ist keine Ebene der Kommunikation; die Migranten erfahren ihre muttersprachlichen Definitionen und Deutungen der Wirklichkeit als machtlos. Mangel an Sprachbeherrschung wird von den Fremden – seien sie »von unten«, seien sie von außerhalb der Gesellschaft – als Macht- und Hilflosigkeit erfahren.

Es gibt in diesem Kontext jedoch noch eine zweite Ebene, auf der selbst integrierte und etablierte Bürger Erfahrungen der Unterlegenheit und Subalternität machen. Diese zweite Ebene ist die prinzipielle, die wissenschaftliche: In der Wissenschaft ist die »Definitions*macht*«

institutionalisiert, in der professoralen Planstelle personalisiert und gesellschaftlich autorisiert. Wenn von dieser wissenschaftlichen Ebene die Wirklichkeit definiert wird – dann *ist* sie definiert, dann *ist* das die Wirklichkeit, zumindest bis sie von einer anderen Stelle gleichen Rangs infragegestellt wird. Vermögen schon die »kleinen Leute« gegen ein von hier verkündetes *Macht*wort wenig, so haben die Migranten, sollten sie je die Blasphemie eines Widerspruchs wagen, auf dieser Ebene keine Chance.

Indem die Wissenschaft die höchste, institutionalisierte und legitimierte Definitionsmacht ausübt, indem sie hier erhebt und dort verdammt, hier für recht und dort für schlecht befindet, wird sie zugleich zur höchsten *Diskriminierungs*macht und -autorität. Und da alles wirklich ist, was die Wissenschaft dazu erklärt, gibt es gegen ihre Diskriminierung keine Berufung. Noch im Jahre 1981 behaupteten »Wissenschaftler«: »Der Begriff ‚Volk' läßt sich heute naturwissenschaftlich definieren: Völker sind (kybernetisch und biologisch) lebende Systeme höherer Ordnung mit voneinander verschiedenen Systemeigenschaften, die genetisch weitergegeben werden. Dabei sind auch die nicht körperlichen Eigenschaften eingeschlossen, die genauso vererbt werden, wie die körperlichen.«(Heidelberger Manifest, Schröcke, Schmidt-Kaler u.a.). Der Mantel der Wissenschaft lässt die Diskriminierung noch immer als Natur erscheinen.

Über die Sprache und ihre Deutungsmacht gerät aber auch der Normalbürger in die Subalternität. Evident wird die Hierarchie überall da, wo man der »Experten« bedarf, um die Wirklichkeit zu deuten – wo der Normalbürger auf dieses Vermögen verzichtet oder ihm unterstellt wird, dass er zur Deutung der Wirklichkeit nicht in der Lage ist. Wann immer in unserer medial bestimmten Gesellschaft ein Problem zur Debatte steht, findet sich auch ein »Experte« bzw. findet der den »richtigen« Begriff. Wenig bewusst ist das Problem, dass die Kehrseite der Expertendominanz in der praktischen Entmündigung der großen Masse, in ihrer zunehmenden Sprachlosigkeit besteht (die sich dann gelegentlich an den Wahlurnen in überraschender Weise artikuliert).

Die »Weltgesellschaft« – und wer sie definiert

Vor diesem Hintergrund ist natürlich die Stellungnahme der Wissenschaft von großem Interesse. Wie beantwortet nun ihre Autorität die – in der Gesellschaft allgemeiner Gleichheit – sehr wichtige Frage, wer denn nun eigentlich »fremd« hier ist, wer der Wissenschaft der »Fremde« ist?

Nehmen wir als Beispiel für deren Definition die Begriffsbestimmung »des« Fremden, wie sie etwa H.-P. Waldhoff in seinem damit grundsätzlich befassten Werk *Fremde und Zivilisierung* 1995 vornimmt:

> »Nachdem der deutsche Sonderweg in die westliche Zivilisation mündet, gilt der Migrant, der Aufsteiger aus der noch agrargesellschaftlich geprägten Peripherie und Semi-Peripherie der Weltgesellschaft in ihre industriellen Zentren, als Archetypus des Fremden.« (S. 67, Hervorh. im Original)

Eine solche Definition an solcher Stelle erhebt einen grundsätzlichen Anspruch. Drei Bestimmungen verdienen in unserem Zusammenhang eine nähere Betrachtung: die vom »Archetypus *des* Fremden«, die, dass er von der »Peripherie bzw. Semi-Peripherie« unserer »Weltgesellschaft« kommt und dass dieser Fremde ein »Aufsteiger« ist.

Der »Archetypus *des* Fremden« ist ein sehr fragwürdiges Konzept – niemand ist fremd *an sich*, sondern nur fremd *in Bezug auf* – er ist mir/uns fremd, ich bin ihm/ihnen fremd. Fremd sein ist nur möglich als *einander fremd sein*; umgekehrt beruht die Aussage, das er »nicht fremd« ist, darauf, dass er mir/uns nicht fremd ist (Anderen möglicherweise schon). Es handelt sich hier um eine soziale Kategorie, um den Ausdruck der Qualität einer sozialen Beziehung. Quasi-objektiv kann eine solche Bestimmung nur in jenem Rahmen traditioneller Kulturen werden, in denen aufgrund ihrer undifferenzierten Gemeinsamkeit und Geschlossenheit »der« Fremde dem bestimmenden Ganzen fremd ist: der Fremde als das »nicht-wir«, als »das, was wir nicht sind«. Genau deren kulturprovinzielle Perspektive findet auch in der obigen Definition ihren Ausdruck in (unserer) »Weltgesellschaft«. Eine wirkliche *Welt*gesellschaft würde sich dadurch auszeichnen, dass in ihr alle Menschen dieser Welt Aufnahme fänden, in ihr zuhause wären, dass in ihr niemand fremd wäre, dass sie also keine Fremden kennen würde. In Ansätzen lässt sich eine solche Entwicklung in dynamischeren Zentren unserer Welt beobachten. In der obigen Definition wird der Begriff aber nur für die die Welt dominierende größte Kultur*provinz* verwandt, weiterhin also – und im Widerspruch zum Inhalt des Begriffs – ethnozentrisch und ausgrenzend.

Im zweiten und dritten Schritt enthüllt sich diese Definition als banal ethnozentrisch: Die »Weltgesellschaft« ist da, wo wir sind, auch ihr Zentrum ist da, wo wir sind – und von dorther bestimmen wir die »Peripherie«. Immerhin ist die Frage aufzuwerfen, ob eine *Welt*gesellschaft, die ihrem Begriff gerecht wird, überhaupt eine Peripherie hat. Indem diese die Welt umfasst, sollte sie eigentlich alle Menschen umfassen –

und das heißt: alle Menschen in ihrer Vielfalt. Erst diese Vielfalt der Menschen würde sie als Weltgesellschaft konstituieren. Hier aber haben wir es wieder mit einer westlichen Definition der Weltgesellschaft zu tun.

Doch wir erfahren noch mehr: Der von der (Semi-)Peripherie Kommende ist ein »Aufsteiger«. Er kommt offenbar auch von »unten«, denn er »steigt auf«. Wohin steigt er auf? Nun, natürlich zu unserer Höhe: Das Zentrum bzw. »oben« ist da, wo wir sind. Eine solche Definition unterscheidet sich in nichts von der, die ein (kaum mehr auffindbarer) ahnungsloser Angehöriger eines Papua-Dorfes in Neuguinea von seiner Welt hat. Er erhebt allerdings nicht den Anspruch der Wissenschaftlichkeit. Und eben das ist das Problem: dass wir unsere Vorurteile in den Mantel der Wissenschaft hüllen – die über nichts soviel Macht hat wie über unsere Wahrnehmung und unser Denken.

Eine solche »naturwüchsige« – im Alltag gängige und auch zulässige – Bestimmung unterstellt nicht nur, dass der Fremde jeweils der *Nicht-Bürger* ist. Darüberhinaus unterstellt sie im Umkehrschluss auch, dass der Bürger Maß und Kriterium der Fremdheit ist: Fremd ist nicht nur, wer dem Bürger fremd ist – der Bürger selbst kann offensichtlich nicht fremd sein. Die bornierte Perspektive des Normalbürgers ist nun wissenschaftlich bestätigt: »Fremd« ist nicht nur, was *ihm* fremd ist – was ihm fremd ist, ist »objektiv fremd«.

Obendrein wird »der« Fremde hier dem Bürger zum »doppelt Fremden« – der Fremde ist ihm nicht nur *konkret* fremd in seiner Erscheinung, er ist ihm in seinem Zustand – dem des Fremdseins – *grundsätzlich* fremd. Er, der Bürger seiner »Weltgesellschaft«, kann diesen Zustand offenbar gar nicht mehr einnehmen, er kann nicht mehr »fremd« und »Fremder« sein. Welche Konsequenzen diese ethnozentrische, nun wissenschaftlich bestätigte Perspektive auf seine Bereitschaft zum Perspektivenwechsel haben mag, lässt sich vorstellen.

In Widerlegung allen Gleichheitsanspruchs stellt diese Bestimmung des Fremden ihn uns gegenüber in einen sowohl hierarchischen als auch peripheren Bezug, also in einen doppelt diskriminierenden Bezug. »Wir« werden darin zu Kriterium und Koordinaten seines Ortes und seiner Identität. Dies gilt umso mehr, als in unserer Gesellschaft Wissenschaft und Wissenschaftler die berufene und anerkannte Deutungsinstanz sind, ausgestattet mit der Deutungshoheit und Deutungsmacht: Welche Aussagen sie auch immer machen mögen, sie gelten als relevant, genießen Autorität – und damit auch ihre Hierarchisierungen und Diskriminierungen. Irrelevant ist angesichts dessen das eigene Urteil jener Aufsteiger von außen und unten, als die die Immigranten begriffen werden: Ihr Wort, ihre Wahrnehmung, ihre Deutung haben kein Gewicht – auch nicht *ihre* Deutung *ihrer* Wirklichkeit: *Was ihr* Problem ist, wissen *wir* besser als sie.

»Der Eine stellt die Regeln auf …«

Kommen wir nun zur Ebene der *sozialen Kommunikation*. Drängt sich hier das Bild einer partnerschaftlichen, vielleicht sogar *herrschaftsfreien* Kommunikation – frei nach Habermas – nicht auf? Doch schon Jean Piaget hat die Bedeutung der kommunikativen Ebene nicht nur als Ausdruck, sondern eben auch als Form von Herrschaft gewürdigt. Er hat auch jene begrifflichen Instrumente in die Diskussion eingeführt, anhand derer sich hierarchische und Herrschaftsverhältnisse auf dieser Ebene erkennen lassen – etwa in seiner Bestimmung der Rolle, die die Reziprozität, also die Wechsel- bzw. Gegenseitigkeit, für soziale Beziehungen spielt. Betrachten wir dabei die Begriffe der *symmetrischen* und *komplementären Reziprozität* und hören James Youniss' Erläuterung dazu:

> »Die Beiträge des einen zählen mehr und besitzen größeres Gewicht als die des anderen. Insbesondere bestimmt der einflussreichere Teilnehmer, was akzeptiert und was verworfen, was gebilligt und was missbilligt wird. Er ist gleichsam zur Herausgabe und Endredaktion der Beiträge des anderen, schwächeren Teilnehmers befugt, die damit zu bloßen Ergänzungen der durch die Autorität des Mächtigeren gestützten Beiträge werden … Die Teilnehmer sind ungleich hinsichtlich ihres Wissens und ihrer Macht, mit der sie ihren Ansichten Nachdruck verleihen können. Die Kommunikation ist wesentlich einseitig; … der eine stellt die Regeln auf, und der andere hört zu.« (Youniss 1984, S. 40)

Die hier wesentliche Nachricht liegt in einer Banalität: Auch in kommunikativen Beziehungen – im engeren, an Sprache orientierten Sinne – können sich Macht und Hierarchie ausdrücken bzw. verkörpern. Sie sind *auch* eine Fortsetzung von Herrschaft, eine Fortsetzung »mit anderen Mitteln«. Dass allerdings die Erkenntnis einer solchen Banalität mit der Autorität Piagets oder Youniss' gestützt werden muss, hat seinen Grund: So banal die Tatsache ist, dass in die soziale und sprachliche Kommunikation Macht einfließt und sie Ausdruck von Macht und Ohnmacht sein kann, so selbstverständlich wird dieser Umstand in bestimmten Zusammenhängen ignoriert bzw. geleugnet, obwohl – oder weil? – ihre Kommunikation wesentlich von dieser Struktur geprägt sein kann.

Wie zwingend und dabei unsichtbar diese Form von Kommunikation bleiben kann, schildert Alfred Andersch in seiner autobiographischen Erzählung »Vater eines Mörders. Eine Schulgeschichte«. Er zeigt, wie sich selbst im Zentrum des humanistischen Anspruchs die griechische Grammatik unter der Hand in ein Folterwerkzeug verwandeln und damit ein Mensch – Andersch selbst – »fertiggemacht« werden kann. Foltermeister ist hier der Rektor eines Humanistischen Gymnasiums, Heinrich Himmlers Vater.

Was in den sozialen Beziehungen zwischen Individuen stattfindet, kann auch auf der zwischenstaatlichen Ebene beobachtet werden – etwa im Sinne des obigen Youniss-Zitats: »... der eine stellt die Regeln auf, und der andere hört zu.« – wozu der Vollständigkeit halber noch hinzufügen wäre, dass eben dieser Umstand, eben diese Einseitigkeit ihrerseits ignoriert bzw. geleugnet wird – man will die Tatsache nicht wahrhaben, dass die Beziehungen, die Praxis, das »Spiel« immer nach den Regeln der einen Seite, genauer: *der der Seite des Westens* verläuft. Wenn auch mittlerweile längst nicht mehr so unbestritten wie früher, so waren doch und sind z. T. immer noch die Regelungsmechanismen für Welthandel und Weltwährungen etwa des GATT, also der nunmehrigen WTO, des IWF und der Weltbank vor allem zugunsten der führenden Wirtschaftsmächte des Westens ausgelegt. Deren Position ist mittlerweile zwar nicht mehr so unangefochten wie vor dem Aufstieg der großen Schwellenländer – z. B. der BRIC-Gruppe –, doch ist in den wirklich entscheidenden Punkten immer wieder zu beobachten, dass »nichts gegen sie läuft«. Insbesondere im Falle der politisch schwachen Rohstoff- und Nahrungsmittellieferanten einerseits und des Nahrungsmittelexports andererseits nutzen die westlichen Staaten ihre überlegene Position noch immer aus – vor allem da, wo es unter Ausschluss der Öffentlichkeit geschieht. »Entwicklungshilfe« wird durch Exportsubventionen der Nahrungsmittel konterkariert, manche Kartelle können allein schon mittels ihrer Marktmacht den Erzeugern die Preise für Kakao, Kaffee, Bananen diktieren (s. das obige Beispiel). Und dass das Glück großer Rohstoffressourcen sich angesichts der westlichen Interessen für die jeweilige Bevölkerung zu einem einzigen großen Unglück zu wandeln vermag, demonstriert noch immer der Kongo.

Offene Gewalt als ultima ratio – und »privat«

Nicht nur der Kongo zeigt, dass offene Gewalt auch in der nachkolonialen Phase ihre Bedeutung bewahrt hat. Als ultima ratio, möglichst »unter Ausschluss der Öffentlichkeit« und »privat« spielt sie immer noch ihre Macht und Ausbeutung stabilisierende Rolle, lange bevor sie als Polizei- oder Militäraktion definitiv öffentlich wird. Ob es sich um prügelnde Ehemänner handelt, ob um rechte Gewalt à la Ku-Klux-Klan oder um – gelegentlich von interessierter Seite bezahlte – rechte Schlägertrupps, um paramilitärische Terrorgruppen und Todesschwadronen, ob um Söldnerarmeen großer Konzerne, um die Organisation von »Stellvertreterkriegen« und schließlich die gigantischen Drohaufmärsche einer »projection of power« oder die z. T. nur sehr schlecht legitimierte und verhüllte offene Aggression und Invasion: Die offene Gewalt ist auch in der Bürgergesellschaft präsent, real und vor allem wirksam. Wir haben angesichts unserer bisherigen Erfahrungen nur geringe Hoffnung, dass solche Entwicklungen, wie sie schließlich zum jüngsten Irak-Krieg führten, für die Zukunft ausgeschlossen sind. Und Guantanamo und Abu Ghuraib sind eben keinesfalls als »Ausrutscher« zu verstehen, sondern entspringen einer langen Tradition – wie z.B. der Tradition jener 1946 gegründeten »School of the Americas (SOA)«, ursprünglich Escuela de las Americas, einem Trainingscamp der US-Army im Fort Benning, USA. Zum Unterrichtsstoff gehören laut *Washington Post* Exekutionen, Erpressungen, Misshandlungen und Nötigungen, wie die Überwachungsbehörde des Geheimdienstes der USA 1996 eingestand.

So tief die Tradition solcher Ausbildungszentren auch reichen mag, so schwierig ist die Erfüllung einer ihrer wesentlichen Existenzbedingungen mittlerweile geworden – die Ausschaltung der Öffentlichkeit. Die modernen Medien machen das fast unmöglich – aber eben nur *fast*. Denn grundsätzlich kann eine Politik, die auf Macht beruht, nicht auf eine gelegentliche Demonstration und Ausübung dieser Macht verzichten, wenn sie nicht unglaubwürdig werden will.

Resümee

Der Kontrast zwischen dem in diesem Teil Erinnerten und der Selbstgewissheit, ja, Selbstgerechtigkeit, mit der der Anspruch auf Universalität westlicher Menschenrechte vorgetragen wird, ist evident. Diese Ungebrochenheit lässt sich nur erklären durch ein hohes Maß an Geschichtsvergessenheit und Geschichtsverdrängung – und dem Bedarf daran: Die westliche Gesellschaft will sich ganz offensichtlich diesem Teil ihrer Geschichte nicht stellen, könnte sie doch ansonsten ihr pathetisch verklärtes und verkündetes Selbstbild genauso wenig aufrechterhalten wie den darauf basierenden Anspruch, Vorbild und Autorität zu sein – gerade auch in Sachen Menschenrechte. Die Diskriminierungs*kultur* wirkt fort selbst in unseren humanen Ansprüchen und vergiftet sie; sie beschädigt unsere Glaubwürdigkeit um so mehr, als der westliche Anspruch auf Universalität und die zugehörige Menschenrechtspraxis wieder einmal nur allzu leicht als verfeinerte Form seines globalen Hegemonialstrebens wahrgenommen werden können – was denn auch nicht selten geschieht: »Postkoloniale Studien bestätigen, dass die Rede von Universalität und Universalismus von den Kolonisierten als verlogene Ideologie aufgefasst worden ist und wird« (G. Mohr 2012, S. 211). Das kann weder überraschen, noch kann ein wirklich universalistischer Anspruch darüber hinweggehen.

III.
Der Universalismus westlicher Menschenrechte

1. Westliche Menschenrechtspraxis

Wer wollte angesichts der westlichen Rolle bei der Kodifizierung der Menschenrechte die Bedeutung der westlichen Menschenrechts*praxis* für die globale Rezeption und Akzeptanz der Menschenrechte bestreiten? Wird die Praxis ihrer Urheber nicht ganz selbstverständlich als die Konkretisierung, die Verwirklichung der Menschenrechte wahrgenommen – und damit auch als »Lektion«, wie sie zu verstehen, zu praktizieren sind? Nolens volens hat die westliche Praxis einen die Menschenrechte geradezu definierenden Beispiel- und Vorbildcharakter: Was der Westen als solche praktiziert, *sind* die Menschenrechte, sein Beispiel ist das buchstäblich maß-gebliche. Betrachten wir diese Praxis.

Die historische Dynamik: Krise, Reaktion, Regression

Wenn das individualisierende Moment nicht schon vor der Begegnung mit Europa relevant war, so wird es spätestens durch diese Begegnung verursacht oder ungemein beschleunigt. Daraus kann eine tiefe Bedrohung der bisherigen Kultur, Lebensweise und sozialen Zusammenhänge erwachsen. Das Extrem der australischen Aborigines zeigt deutlich: Als Überlebens-Gemeinschaft verfasst, ist es für das Überleben der Gruppe umso besser, je besser die Angehörigen »funktionieren«, also ihre soziale Rolle ausfüllen und je besser diese dann wiederum ineinandergreifen, sich ergänzen, sich aufeinander beziehen – kurz: je »intakter« die traditionelle Struktur ist. Welche Bedrohung solche Individualisierungstendenzen etwa der nachwachsenden Generation für die Gruppe als ganze darstellen, liegt auf der Hand. Wenn die Emanzipationswünsche der Letzteren durch die Attraktionen der westlichen Kultur verstärkt werden, durch ihre Verheißungen individueller Unabhängigkeit, durch ihre Bequemlichkeiten usw., hat dann die Gruppe als solche überhaupt noch eine Chance?

Vergegenwärtigen wir uns zudem, dass dieses Krisenpotential im Falle der Begegnung mit Europa sich meist noch durch dessen aggressive Ansprüche erhöht hat – etwa durch die ungeheure Dimension seines Landraubs und der damit verbundenen Reduktion traditioneller Lebensräume: Bekanntlich haben die Europäer in den weitaus meisten Fällen auch die objektiven, die natürlichen Lebensgrundlagen und -räume der Traditionellen zerstört bzw. geraubt.

Wenn der Prozess der Individualisierung ehemals traditioneller Kulturen auch nicht aufzuhalten ist, so verläuft er doch nicht gradlinig und harmonisch. Im Gegenteil: Üblicherweise ist es ein Weg tiefster, krisenträchtiger Auseinandersetzungen und Umbrüche *innerhalb* der Kultur. Und es überrascht nicht, dass sich im Laufe solch innerkultureller Erschütterungen unterschiedliche Strömungen herausbilden, die jeweils unterschiedliche Antworten zur Lösung der Krise anbieten – nicht zufällig im Rahmen solch grober Raster wie »Bewahren« gegen (mehr oder weniger radikale) »Reform«. Und es erstaunt weiter nicht, dass die Auseinandersetzung schließlich in einem Kampf der »Bewahrer« gegen die »Reformer« münden kann. Es ist ein Kampf, der sehr wohl und konjunkturell auch in den Individuen selbst stattfinden, der aber auch weit über übliche Auseinandersetzungen hinaus gehen kann, weil er die bisherige gewohnte und bewährte Existenzform in Frage stellt. Tiefste Verlust- und Existenzängste, Identitätskrisen, Verletzungen und Zerstörungen sozialer Bindungen und Loyalitäten führen zu schweren Erschütterungen des Ganzen. Spätestens jetzt können sich die inhaltlichen Fragen zu *Macht*fragen wandeln – was dann zu sehr unterschiedlichen Reaktionen auf diesen Prozess führen kann, wie die neueste Geschichte zeigt.

Die nächstliegende Form dieser Reaktion auf die soziokulturelle Krise ist die der *Regression*, d. h. der äußeren, nunmehr machtgestützten Bestätigung und Bekräftigung der Tradition. Bestätigt und bekräftigt wird nun nicht mehr »irgendeine« Tradition, sondern eine im Zuge ihrer Bedrohung und Infragestellung idealisierte, »neo«-mystifizierte und damit zusätzlich autorisierte und damit autoritäre Tradition: Das, was da zu entgleiten, entrissen zu werden droht, wird aufgrund dieser Erfahrung nun »verkrampft« festgehalten, wird krampfhaft vereindeutigt und kanonisiert zur Ideologie, zum Dogma. Diese ideologisierte Form der Tradition wird nunmehr als vorgeblich echte Identität, Lebensform und Perspektive der Gruppe mehr oder minder gewaltsam oktroyiert – mit der Legitimation einer – häufig konstruierten – äußeren Bedrohung. Vorbei ist nun alle bisherige private Deutung und Praxis der Tradition, vorbei alles laissez-faire, alle Indifferenz: Alle müssen sich nun der *einen* Deutung unterwerfen und sich zu ihrer »Wahrheit« bekennen. Gegen Dissenz und Kritik wird ein komplexer Machtapparat entwickelt, eine »Glaubenspolizei« mit inquisitorischen Kompetenzen und unbegrenzten Vollmachten. Wer abweicht, riskiert alles – zumal die *herrschenden* »Traditionellen« ihre Position aus tiefer Krise und Erschütterung gewonnen und »gerettet« haben: Besser als jeder traditionelle Herrscher wissen sie, »was auf dem Spiel steht«. Historisch fallen unter diese Gruppe der

Regression etwa der Faschismus/Nationalsozialismus, das japanische Militärregime, das Franco- und das Mullah-Regime, die Taliban, Al Kaida und Salafisten: ideologisch fundamentalistisch, politisch totalitär.

Etwas anders verläuft der Prozess da, wo sich die Kräfte des Neuen die Macht sichern können – als bekanntestes Beispiel mag die Oktoberrevolution dienen, auch Mao Tse-tungs Volksrepublik. In diesen Fällen ist die Krise des Traditionellen bereits so tief, der Konsens über seine Dysfunktionalität bereits so breit, dass das Neue die Machtfrage für sich entscheiden kann – jedenfalls zunächst und vordergründig. Der Aufbruch in eine neue Gesellschaft wird offiziell bejaht, er wird zum Programm und raison d'ètre der Bewegung selbst – in deren Namen nun auch der (Macht-)Kampf gegen »das Alte«, gegen alles Traditionelle geführt wird. Damit jedoch erreichen die Prozesse der Auflösung traditioneller Bindungen bzw. der individuellen Emanzipation eine neue, sehr widersprüchliche Qualität – stehen doch »Macht« und »Emanzipation« in Widerspruch zueinander. Dementsprechend erweist es sich jeweils sehr bald, dass die nunmehr Mächtigen nicht gewillt sind, ihre Position im Interesse einer weiteren Emanzipation der Individuen aufzugeben. Ideologisch sich als »wahre« Vertreter und Exekutoren des Neuen gebend und legitimierend, entwickeln sie nun das gleiche Programm wie die offen regressiven »Lösungen«. Beide treffen sich in der reaktionären Parole: »Du bist nichts, die Gruppe (das Kollektiv, das Volk, die Gemeinschaft, die Gesellschaft) ist alles!«

Westliche Ansprüche und Glaubwürdigkeit

Wenn der Westen heute angesichts dieser z. T. sehr weit fortgeschrittenen Entwicklungen seine Menschenrechte als allgemeine Norm etabliert bzw. etablieren will, so steht diesem Vorhaben im Allgemeinen die Inkompatibilität westlicher und traditioneller Kultur(en) entgegen. Dieses Moment mag partiell auch noch eine gewisse Rolle spielen, tritt aber weit in den Hintergrund zugunsten der Erfahrungen, die beide Seiten miteinander gemacht, und der Wahrnehmungen, die sie nun voneinander haben.

Wenn wir die nicht-westliche Welt von unserem Menschenrechtsangebot überzeugen wollen, stellt sich die Frage der westlichen Glaubwürdigkeit. Einer so kompetenten wie repräsentativen Stimme Afrikas, Yomo Kenyatta, Kulturanthropologe und erster Präsident des unabhängigen Kenia, werden diese Worte zugeschrieben: »Als die Weißen nach Afrika kamen, hatten wir das Land und sie die Bibel. Dann lehrten sie uns, mit geschlossenen Augen beten. Als wir die Augen wieder öffneten, hatten sie das Land und wir die Bibel.«

Dies ist bekanntlich keine Einzelstimme. Im Urteil der vorkolumbianischen Bewohner Amerikas, vor allem der der USA, wird das Wort von der »Doppelzüngigkeit«, der »gespaltenen Zunge« der Weißen zum Synonym für sie selbst. Die Europäer bzw. ihre kolonisierenden Abkommen schließen Verträge grundsätzlich nur als taktisches Manöver. Das tiefste Pathos erweist sich als hohl, als Mittel, Andere, Gutgläubige, Redlichere zu blenden und zu täuschen. Lüge und Untreue werden ebenso taktisch wie selbstverständlich eingesetzt, Verrat und Betrug, Erpressung und rohe Brutalität von Caxamalca bis Peking: Jene, die »Freiheit, Gleichheit, Brüderlichkeit« bzw. »all men are equal« verkündeten, waren nicht nur die größten Sklavenhändler und -halter der Geschichte, ihrem Wort war grundsätzlich nicht zu trauen.

Angesichts all dessen verblüfft die Selbstgewissheit der westlichen Haltung, zur Proklamation und Durchsetzung von Menschenrechten legitimiert zu sein – und dies einer Welt gegenüber, die es doch ganz anders weiß und erfahren hat. Eine weiter funktionierende Diskriminierungskultur schützt uns vor der Einsicht in die Peinlichkeit, die Unehrlichkeit solcher Praxis. Dieser Selbstbetrug mag für die funktionieren, die seiner bedürfen. Die Anderen schenken dem Westen umso weniger Glauben, als sie diese westliche Unehrlichkeit, diese Heuchelei gerade auch in Bezug auf diese Menschenrechte erfahren haben und noch immer erfahren.

Ein Rückblick

In der Globalisierungspraxis Europas und seiner überseeischen Ableger hatten die Menschenrechte allem Pathos von ihrer universellen Geltung zum Trotz bekanntlich nie eine Rolle gespielt. Ob Sklavenhandel und Sklavenhaltung, ob Kolonialismus und Imperialismus: So laut das »all men are equal«, das »Freiheit, Gleichheit, Brüderlichkeit« zuhause auch verkündet und eingefordert wurde, so gänzlich abwesend waren – wie oben ausführlich dargestellt – diese bürgerlichen Maxime in den Beziehungen nach außen. Die westlich-bürgerliche Menschenrechtspraxis war die Widerlegung ihrer proklamierten Universalität, die Menschenrechte wurden erfahren und wahrgenommen als Sonderrechte zunächst des besitzenden weißen Mannes, dann des weißen Mannes allgemein, sehr viel später auch der weißen Frau – um erst in jüngster Zeit als universell auch eingefordert zu werden.

Die Menschen in den europäischen Kolonien, die Schwarzen in den USA und vielen anderen Ländern, die vielen diskriminierten »Ur-Bevölkerungen« musste es überraschen, dass ihre »Mutterländer« und Mehrheitsgesellschaften nach 1945, also 150 Jahre nach ihrer Proklamation, die Menschenrechte entdeckten. Hatte man in den Hauptstädten der »Mutterländer« und in den USA ein schlechtes Gewissen bekommen? Nein, Auslöser der Veränderung war hier primär der Umstand, dass sich die Menschenrechte im Kalten Krieg als Druckmittel gegenüber dem »totalitären System« des sowjetischen Blocks verwenden ließen, als Möglichkeit, es vor aller Welt anzuprangern und sich daneben selbst als »Hort der Freiheit« umso leuchtender darzustellen. Neben den Forderungen der ersten Artikel ließen sich insbesondere die Artikel 13 und 14 propagandistisch instrumentalisieren: Das Recht auf Freizügigkeit und dessen Pendant im Artikel 14, das Recht auf Asyl. So populär sich in dieser offenen Wunde des Ostblocks stochern ließ, so propagandistisch ließen sich die Bitten um Asyl aus dem Osten auswerten – insbesondere nach dem Ungarnaufstand 1956, dem Prager Frühling 1968 und den jeweiligen polnischen Bewegungen von 1956, 1970 und 1981. Bekanntlich vermochte diese Menschenrechtspolitik ihr ganzes Potential mit der KSZE-Schlussakte von Helsinki 1975 zu entfalten. Legitimiert dadurch entstanden schließlich die verschiedenen Menschenrechtsgruppen in Osteuropa, deren Aktivitäten dann im Verein mit dem wirtschaftlichen Niedergang zu Sturz und Auflösung der bürokratisch-totalitären Herrschaft führten.

Auch hier gilt es Missverständnissen vorzubeugen: Wenn die Menschenrechte und ihre Propaganda auch ein ideales Druckmittel der westlichen Seite waren, so hätte dieser Faktor allein doch nie und nimmer eine solche welthistorische Wirkung entfalten können. Dazu bedurfte es der Subjekte vor Ort. Aber eben diese Subjekte mussten dann nach ihrem Sieg 1990 erfahren, dass die westliche Vorliebe für die Artikel 13 und 14 in der Tat taktisch begründet gewesen war: Sehr schnell stieß ihr Bedürfnis nach Freizügigkeit auf nunmehr vom Westen neu errichtete Beschränkungen. Bezeichnenderweise haben die nunmehr westlichen Absperrungen etwa des Frontex-Systems der »Festung Europa« oder des über 1000 km langer Hochsicherheitszauns der USA an der Grenze zu Mexiko z. T. nicht nur äußerlich große Ähnlichkeit mit den seinerzeitigen »antifaschistischen Schutzwällen« des Ostblocks – auch die durch sie verursachten, erheblich höheren Opferzahlen werden ganz offensichtlich ebenso selbstverständlich in Kauf genommen. Wenn auch weniger spektakulär und tödlich, gilt das Gleiche grundsätzlich auch für die repressiven und z. T. offen menschenunwürdigen

Lebensbedingungen von Asylbewerbern und Geduldeten – wie in der Bundesrepublik immerhin schon höchstrichterlich festgestellt wurde (BVG 2012). Dass die Menschenrechte in der Bundesrepublik auch jenseits der Asylfragen noch keineswegs volle Geltung erlangt haben, machen die jährlichen Berichte der UN-Menschenrechtskommission bzw. von amnesty international offenbar.

Das Taktische des westlichen Menschenrechtsbekenntnisses enthüllte sich jedoch am deutlichsten dort, wo keine direkte Konfrontation mit den östlichen Menschenrechtsverletzungen gegeben war. Das betrifft vor allem die menschenrechtswidrigen Interventionen besonders der USA im Zuge ihrer neokolonialistischen Strategien. So widerspricht die zentrale Strategie der »projection of power« den Menschenrechten allein schon deshalb, weil sie eine Strategie der Drohung mit Gewalt und der Einschüchterung ist. Im Widerspruch zu ihnen stehen auch die zahlreichen offenen US-Interventionen im Libanon (1958), in Nicaragua (fast permanent von den 30er bis zu den 80ern), im Kongo, in Vietnam, in Chile (1973), in Grenada (1983), in Panama, wo im gleichen Jahre des Tianmen-Massakers die US-Invasion zur Ergreifung des ehemaligen CIA-Agenten, Diktators und Drogenhändlers Noriega zwischen 1000–3000 Menschenopfer forderte (1989), ebenso wie die verdeckten Operationen im Iran gegen Mossadeghs Nationalisierung der Ölindustrie (1953/54), in Indonesien (Suharto-Putsch gegen Sukarno 1965), immer wieder im Kongo und in Nigaragua, in San Salvador (1980–1991) …

Angesichts der wachsenden Schwierigkeiten, zu einer Intervention offene Gewalt einzusetzen – siehe den Druck der Weltöffentlichkeit auf die USA, aber auch seinerzeit schon auf die Sowjetunion wegen ihrer Intervention in Afghanistan – rückt zunehmend ein anderer Aspekt der Menschenrechte in den Vordergrund: Erlauben sie doch als eine Art »internationale Geschäftsordnung« eine Mitsprache in bisher als »innere Angelegenheiten« eines Staates tabuisierten Bereichen. Damit konnte ihnen nun eine neue, vor allem auch ökonomisch interessante Funktion zuwachsen, nämlich die eines »Schuhs in der Tür«, eines »Türöffners«. Diese Funktion ist sehr real, aber auch deshalb schwer zu isolieren, weil sie einhergeht mit z. T. realen Fortschritten für die betroffene Bevölkerung – wie dies am jüngsten Beispiel von Myanmar/Burma zu beobachten ist.

Ihre ganze Ambivalenz zeigt diese Implementierung der Menschenrechte dann darin, dass sie mit einem »Sieg« des westlichen Systems einhergehen bzw. die Rahmenbedingungen dafür schaffen. Nicht zuletzt in dieser subversiv-aggressiven Komponente der Menschenrechte liegt denn auch ein Grund für die Fortdauer der regressiven Abschottung etwa des Iran, Kubas, Belarus' wie ähnlicher Tendenzen der Taliban, Al Quaidas, Salafisten, Boko Harams: Aufgrund der seitherigen Erfahrungen verstehen sie die Menschenrechte nicht zu Unrecht als Trojanisches Pferd des Westens, gegen das sie sich nur in aggressivster und radikalster Zurückweisung meinen behaupten zu können. So wenig die Unmenschlichkeiten der Genannten zu akzeptieren sind, so wenig kann und darf der Westen seinen Anteil an deren Ursachenbündel bestreiten – so wichtig ist es vielmehr, diesen Anteil im Interesse seiner Korrektur anzuerkennen.

Ohne *universelle* Legitimation und Akzeptanz

Es wird gern vergessen, dass die Legitimation *dieser* Menschenrechtserklärung und insbesondere die Legitimation ihres Anspruchs auf Universalität und globale Verbindlichkeit außerordentlich schwach ist: Dafür ist schon ihr Ursprung bezeichnend. Rekapitulieren wir einmal, wer sie denn an jenem historischen 10. Dezember 1948 unterschrieben hat bzw. unterschreiben ließ: Es waren nicht nur die bekannten Diktatoren wie Stalin, Franco, Salazar, Trujillo, der Iran des Reza Pahlavi, das Ägypten König Faruks, das Saudi-Arabien des König Saud, das China Tschiang Kai-Sheks. Es fand sich auch die Südafrikanische Republik, die unter Malan gerade eben die Apartheid einführte, natürlich die USA, die in ihrem Süden eben diese Rassentrennung bis in die sechziger Jahre hinein praktizierten, und schließlich die Europäer: Großbritannien, das gerade die Freiheitsbewegung auf der Malaiischen Halbinsel blutig unterdrückte – so wie Frankreich es in Vietnam und Madagaskar tat, die Niederlande in Indonesien und Belgien, das im Kongo alle freiheitlichen Bestrebungen gewaltsam unterdrückte, kurz: Die Proklamation der Menschenrechte, die Proklamation ihrer universellen Geltung war *auch* ein Produkt einer unseriösen Koalition von Heuchlern oder gar praktizierenden Menschenrechtsleugnern – und damit desavouiert und unglaubwürdig von vornherein: Die große Mehrheit derer, die ihre Unterschrift unter diese Erklärung setzten, hatte ihre Legitimation dazu schon lange vorher widerlegt. Bezeichnenderweise änderten die Heuchler ihre Unterdrückungspraxis auch im Nachhinein nicht.

Umgekehrt gilt denn auch, dass der überwiegende Teil der Erdbevölkerung nie nach seiner Meinung zu diesen Menschenrechten befragt, nie in deren Diskussion einbezogen worden ist, nie eine Chance zu einem eigenen Beitrag hatte. Den Menschen rein formal übergestülpt, blieben sie global unbekannt und fremd: ein Hohn auf alle Menschenwürde und Universalität.

Dass diese Menschen sich nun nicht im Sinne des westlichen Verständnisses von Menschenrechten äußern, kann nicht überraschen. Vielmehr wirft dieser Dissenz nur ein grelles Licht auf das delegitimierende Handicap dieser Menschenrechte: Sie sind kein Produkt eines demokratischen Prozesses. Es ist deshalb nur zu verständlich, dass so manches an ihnen anderswo nicht geteilt bzw. abgelehnt wird – wie z. B. im folgenden Fall.

Groß war die Empörung im Falle der Mohammed-Karikaturen. Für die einen, die »Westler«, waren die Karikaturen Ausdruck eines der höchsten Werte, nämlich der Meinungsfreiheit, die selbst Blasphemisches einschließt. Die Anderen, Millionen Moslems, protestierten empört gegen diese Karikaturen, eben weil sie sie als Blasphemie ansahen – und Blasphemie nicht akzeptieren. In der ersten Phase des Protests wurden etwa 140 Todesopfer gezählt. Weil im Frühjahr 2008 drei Moslems dem Zeichner mit dem Tode gedroht hatten, wurden die Karikaturen erneut veröffentlicht – und also die ganze islamische erneut Welt angegriffen.

Der Streit tobte heftig und lange. Seriöse Zeitungen druckten die Karikaturen nach – »aus Solidarität« mit dem Zeichner und der Zeitung, dem konservativen Provinzblatt »Jyllands Posten«. Eine an Hysterie grenzende Aufgeregtheit hatte die Redaktionen ergriffen, in islamischen Ländern gingen westliche Gebäude in Flammen auf. Kreuzzugsstimmung lag in der Luft. Samuel Huntington musste sich ebenso glänzend bestätigt gefühlt haben wie sein ideologisch-praktischer Counterpart Osama bin Laden.

Im Schwarz-Weiß-Tableau des »Karikaturenstreites« war ein Aspekt untergegangen, der die Bürger des Westens hätte aufhorchen lassen sollen: Das, was sie als einen der höchsten universellen Werte vertraten, war offenbar keiner – jedenfalls kein universeller! Was sie da im Namen des Universalismus verteidigten, erwies sich als nicht universell. Fast die ganze moslemische Welt teilt den vorgeblichen Universalismus der Meinungsfreiheit nicht – zumindest in dieser Deutung nicht! Ob ihn andere Regionen und Kulturen in einem ähnlichen, z. B. blasphemischen Fall geteilt hätten, ist höchst fraglich. So liegt die wesentliche Erkenntnis des Karikaturenstreits darin, dass einer unserer höchsten »universellen Werte« gar nicht universell ist. Doch wurde dies kaum bemerkt: Der Universalitätsanspruch der westlichen Werte ist ungebrochen.

Halten wir fest: Der Karikaturenstreit hat den universellen Anspruch des Wertes der Meinungsfreiheit praktisch infragegestellt. Und: Da es sich bei den Protesten gegen diese Meinungsfreiheit nicht um solche »von oben«, von Staaten etwa, sondern um solche »von unten« handelte, zeigte sich zugleich, dass die Relativierung des Wertes der Meinungsfreiheit offenbar eine breitere Basis hat – jenseits der bürgerlichen Kultur. Dies ist nicht erst eine Erkenntnis des Karikaturenstreits, die Erfahrung sollte zu denken geben. Immerhin handelt es sich hier um das Ergebnis eines der wenigen Tests der Universalität der Allgemeinen Menschenrechte in der Praxis und durch die Völker selbst.

So vielfach die westliche Unglaubwürdigkeit in Sachen Menschenrechte zu begründen ist – mit ihrem Totschweigen während des Imperialismus/Kolonialismus, mit ihrem taktischen Gebrauch als Druckmittel, Türöffner, mit ihrer offenen Verletzung im Zuge neo-kolonialistischer Strategie und Praxis, mit der Abschottungspraxis gegen Flüchtlinge und mit dem Mangel an Verbindlichkeit nach innen –, so erdrückend bleibt doch dieser letzte Kritikpunkt: Sie sind nicht demokratisch legitimiert durch die Menschen selbst, sie stellen in letzter Konsequenz einen Oktroi dar, der als solcher seinerseits eine schwerwiegende Verletzung der Menschenwürde darstellt, also der Verletzung der Menschenrechte in einem sehr schwerwiegenden Punkt – durch ihre aktuelle Form und Praxis selbst.

Damit sollte unsere Ausgangsfrage nach der westlichen Legitimation für die Mission der Menschenrechte beantwortet sein – und zwar negativ. Sicher: Europa hat die Idee der Menschenrechte hervorgebracht und seine eigene Vorstellung davon formuliert, ansonsten berechtigt es fast nichts, schon gar nicht seine Praxis, sich als deren oberste Instanz zu gebärden.

Eine kontraproduktive Praxis

Angesichts dieses Befundes ist noch etwas Anderes bemerkenswert: Es ist nun nicht so, dass die hier genannten Kritikpunkte neu wären – bekanntlich ist das Gegenteil der Fall. Die westliche Öffentlichkeit weiß in mehr oder minder groben Zügen von diesen Mängeln ihrer Menschenrechtspraxis, sie werden offen und häufig kritisiert von Menschenrechtsinitiativen, amnesty international unter anderem Bezeichnend ist, dass deren Kritik und Protest gleichsam spurlos bleibt und (fast) keinen Einfluss hat auf das Regierungshandeln noch auf das in manchen Teilen der Öffentlichkeit so geschichtsvergessen und selbstgerecht vertretene Selbstbild. Da aber auch deren Kritik den zuletzt genannten Mangel ausspart beziehungsweise ignoriert, nämlich die Frage einer demokratischen Legitimation der Menschenrechte, haben wir allen Grund zu weiterer Nachfrage.

Diese Nachfrage ist umso dringender, als sich der Mangel an demokratischer Legitimation neben dem westlichen Anspruch und seiner Praxis als größtes Hindernis für die Durchsetzung von Menschenrechten erweisen kann. Denn so, wie niemand eine Idee so sehr diskreditieren kann wie diejenigen, die in ihrem Namen zu sprechen vorgeben, so kann niemand den Menschenrechten so sehr schaden wie diejenigen, die in ihrem Namen Menschen bevormunden, belügen, verraten, foltern und morden, die in ihrem Namen die Menschenwürde verletzen und mit Füßen treten. Und es ist dieser Schaden, den der Westen seinen Menschenrechten – und damit der Idee selbst – zufügt.

Kulturprovinziell generierte »Menschenrechte« – und das sind die westlichen – können immer dann kontraproduktiv wirken, wenn ihr kulturprovinzieller Ursprung erkannt worden ist. Mit dem Verweis auf diese Kulturprovinzialität, auf ihren Mangel an wirklicher Universalität können sie nun nur allzu leicht abgewehrt werden: Es fehlt ihnen die Autorität einer wirklich universellen – oder auch: wirklich demokratischen – Legitimation. Wahrscheinlich liegt hier das effektivste Argument zur Abwehr von Individualisierung und Emanzipation in einigen bis heute autoritär und paternalistisch verfassten Gesellschaften – etwa des Iran, Saudi-Arabiens, Chinas u. a. Als »Verwestlichung« denunziert, wird alle individuelle Emanzipationsbemühung zum politischen Verrat und Verbrechen an der eigenen Gesellschaft umgemünzt, wie denn nun die Unterdrückung dieser Emanzipationsversuche als Kampf gegen die Angriffe auf die Identität und Autonomie der Gruppe dargestellt werden kann. Ihr kulturprovinzieller Ursprung wird zum Hauptargument gegen Menschenrechte überhaupt, wirkt also kontraproduktiv. Dass diese Menschenrechte von ihren »Erfindern« meist taktisch eingesetzt wurden, dass sie zur Legitimation von Aggression und Imperialismus dienen mussten, belastet sie zusätzlich.

Ja, was wäre, wenn die genannten Regimes, nein, nicht mit einer korrekten Form westlichen Umgangs mit den Menschenrechten, denn die verböte allen Anspruch universeller Geltung –, sondern mit einer aufrichtigen, einer wahrhaftigen, einer seriösen westlichen Menschenrechtspraxis konfrontiert wären? Wenn der Westen seine Phrase vom Respekt vor der Menschenwürde mindestens in seiner eigenen Praxis wahrmachte? Wenn er auf deren taktischen Gebrauch verzichtete und in seinem eigenen Macht- und Einflussbereich eine Oase der Menschlichkeit und Menschenwürde schaffen würde? Eine Oase, in der die Wahrung der Menschenwürde tatsächlich das oberste Maß aller Praxis wäre? Das können wir zumindest sicher sagen: Nichts fürchten die Stäbe in Teheran, in Peking, der Taliban und der Dschihadisten mehr als eine solche Wendung, nichts bedrohte sie mehr. Doch sie haben keinen Grund zur Unruhe, der Westen liefert ihnen weiter Argumente – und so wird ihnen nichts leichter gemacht, als den Schein der Universalität zu zerreißen, zu widerlegen.

Menschenrechte versus Menschenwürde

Das ist das Problem: Der Kampf um Menschenrechte in ihren jetzigen Inhalten war eben immer *auch* ein Mittel zur Durchsetzung bürgerlicher Spielregeln. Wer sich gegen sie stellt, legitimiert entsprechende Sanktionen durch den Westen. Dass dieser Westen in seiner Wahrnehmung von Menschenrechtsverletzungen sehr selektiv ist, wird zwar immer wieder kritisiert, doch nie ernstgenommen. So sehr Europa sich auch seiner »Entkolonialisierung« rühmt und sie sich zugute hält, war diese doch meist nichts anderes als die Ersetzung einer überholten Form von Imperialismus durch eine andere, flexiblere, effektivere und weniger anrüchige. Längst noch nicht hat der Bürger die Welt aus seiner Herrschaft entlassen – die sich heute vor allem als Vorgabe der Spielregeln manifestiert. Und die begünstigen allemal Europa und die USA und ihre neubürgerlichen Varianten bis Japan. Immer noch usurpiert die bürgerliche Welt die Rechte der übrigen Welt – nunmehr jedoch im Namen der Menschenrechte: Sie verletzt ihre Menschenwürde nun im Namen der Menschenrechte.

Dieser taktische Gebrauch der Menschenrechte widerlegt zugleich die westliche Autorität in dieser Sache. Doch darüber hinaus verletzt und verleugnet das Menschenrechtskonzept der westlichen Welt den Anspruch von Menschenrechten, ja die Menschenrechte selbst ganz prinzipiell: Indem ich die eigenen, per se immer kulturprovinziellen Vorstellungen von Menschenrechten und -würde, Mündigkeit und Autonomie, Vernunft und Individuum, Freiheit und Gleichheit für universell erkläre, verletze und verleugne ich implizit all diese Werte: Denn aller Fortschritt, den eine solche Proklamation ihrer globaler Verbindlichkeit bedeuten mag, kann nicht verleugnen, dass es sich hier um einen – nur allzu machtgestützten, allzu realen – Oktroi dieser bürgerlichen Werte handelt. Die Absicht und Form ihrer Verbreitung selbst verletzt den aufgeführten Wertekanon im Grundsatz, wie ihnen denn aller Oktroi widerspricht: Keine Menschenrechte ohne das Bewusstsein und Wollen von Menschenrechten, keine Menschenwürde ohne das

Bewusstsein und Wollen von der Menschenwürde, keine Mündigkeit und Autonomie ohne das Bewusstsein und Wollen von Mündigkeit und Autonomie, all das nicht ohne mein individuelles Recht auf Mitsprache und Mitentscheidung und also: Mitgestaltung.

Auch wohlmeinende Westler übersehen oft den Kern der heutigen Auseinandersetzung um ihre »Universalien«. Sie wollen deren Beschränktheit ebenso wenig wahrhaben wie die Tatsache, dass es sich hier um einen Oktroi handelt, der dem Wesen und Geiste der Menschenrechte widerspricht: Aus jener Farce, in der die diversesten Diktatoren »die Menschenrechte der Vereinten Nationen« unterschrieben haben, kann – das Beispiel Chinas und so vieler anderer Staaten zeigt es – bindende Moral gar nicht entstehen, Menschen-*Recht* schon gar nicht. Dies aus gutem Grund, denn der Anspruch universeller Gültigkeit dieses – im besten Falle – westlich-bürgerlichen Beitrags zur globalen Diskussion einer Menschheitskonvention ist in sich ein Widerspruch. Wirkliche Menschenrechte setzen die entsprechende globale Diskussion eines solchen Katalogs voraus, in deren Rahmen sich auch die Bürgergesellschaft des Westens einbringen, aber eben ganz selbstverständlich auch zur Annahme von Kompromissen und ihr fremden Elementen bereit finden müsste – möglicherweise solcher, wie sie z. B. in der *Erklärung der Rechte indigener Völker* der UNO vom September 2007 enthalten sind – oder etwa ein Kanon der *Menschenpflichten* (s. u., S. 182), der dem individualistischen und individualisierenden bürgerlichen Ansatz gegenüber soziale Ansprüche geltend macht. Wahre Menschenrechte könnten erst kodifiziert werden als Ergebnis eines multikulturellen und »multiindividuellen« *Dialogs*, dem zudem ein permanentes Moment ebenso innewohnen müsste wie die Bereitschaft zu dem, was interkulturelles Lernen ausmacht: Empathie, das Ertragen von Fremdheit und Mehrdeutigkeit, die Fähigkeit zum Perspektivenwechsel … – und all das unter der Voraussetzung, auf den Einsatz von Machtmitteln zu verzichten. Ein solcher Prozess des Dialogs wäre im Übrigen seinerseits, *in sich schon* der beste Weg zur Emanzipation, Mündigkeit und Autonomie. Diesen Prozess durch ein aufgenötigtes Resultat zu blockieren, blockiert die mögliche Emanzipation und untergräbt ihre Voraussetzungen.

Vor diesem Hintergrund wird der prinzipielle Mangel der hier zur Debatte stehenden bürgerlichen Menschenrechte relevant – dass nämlich ihr Anspruch auf universelle Verbindlichkeit nicht universell legitimiert ist. Was also tun? Sollen wir auf den Gedanken universeller Menschenrechte verzichten, ihn als utopisch, als einen Irrtum verwerfen? Das hieße, das Kind mit dem Bade auszuschütten. Individualisierte Menschenrechte sind in einer individualisierten bzw. sich individualiserenden Welt unverzichtbar. Zudem hieße dies auch, jenen zahlreichen Gefangenen der Diktaturen eine der wenigen Hoffnungen auf ihre Befreiung zu enttäuschen, wie denn die betreffenden Machthaber sich endlich einer lästigen Beobachtung, Prüfung und Kontrolle durch eine internationale Öffentlichkeit entledigt fühlen dürften. Ihr Beifall für einen solchen Schritt sollte Warnung genug sein.

Viel hilfreicher erscheint es, das Gegebene auf seine Mängel hin abzuklopfen, es der Kritik zu stellen – und es so zu korrigieren. Dazu Wesentliches liegt in der heutigen Situation in der Macht des Westens selbst, hängt von ihm ab: Das betrifft einerseits den Mangel an Glaubwürdigkeit in Sachen Menschenrechte, andererseits Eingeständnis und Umgang mit dem nicht-universellen, dem kulturprovinziellen Ursprung dieser Menschenrechte.

Die Rücknahme des universellen Anspruchs *dieser* Menschenrechte könnte nun in der Tat leicht als Verrat eben an den Opfern der diktatorischen Regimes gedeutet werden. Hier wird jedoch die Position vertreten, dass es nur um die Aufgabe einer ohnehin hohlen und häufig kontraproduktiven Position geht. Indem der bürgerliche Westen eine solche unhaltbare Position räumt und *seine* Menschenrechte offen und glaubwürdig als *seine* bekennt, die er der Welt beispielhaft vorschlägt, vorlebt und zur – nun in der Tat – universellen Diskussion anbietet, werden diese Menschenrechte eine ganz andere Qualität, eine ganz andere Dynamik und schließlich Macht entwickeln – unter der Voraussetzung, für andere Beiträge und Sichtweisen offen zu sein, die nicht im prinzipiellen Widerspruch dazu stehen.

Ein solches Herangehen erscheint angesichts der heutigen Situation als utopisch. Das Utopische ist vor allem in der Hoffnungslosigkeit begründet, dass der bürgerliche Westen je bereit sein wird, seinen Universalitätsanspruch zu relativieren oder gar aufzugeben. Er ist es, der in seiner Diskriminierungskultur weiterhin den Blick auf die Welt und die Anderen prägt – gegen alle Fakten, Erfahrungen und Einsichten dominiert im Westen immer noch die Überzeugung, zur Universalität legitimiert, selbst »universalistisch« zu sein.

2. »Universalismus« als Herrschaftsideologie

Für Europäer war die offensichtliche, gelegentlich demonstrative Selbstbezogenheit anderer Kulturen oft ein Beweis ihrer Exotik und Anlass zu mildem, herablassendem Lächeln: Das bezog sich auf das »Reich der Mitte« ebenso wie auf das Japan des »Himmelssohnes«, auf die demonstrative Prachtentfaltung indischer Maharadjas wie auf die zeremonielle Herrlichkeit afrikanischer »Stammeskönige« – deren Lächerlichkeit schon der Begriff suggeriert: Die Armen ahnten ja nicht, wie provinziell der jeweils zelebrierte Allmachtsanspruch war. Stellen wir dem dieses Zitat von 2004 vom Hamburger Bildungsserver gegenüber (der Schulen u.a. Informationsmaterialien zu Bildung ihrer Jugend liefert):

> *Der Universalismus westlicher Werte*
>
> Seine (= des Westens. D.S.) Wertvorstellungen basieren auf Aufklärung, Liberalismus, Individualismus, Humanismus und Wertrationalismus, auf staatlichem Gewaltmonopol, dessen demokratischer Kontrolle, auf Gewaltenteilung, Rechtssicherheit, Schutz der Privatsphäre, Pressefreiheit, sozialem Ausgleich, Partizipation und Koalitionsfreiheit, nicht zuletzt auch auf Affektkontrolle. Im wirtschaftlichen Bereich lauten die Pendants Privateigentum, Freihandel, Freizügigkeit, Niederlassungs- und Gewerbefreiheit, Freiheit des Kapitalverkehrs usw., auf dass die unsichtbare Hand den homo öconomicus anleite, die jeweils optimale Allokation der Produktionsfaktoren zu gewährleisten und damit den maximalen Wohlstand der Nationen zu erzielen. Alle diese Werte und Normen erheben den Anspruch des Universalismus, wird doch unterstellt, dass Fragen der Menschenrechte, der Entfaltung der Persönlichkeit, der friedlichen Konfliktaustragung, der demokratischen Partizipation, der individuellen Nutzenmaximierung und der Bereitschaft zur Sublimierung von Gewalt weltweite Gültigkeit besitzen. Kodifiziert und immer weiter ausformuliert wurden diese Wertvorstellungen seit der Magna Charta des Jahres 1215, der Bill of Rights von 1689, den amerikanischen und französischen Verfassungen von 1788 bzw. 1791 oder in neuerer Zeit in der Charta der Vereinten Nationen, der Allgemeinen Deklaration der Menschenrechte, der KSZE-Schlußakte oder, ganz aktuell, dem Dokument des Treffens der Konferenz über die menschliche Dimension der KSZE in Kopenhagen vom 29.06.1990.
>
> …

> Spätestens, seitdem der feudale Ständestaat und seine merkantilistische Politik in Europa überwunden waren, diente die europäische Welteroberung, Beispiel ist etwa der britische Freihandelsimperialismus in der Mitte des 19. Jahrhunderts oder die Open Door-Politik der USA seit der Wende zum 20. Jahrhundert, auch immer der weltweiten Durchsetzung dieser universalistischen Normen, sollten die neuen Weltordnungen am Ende des Ersten (Wilsons 17 Punkte und die Gründung des Völkerbunds) oder des Zweiten Weltkriegs (Roosevelts Atlantik-Charta und die Gründung der Vereinten Nationen) den institutionellen Rahmen abgeben. Nicht anders lauteten auch die Grundgedanken von Modernisierungstheorie und Entwicklungsökonomie, wie sie seit den frühen 1950er Jahren formuliert wurden. Entwicklungshilfe sollte die Transformation der ehemaligen Kolonien im Sinne des westlichen Vorbilds unterstützen helfen. ...

Auch wenn diese Bestimmung auf dem Server inzwischen offenbar gelöscht ist, so gilt das doch nicht für die Köpfe, die sie bis vor kurzem zu speichern hatten, und es gilt auch nicht für das bis heute dominierende Selbstverständnis tonangebender Milieus der westlichen Gesellschaft(en). So selbstverständlich nun dieses Grundmuster der westlichen Identität und Selbstwahrnehmung innerhalb des westlichen Kulturkreises auch daher kommt, so wenig ändert das an dem Umstand, dass es schon für einen im Kulturvergleich geübten Kulturanthropologen, noch viel mehr aber für die Angehörigen anderer Kulturen ziemlich größenwahnsinnig klingt – und obendrein historisch und faktisch falsch ist. Das betrifft nicht nur das ideologiefromme »Missverständnis«, dass »die europäische Welteroberung ... auch immer der weltweiten Durchsetzung dieser universalistischen Normen (diente)«: Diese Interpretation verlangt zuviel historische Naivität und Ahnungslosigkeit von uns. Schülern solche frommen Lügen einzuimpfen, grenzt an den Tatbestand der Gehirnwäsche. Bekanntlich wird daraus erst umgekehrt ein Schuh: Solche »universalistischen« Normen dienten der Legitimation von Interventionen, sie sollten den uns vertrauten Widerspruch zwischen dem Anspruch der allgemeinen Gleichheit und der Praxis von Diskriminierung und Herrschaft überbrücken.

Wesentlich aber ist die Aussage von dem, was da »unterstellt wird« – betrifft sie doch nichts Anderes als eben – eine Unterstellung. Welch schönes Beispiel dessen, was man sich unter »demokratischer Partizipation« vorstellt! Wir unterstellen einfach, dass Ihr es genauso seht wie wir! Diese Lektion in Demokratie sagt viel über den Lehrmeister wie über sein Demokratieverständnis aus – und nährt die Annahme, dass er die Adressaten solcher Art »demokratischer Partizipation« für ein bisschen beschränkt hält: Diese »Partizipation« erfüllt sich in der Unterstellung, die andere Seite sehe es genauso. Unverständlich bleibt angesichts der unterstellten »weltweiten Gültigkeit« der westlichen Normen und also der – wiederum zu unterstellenden – Übereinstimmung der Anderen mit diesen, weshalb dann überhaupt noch eine »europäische Welteroberung« und ein britischer »Freihandelsimperialismus« (war es wirklich nur ein Imperialismus des Freihandels?) nötig sein sollen. Und weshalb dann noch die »auf Aufklärung, Liberalismus, Individualismus, Humanismus und Wertrationalismus, auf staatlichem Gewaltmonopol, dessen demokratischer Kontrolle, auf Gewaltenteilung, Rechtssicherheit, Schutz der Privatsphäre, Pressefreiheit, sozialem Ausgleich, Partizipation und Koalitionsfreiheit, …« beruhenden westlichen Werte auf dem Wege der Welteroberung auszubreiten sind, verlangt durchaus nach Erklärung. Die gleiche Forderung erhebt sich angesichts des Widerspruchs, dass all diese Werte dann offenbar doch auf dem Wege der Gewalt – »Welteroberung« – durchzusetzen waren: ein Widerspruch in sich – denn Gewaltanwendung widerspricht in sinnfälligster Weise den meisten der obengenannten Werte.

Doch damit nicht genug: Sicher kaum zufällig entspricht dann das Unterstellte ziemlich genau unseren sehr kulturspezifischen Vorstellungen von dem, wie mit der Welt und der Menschheit zu verfahren ist. Wir unterstellen also, dass unsere bürgerlich-kulturspezifische Vorstellung und Praxis – auch Eure ist, unsere europäische – universell ist: »European equals universal«, wie Bill Ashcraft es formuliert (Ashcraft 2001, S. 55).

Doch auch damit nicht genug: Denn das Infame einer solchen Konstruktion liegt in der Ahnungslosigkeit ihrer Autoren, der Ahnungslosigkeit dessen, was sie da eigentlich tun. Sie muten diese krude und beide Seiten beschämende Täuschung doch tatsächlich sich und der Welt als Wirklichkeit zu. Obendrein ist man ob dieses »Universalismus« auch noch stolz und präsentiert ihn überall als höchste Leistung des Westens. Bei aller Kritik: Der hat dann doch Großartigeres hervorgebracht.

Nun ließe sich einwenden, dass der Hamburger Bildungsserver nicht das Maß der Dinge ist. In der Tat: Er ist banaler Durchschnitt und eben deshalb interessant. Möglicherweise waren seine Definitionen aber allzu plump, möglicherweise war da jemand doch ahnungsvoller als die Verantwortlichen für die Publikation dieser Bestimmung. Das würde erklären, warum sie gelöscht wurde. Doch damit ist, wie gesagt, das Problem nicht aus der Welt.

Ein provinzieller »Universalismus«

Doch das, was da als Feigenblatt dient, ist selbst ein wesentlicher Teil des imperialistischen Komplexes und verdient eine eigene Betrachtung: der vorgebliche »Universalismus westlicher Werte«, denn schon vom Begriff her ist *kultureller* Universalismus schon etwas Besonderes. Dem herrschenden, dem populären Verständnis nach – wie dies auch der Hamburger Bildungsserver demonstriert – heißt das, dass diese Werte überall gelten, für alle Menschen auf diesem Globus und damit mindestens solche Werte ausgeschlossen sind, die diesen universellen Werten diametral gegenüber stehen.

Damit eröffnet sich ein Problem. Bestreitet dieser »Universalismus« doch *als Universalismus* implizit andere höchste Werte und also die höchsten Werte Anderer; indem er seine Werte als geltende setzt, bestreitet er die Geltung ihm widersprechender Werte.

In nur scheinbar paradoxer Weise fügt sich solch ein universalistischer Anspruch in das von anderen Kulturen bekannte Schema ein: In aller Borniertheit erklärt sich (fast) eine jede zum Zentrum der Welt, beansprucht Ausschließlichkeit für sich und ihre Werte. Dass diese »Welt« dann jeweils nur *ihre* Welt, eben *ihr Universum* ist, wird nicht oder nur widerstrebend zur Kenntnis genommen, ganz akzeptiert kaum je. Wie gezeigt, ist der Ausschließlichkeitsanspruch ein wesentliches und unverzichtbares Strukturmoment einer jeden partikularen Kultur – unverzichtbares Attribut der existentiell notwendigen Verabsolutierung eigener Werte und Normen. Und so erweist sich eben auch die bürgerliche Kultur als eine partikulare, als eine provinzielle – und eben nicht universelle – gerade in ihrem Anspruch, dass ihre Werte per se universell seien.

An diesem Umstand ändert auch die – als Zeichen der Universalität – gern immer wieder angeführte Ahnenreihe der Menschenrechte von den alten Griechen über das christliche Menschenbild des Mittelalters bis hin zu John Locke und der Aufklärung nichts: Das sind alles *inner*kulturelle Legitimationsstränge und eben kein Zeichen von Universalität. Weit entfernt davon, Zeugnis für die Universalität abzulegen, ist diese Argumentation zudem noch ein Indiz für die Unfähigkeit, sich wirklicher Universalität zu öffnen: Wie reich meine eigene Kultur auch immer sein mag, wieviel sich auch aus ihr schöpfen lässt – die Kenntnis ihres Reichtums bleibt immer die Kenntnis eines kulturprovinziellen Reichtums. Universalität ist ohne Wissen von, ohne Gespräch mit den Anderen undenkbar.

Doch das Gegenteil kennzeichnet noch immer einen großen Teil des Selbstverständnisses und der Praxis des Westens. Ihm entgeht zwar nicht, dass unser Globus noch immer durch ein hohes Maß an Multikulturalität bzw. kultureller Diversität geprägt ist; im Beharren auf seinem Universalitätsanspruch weigert er sich jedoch ebenso beharrlich, sie anzuerkennen und ernstzunehmen. Da sich diese Diversität politisch nicht selten in der Zuspitzung interkultureller Zusammenstöße und Konflikte artikuliert, von denen die zwischen der westlichen und der islamischen Welt sicher die dramatischsten und aktuell gefährlichsten sind, trägt der westliche Geltungsanspruch zur Verschärfung der Konflikte bei. Nicht zufällig hat ein bekannter Apokalyptiker diese Situation als »Clash of Civilizations« dramatisiert – mit großer Resonanz. Angesichts der Selbstverständlichkeit, mit der die westliche Welt ihre Werte trotz dieser Erscheinungen für universell erklärt, stellen sich hier Fragen:

Wie vereinbart die westliche Welt die Universalität ihrer Werte mit ihren Ideen und Ängsten eines »Clash of Civilizations«? Schließt sich beides nicht aus? Entweder sind ihre Werte universell, dann ist kein »Clash« zu befürchten – oder der »Clash« droht, dann sind die Werte nicht universell. Anders und erneut gefragt: Nimmt die westliche Welt den Widerspruch zwischen ihrem Selbstbild – der Universalität *ihrer* Werte – und der global herrschenden kulturellen Diversität – der Ursache ihrer Ängste – und damit die Widerlegung ihres Anspruchs nicht wahr? Warum verweigert sie sich der Einsicht in den *kulturspezifischen* Charakter ihrer »Universalität«? Warum hält sie gegen alle Evidenz in einer Art »kulturellem Autismus« (Bakula) an ihrer »Universalität« fest?

Zunächst zur ersten Frage: Wenn wir jenen »neuen Schein der Wirklichkeit« eines europäisierten, verwestlichten Globus (s. o. II, Kap. 5) mit den Konsequenzen der »Entgrenzung« einer Kultur verbinden, so können wir sicher davon ausgehen, dass die westliche Fähigkeit, das Andere, die Anderen als solche überhaupt wahrzunehmen, eingeschränkt ist. Diese partielle Unfähigkeit ist eine natürliche Folge der halbtausendjährigen Expansion und Globalisierung dieser Kultur, die (fast) immer mit der Miss- und Verachtung der anderen Kulturen einhergegangen ist, die sie als Subjekte strukturell ignoriert und sie (fast) immer nur als Objekte, als Mittel und Werkzeug ihres »zügellosen Bemächtigungsdrangs«, bestenfalls als Komparsen oder Folklore wahrgenommen und sie so auch in ihr Weltbild integriert hat. Das zeigt sich auch an dem Menschenbild, das in uns aufgerufen wird, wenn etwa »der Mensch des 19. Jahrhunderts« in Rede steht, »*der* Mensch der

Neuzeit«, wenn vom »Erwerbstrieb *des* Menschen«, vom »Aufbruch *der* Menschheit« gesprochen wird: Es sind immer wir Westler, die hier abgehandelt werden – und die sich zugleich mit der ganzen Menschheit verwechseln, sich für die ganze Menschheit setzen.

Bezeichnend für die bis in die jüngere Zeit ungebrochene Lebendigkeit dieser ethnozentrisch-hierarchischen Weltanschauung war Alain Finkielkrauts »Die Niederlage des Denkens« (»La defaite de la pensée« 1987 [dt. 1989]). Als Niederlage des Denkens wird hier das – in seiner Praxis gelegentlich durchaus problematische – Konzept des Multikulturalismus, vor allem der damit auch formulierte Anspruch auf gleichberechtigte Anerkennung der anderen Kulturen angesehen. Verstörend genug an diesem Buch war schon sein ideologisch aufgeladenes, zutiefst ethnozentrisches, konkreter: eurozentrisches Beharren auf dem westlichen »Universalismus«, auf der Vernunft als einer westlichen Errungenschaft. Finkielkraut versteht das »Leben mit dem Denken« als das »höhere Leben«, wie er dann auch das Denken für die westliche Kultur schlechthin vereinnahmt. Von dieser Warte aus wird dann der Multikulturalismus folgerichtig zur »Niederlage des Denkens«. Und selbstverständlich ist ihm die europäisch-westliche Geschichte mit »der« Menschheitsgeschichte identisch – wie »der« Mensch mit dem westlichen Menschenbild, die westliche Praxis als Praxis »des Menschen«.

Das wirklich Erschreckende an jenem Buch war jedoch nicht nur sein »gebildeter« Rassismus, sondern seine überwältigende Resonanz in der Öffentlichkeit. Es wurde – modern ausgedrückt – zum »Hype«: Finkielkraut allerorten, Apologeten und Epigonen fanden sich überall, solche, die »es schon immer gewusst hatten«, solche, die endlich die »legitime« Argumentationshilfe für ihr reaktionäres Gedankengut gefunden hatten, solche, deren verbissene Ausgrenzung alles Anderen nun endlich die entlastende »philosophische« Absegnung erfuhr.

Nun lässt sich in der Tat nicht bestreiten, dass viele Verfechter(innen) des Multikulturalismus in zumindest zwei Aspekten zu kritisieren waren: Einerseits wurden die Anderen gern exotisiert und damit erneut Opfer einer spezifischen Spielart des Rassismus; zum anderen kann es nicht Ziel einer interkulturellen Begegnung und Kommunikation sein, jeden Unsinn und jede Unmenschlichkeit einer anderen Kultur – die es gibt – zu akzeptieren oder gar für sakrosankt zu erklären. Die an sich wesentliche Frage, nämlich *wie* damit angemessen umzugehen ist, wurde in der multikulturellen Debatte eher verdrängt. Das war insofern nicht unbegründet, als das Bewusstsein von der Verantwortung und Schuld der eigenen westlichen Kultur hier Zurückhaltung nahelegte.

Die eingeschränkte Fähigkeit des Westens, die Grenzen seiner selbst proklamierten Universalität wahrzunehmen, ist nicht nur historisch und kulturell begründet. Sie wurzelt auch in seinem materiellen und politischen Interesse an einer solchen »Universalität«. Damit kommen wir zur Antwort auf die zweite der oben gestellten Fragen: Warum beharrt die westliche Welt auch angesichts der offensichtlichsten Unterschiede, der breiten Ablehnung und der daraus rührenden Konflikte – etwa mit China und der islamisch-arabischen Welt – auf der Universalität, auf der Allgemeingültigkeit ihrer kulturspezifischen Werte?

»Universalismus« als interkulturelle Aggression

Was die bürgerliche Welt unter Universalismus versteht, entspricht nicht unbedingt dem Begriff. Das Problem des bürgerlichen Universalismus liegt darin, dass es im Grunde genommen nichts Anderes ist als eine Proklamation des Eigenen zum Universellen, als Universelles. Es sind bürgerliche Werte, bürgerliche Ideen, die für universell erklärt werden, also die Werte und Ideen einer kulturellen Provinz (unter vielen anderen). Ob Vernunft, ob Menschenrechte, ob Weltdeutung: Ihre Definition, ihr Inhalt ist jeweils unverkennbar und eindeutig bürgerlich – und ihre Verabsolutierung entspricht damit dem vertrauten kulturprovinziellen Verhalten anderer Kulturen.

Sicher: Der universalistische Anspruch einer Kultur ist unverzichtbar auf dem Weg in eine offenere Welt – aber der wird nicht dadurch eingelöst, dass eine Kultur einfach sich selbst bzw. ihren Werten Universalismus zuschreibt, sich selbst und ihre Werte als universell setzt. Dass die einzelnen Kulturen sich üblicherweise – oft implizit – als universell gültig setzen, dass sie sich bzw. ihre höchsten Instanzen verabsolutieren, ist in ihrer Funktion begründet, Eindeutigkeit und Gewissheit herzustellen (s. Kap. 1: »Das »traditionelle« Individuum«). Das dürfte für den aufgeklärten, den vernünftigen Bürger jedoch kein Beispiel und schon gar kein Vorbild sein. Aufklärung bedeutet eben auch die Überwindung eines Horizontes, der durch den eigenen Kirchturm bestimmt ist. Dass sein Anspruch sich nicht gleich als lächerlich enthüllte, liegt an jener realen Selbstentgrenzung der Bürgerwelt, deren Historie und weltanschauliche Konsequenzen im Kap. 5 dargestellt wurden: Der bürgerliche Schein der globalen Wirklichkeit spricht in manchem für diesen »Universalismus«.

Ein wirklicher Universalismus kann jedoch nicht aus der simplen Aufblähung einer einzelnen Kulturprovinz erwachsen. Der kulturprovinzielle Anspruch, für alle zu sprechen, Regeln und Werte für alle zu erlassen, die Welt und Wirklichkeit für alle zu definieren, impliziert nichts Anderes als eine interkulturelle Aggression – und wird auch als solche wahrgenommen und erfahren. Realisiert werden könnte er nur über ein Gewalt- bzw. Machtverhältnis – über das es zugegebenermaßen den westlichen Gesellschaften partiell auch gelungen ist, ihre Weltdeutung der übrigen Welt zu oktroyieren. Dies ist, wie im Fall der Menschenrechte, soweit gegangen, dass die bürgerliche Version dieser Menschenrechte heute über die formale Legitimation der in den Vereinten Nationen versammelten Staaten verfügt – und somit über den Schein, die Menschenrechte zu sein. Das, was einzig wirkliche universelle Menschenrechte konstituieren könnte, wäre ein ebenso universeller Diskussions- und Entscheidungsprozess. Nur er könnte auch das wahren, was im derzeitigen Zustand ständig verletzt wird – die *Würde* aller Beteiligten.

Parallel dazu ist die weit verbreitete Ahnungslosigkeit anzutreffen, die Ignoranz, die Bewusstlosigkeit in bezug auf die eigene Rolle, Sozialisation und Kultur. Sie erklären, warum der Westen jedes Mal so erstaunt, gekränkt und empört ist, wenn er mit den Reaktionen der Anderen auf seinen Anspruch und seine Praxis konfrontiert wird – zuletzt anlässlich des 11. September und schließlich der Mohammed-Karikaturen. Dabei ist die Lösung so einfach: Die Anderen akzeptieren nicht das, was der Westen ihnen als »universelle« Werte oktroyiert. Entgegen seiner eigenen Einschätzung darf er die Werte der Anderen im Namen seiner, seiner bürgerlichen »Meinungsfreiheit« eben nicht nach Belieben ignorieren, verletzen, verspotten. Das aber begreift der Westen nicht, will es wohl nicht begreifen, wie seine Reaktionen im »Karikaturenstreit« zeigen.

Diese Weigerung wird gerade bei jenen im Westen gebildeten Anderen wahrgenommen, die in den Metropolen des Westens selbst das ganze Maß von Nicht- und Verachtung ihrer eigenen Welt, das im westlichen Universalismus steckt, erfahren und begriffen haben: Sie kommen in diesen »universellen« Werten und dem Weltbild nicht vor – zumindest nicht als Ernstzunehmende. Es war diese existentielle Kränkung durch diese für sie lange vorbildhafte, sich universalistisch gebärdende Welt, die sie zu Hass und Terror führte: »Was sie taten, war richtig. Sie haben gezeigt, dass es uns gibt.« urteilte Hamid Ali, Imam der Moschee in West Yorkshire über die Urheber des Attentats auf die Londoner U-Bahn (Spiegel Online, 12.2.2006). Ohne diese Rechtfertigung des Ungeheuerlichen zu teilen, darf man doch die Frage stellen: Was für ein Universalismus ist das, der die Existenz der Anderen so tief ignoriert, der nicht bemerkt, dass es sie gibt?

Um Missverständnisse zu vermeiden: Es geht nicht darum, andere Kulturen für sakrosankt zu erklären (was »Universalisten« gern unterstellen) – es geht darum, die Anderen in die Veränderungsprozesse einzubeziehen – als gleichberechtigte Subjekte. Es geht darum, dass der Westen und vor allem seine Intellektuellen sich eben nicht »als alleiniger Erzieher der Erdbevölkerung« (David Simo, 1991, S. 56, 288) verstehen – und die Anderen als Mündel.

Individualisierung – globalisiert

Nach den bisherigen Überlegungen sollten unsere eigenen Möglichkeiten in Bezug auf eine Konfliktlösung auf der Hand liegen: Die Analyse drängt uns gewisse Schritte geradezu auf, wie sie auch zeigt, dass dies entscheidende Schritte sein könnten und es im Grunde an uns ist, sie zu tun.

Ausgegangen waren wir vom Individualisierungsprozess *als anthropologischer Evolution*. Als solcher kommt er einem Naturereignis gleich – mit relativ geringen Interventionsmöglichkeiten im Grundsätzlichen. Hier drängt ein menschliches Potential zur Entfaltung, das schon sehr früh angelegt, aufgrund der Rahmenbedingungen des Überlebens zu einer mehr oder minder eigenständigen Artikulation und Praxis aber über lange Zeit hin jedoch nicht in der Lage war. Erst ein gewisses Niveau der Naturbeherrschung und Arbeitsteilung einerseits und andererseits die Anonymisierung der sozialen Beziehungen – und damit die Verschleierung ihrer Existenz selbst – haben den Durchbruch des individuellen Potentials ermöglicht. Wie wir mit diesem Konflikt, der nicht mit seiner historisch-bürgerlichen Form und Erscheinung identisch sein muss, möglichst angemessen, d. h. human, umgehen können, soll später erörtert werden.

Unsere Möglichkeit und Chance liegt vor allem auf der *historischen Ebene* dieses Prozesses. Historisch hat die Umwälzung von der Dominanz des Sozialen zugunsten der des Individuellen in bürgerlicher Form und Erscheinung stattgefunden. Wie oben schon gesagt, wissen wir nicht, ob es nicht auch andere Möglichkeiten gegeben hätte – gewiss ist jedoch, dass Geld und Kapital bei der Herausbildung der individuellen Dominanz eine wesentliche Rolle gespielt haben: Nur sie erlauben es, soziale Beziehungen sowohl zu akkumulieren als auch sie zu anonymisieren und damit nicht nur sie zu verbergen, sondern das Phänomen *sozialer* Beziehungen und Verantwortlichkeit überhaupt: Das (reiche) Individuum scheint des Sozialen nicht zu bedürfen – wie zugleich sein ganz persönliches »Streben nach Glück« (etc.) als sein »gutes Recht« erscheint, das zudem noch als »Menschenrecht« kodifiziert ist. Bezeichnenderweise geht die Diskussion hier nicht darum, wie viel das Individuum denn der Gruppe schulde, sondern darum, wie viel Recht denn die Gruppe auf das Individuum habe. Obendrein ist es herrschender Konsens, dass ein solches Recht sehr restriktiv gilt und anzuwenden ist und das Recht des Individuums Vorrang hat. Gerichte und politische Parteien wachen eifersüchtig darüber, dass hier keine Grenzen überschritten werden.

Zur historischen Form dieses Individualisierungsprozesses dürfte auch gehören, dass die Gruppe bzw. Gesellschaft selbst fragwürdig wurden. Dem Individualisierungsprozess ging – nur allzu logisch – ein Prozess der Entsozialisierung parallel, er bildete gleichsam die Kehrseite des ersteren. Das Gesellschaftliche schlechthin erodierte, erodierte bis in seine kleinste Einheit, bis in die Familie. Das Individuum begann, sie zu fliehen – wie auch die Familie ihre Mitglieder nicht mehr zu binden vermochte, nolens volens gab sie sie frei, ja, sie schleuderte sie nicht selten hinaus – »ins feindliche Leben«.

In der Konsequenz wiederum entstand eine traditionell ungekannte Mobilität der Einzelnen – sowohl vertikal, als Auf- und Abstieg, vor allem aber horizontal bzw. territorial, als Expansion. Die Expansion erschloss sich schließlich den ganzen Globus – und dies bekanntlich nicht auf gewaltfreie Art. Sie konfrontierte und »infizierte« die Anderen mit den Prozessen der Individualisierung und Entsozialisierung – und bewirkte ein entsprechendes Verhalten.

Das Problem für die Anderen, noch weitgehend »Traditionellen«, sozial Dominierten bestand wesentlich in der Tatsache, dass die bürgerliche Form der Individualisierung ein Extrem darstellte – und zwar ein ihrer ausgeprägten sozialen Verfasstheit entgegengesetztes Extrem – und dass mit dieser Polarisierung ein Kompromiss, eine Brücke zwischen beiden angesichts der westlichen Dominanz weitgehend ausgeschlossen war. Wo überhaupt das (Macht-)Potential der Bewahrung einer gewissen Eigenständigkeit vorhanden war, wurde auf diese Bedrohung entweder mit vorsichtiger, kontrollierter »äußerer« Anpassung unter Beibehaltung vieler traditioneller Strukturen reagiert (Japan, z. T. Osmanisches Reich/Türkei) oder mit einem gewaltsam-diktatorischen Bestätigung des Sozialen (heute: China, Iran, Burma) oder mit einem »privaten« Terror gegen die individualisierten »Verräter« (vor allem in der islamischen Welt). Deshalb verlaufen die Individualisierungsprozesse heute quer durch die nicht-bürgerlichen Gesellschaften wie China und große Teile der islamischen Welt und bilden hier den Hauptkonfliktpunkt. Die gewaltsamen Auseinandersetzungen greifen von dort aus als Terror unter Umständen nach außen über, dahin, wo man die eigentliche Quelle des Übels erkannt zu haben meint – eben in den Westen.

Spätestens dieser Terror aber zeigt, dass die Geschichte und Erfahrung westlich-bürgerlicher Hegemonie über den Globus keinesfalls abgeschlossen ist – so sehr sie uns im Westen auch als »längst vorbei und vergessen« erscheinen mögen: Der 11. September war ein Menetekel – und die Lehre, dass diese Geschichte uns nicht losgelassen hat, dass sie uns weiter verfolgt und verfolgen wird – bis wir sie als *unsere* Vergangenheit angenommen und begriffen zu haben.

Diese Vergangenheit unserer ganzen Diskriminierungskultur hat sich in der Gegenwart gleichsam aufgespalten: Wie vor allem in den Kapiteln 7 und 8 gezeigt wurde, hat sie nach außen hin neue Formen entwickelt, für die insbesondere die Menschenrechte und der westliche »Universalismus« stehen. Im vergangenen halben Jahrhundert hat jedoch noch eine ganz andere Bewegung an Relevanz gewonnen, die Bewegung »zu uns«, die Wanderung der »Peripherie« unserer Wahrnehmung in ihr »Zentrum«: Die »Anderen«, die »Fremden«, ja sogar die »allzu Fremden« ließen und lassen sich zunehmend bei uns nieder, werden Teil unserer Welt – und erregen Anstoß und Ängste. Es wird also Zeit, dass wir uns nun diesem Geschehen zuwenden, dem eigentlichen Auslöser der ganzen Überlegung: Wie sollen wir mit ihnen und ihrer Fremdheit umgehen?

Der »Universalismus« als selbstgestellte Falle

Bezeichnend für den aktuellen Konflikt ist die Situation in dem für seine multikulturelle Offenheit zu Recht gerühmten Kanada. Das Land bemüht sich in der Tat darum, den kulturspezifischen Erwartungen und Ansprüchen seiner vielfältigen Bevölkerung gerecht zu werden. Gerade angesichts dieser Orientierung zeigen sich aber Probleme und mögliche Grenzen umso deutlicher. So haben traditionelle Moslems nunmehr die Forderung erhoben, in aller Form vier Frauen heiraten zu dürfen. Diese Forderung reiht sich ein in solche Zumutungen für die bürgerliche Gesellschaft wie die der Mädchenbeschneidung, der Einführung der Scharia oder auch der »Ganzkörperverhüllung«, der Burka. Dem steht die westliche Gesellschaft ziemlich hilflos gegenüber – wie weit darf sie solchen Forderungen entgegenkommen, ohne sich selbst infrage zu stellen? Wo sind die Grenzen, welches die Kriterien des Entgegenkommens?

Spätestens jetzt zeigt sich, dass der Anspruch der Universalität nicht ungestraft erhoben wird. Mag er auch der eigenen Wirklichkeit und Praxis noch so wenig entsprechen, wird er von außen doch schnell als das angenommen, was zu sein *er doch nur vorgibt*: »echt« und Wirklichkeit – und damit das Angebot einer Heimat für *alle*: Wer sich zur »offenen Gesellschaft« proklamiert, lädt alle ein. In der Diskussion um Kriterien und Grenzen wird übersehen, dass es sich hier um ein Dilemma handelt, das wir selbst erst mit der Proklamation des eigenen Universalismus heraufbeschworen haben: Damit haben wir uns kulturell universellen Phänomenen geöffnet – und nun zeigt sich, dass wir denen aufgrund unseres realen Kulturprovinzialismus gar nicht gewachsen sind – die aber zu antizipieren wir uns mit diesem Universalismus verboten haben: Mit ihm Unvereinbares zu antizipieren, hieße ja ihn infragezustellen oder gar zu verneinen. Umso größer ist die Überraschung und Empörung, wenn dann plötzlich »Ehrenmorde«, Zwangsheiraten oder eben die Burka in der Mitte der Gesellschaft auftauchen.

Beleuchten wir den Hintergrund: Auf einen allgemeinen Nenner gebracht, reibt sich unsere Kultur, unser Selbstverständnis ungeachtet unseres »Universalismus« an solchen Besonderheiten, an solchen »Extremen«: Sie widersprechen unseren eigenen Vorstellungen und Grundsätzen davon, wie die Dinge zu sein haben. Das aber heißt: Sie widersprechen unserer Besonderheit. Also: Die Besonderheit der Anderen widerspricht unserer Besonderheit. Das scheint eine Banalität zu sein, ist aber das eigentliche Problem: Das nämlich liegt darin, dass es solch ein Problem nach des Bürgers Selbstverständnis gar nicht geben dürfte. Denn niemand Geringeres als er selbst bestreitet ja das, was hier im Spiegel anderer Besonderheiten evident wird: seine Besonderheit. Indem der Bürger sich und seine Werte als universell proklamiert, beansprucht er nicht Besonderheit, er beansprucht Universalität – z. B. die universelle Geltung der von ihm definierten Menschenrechte, die Universalität seines Weltbildes, seiner »universalistischen Normen« und auch die seiner Gesellschaft – in der »der« Mensch schlechthin zuhause ist, das Individuum allemal.

Diese Art von »Universalität« mag einigermaßen funktionieren, solange sie nach außen hin verkündet, durch Macht gestützt und keiner wirklichen Belastungsprobe unterzogen wird. Hier ist sie sogar von größtem Vorteil, als sie – der Mission gleich – auch außerhalb der historischen bürgerlichen Gesellschaft Anhänger zu gewinnen vermag. Der Lackmustest auf diesen Anspruch findet dagegen statt, wenn die Anderen, die »Nicht-Bürgerlichen« sich massenhaft in der Bürgergesellschaft niederlassen und einrichten wollen (oder: müssen) – einschließlich ihrer kulturprovinziellen Besonderheiten wie z.B. der obengenannten »Extreme« – die nur der bürgerlichen Besonderheit Extreme sind! Je mehr die neue Besonderheit nun dem Bürger »auf den Leib rückt«, je selbstverständlicher die Anderen ihr Anders-Sein leben, umso deutlicher erfährt der Bürger nun – seine Besonderheit. Angesichts des fremden Gegenübers erfährt er diese Besonderheit zunehmend und mit dessen »Ausdehnung« immer deutlicher und fühlt sich schließlich gar bedroht – in seiner Besonderheit.

Will er diese Besonderheit jedoch verteidigen, begegnet er jenem oben genannten Dilemma: Er darf es eigentlich nicht, weil es dieses Problem für ihn gar nicht geben kann und darf – er ist schließlich ›universell‹ – und hat demzufolge keine eigene Besonderheit, auf die er sich berufen, in deren Namen er das Fremde abwehren könnte. Versucht er das mit juristisch-bürokratischen Mitteln, so haftet dem immer der Ruch des Provinziellen und Illiberalen an, der Sünde wider den bürgerlich-liberalen Geist. Indem er sich aus seiner bedrängten Besonderheit heraus gegen andere Besonderheiten wendet, widerspricht er seinem universellen Anspruch. Will er dagegen daran festhalten, muss er die Anderen in ihrem ganzen Anders- und Fremdsein akzeptieren – sofern sie seine universellen Grundsätze wie etwa die Menschenrechte nicht offen verletzen: ein Teufelskreis!

Im Anspruch der Universalität – wenn der Begriff denn einen Sinn haben soll – ist ein Platz für jeden und alles unterstellt. Wer diesen Anspruch vertritt, braucht sich nicht zu wundern, dass er beim Wort genommen wird. Wenn das Universelle prinzipiell alles beinhaltet – das Ähnlichste wie das Verschiedenste, ja Widersprüchlichste, dann wird da doch auch ein Platz für meine, für unsere Besonderheit sein, so schließen die Immigranten mit gutem Recht. Wer Universalität vorgibt, hat kein Recht, mich mit Verweis auf meine – oder seine – Besonderheit abzulehnen, der hat kaum mehr eine Handhabe, mich einzuschränken, mir Beschränkungen meiner Besonderheit aufzuerlegen.

Dass, wie sich herausstellen mag, die bürgerliche Universalität nur vorgestellt ist und vorgetäuscht – das ist dann das Problem dessen, der den Schein der Universalität erzeugt hat. Stellt sich dann gar dessen Sein als gar nicht universell, sondern als ebenso kulturprovinziell wie das aller Anderen heraus, reagiert er ebenso kulturprovinziell wie alle Anderen. Das Andere, die Anderen, wie anders sie auch immer sein mögen, sind der praktische Lackmustest auf den bürgerlichen Universalitätsanspruch. Die Überzeugung, den Anspruch längst eingelöst zu haben, ja, ihn geradezu zu verkörpern, wird konfrontiert mit ihrer Widerlegung durch die Praxis, durch die Wirklichkeit. Und hier enthüllt sich nun eine weitere Steigerung des Dramas: Die Bürger nehmen diese Lektion von Praxis und Wirklichkeit nicht an! Ungeachtet des Widerspruchs halten sie ihr Universalität weiterhin hoch *und* reklamieren zugleich ihr Recht auf Besonderheit, auf Provinzialität: »Wir wollen keine Minarette!«, »Wir wollen keinen Islam!«, »Wir wollen keine (allzu) Fremden!« und »Die Anderen sollen sich anpassen!(möglichst: an unsere »Leitkultur«) – an unsere vorgeblich »offene«, unsere »universelle« Kultur: Der Widerspruch und die (Selbst-)Täuschung liegen auf der Hand.

Buchstabengetreu genommen, haben wir nicht einmal das Recht, von den Anderen Anpassung zu verlangen und dies zu akzeptieren und jenes nicht: Unser universeller Anspruch, auf den wir doch so stolz sind, verbietet die Zensur ihrer Besonderheit. Und wir haben auch nicht das Recht, auf unser »universelles« Regelwerk der Menschenrechte zu verweisen: Die da kommen, haben wir nie ernst genug genommen, nie für würdig befunden, *menschenwürdig* – d.h. gleichberechtigt – mit ihnen über Menschenrechte zu reden. Wir haben nicht das Recht, sie haftbar zu machen für dieses Ergebnis unserer eigenen Diskriminierungspraxis, unserer nur allzu gewollten, allzu »universalistischen« Selbsttäuschung.

Und wir haben auch nicht das Recht, in einer Art interkulturellem quid pro quo von ihnen die Anerkennung unserer Besonderheit und Besonderheiten – wie etwa der Religion – zu fordern: Mit unserem selbsterklärten »Universalismus« haben wir eben diese Besonderheiten selbst verleugnet und entwertet.

Das einzige Recht, das wir den Anderen gegenüber haben, ist dies, dass sie sich an unsere Gesetze halten. Und das sollte eigentlich auch genügen. Dass wir mehr von ihnen wollen, weist auf ein Problem hin, das wir mit uns haben, nicht mit ihnen. Es ist ein Problem mit unserer Identität und unserem Widerspruch zwischen Anspruch und Praxis. Das Einzige, was uns darüber hinaus Kriterien und Maße in die Hand geben könnte, das Eingeständnis unserer eigenen Besonderheit, unserer eigenen Kulturprovinzialität – und damit Verletzlichkeit – dürfen wir nicht anwenden, weil es die bürgerliche Universalität nicht erlaubt. Gefangen im Widerspruch zwischen unserem Anspruch und unserer Wirklichkeit, stehen wir gelähmt und hilflos vor den Problemen, die uns bereitet zu haben wir den Anderen unterstellen. Falsch – wir haben sie uns selbst bereitet, die Anderen sind nur der Scheinwerfer, der diese Probleme der Dunkelheit entreißt, indem er die Kluft zwischen Anspruch und Wirklichkeit der Bürger zeigt.

Symptomatischerweise sind die einfachen und vordergründig plausiblen Antworten auf diese Situation meist reaktionärer, vor- und nichtbürgerlicher Art – genauer: Sie kommen von dort, wo der bürgerliche Universalitätsanspruch nicht geteilt wird – aus dem rechten und rechtsextremen Spektrum, wo der Gedanke der eigenen Besonderheit ganz ungebrochen gepflegt wird. Dessen reaktionäre Antworten auf die Begegnung bleiben angesichts mancher »Extreme« der Anderen auch für die Mitte der Gesellschaft – vor allem in der Krise – nicht ohne Anziehungskraft. Es sind allerdings Antworten, die der »universalistische«, der Bürger von seinem liberalen Selbstverständnis her nicht wollen kann und nicht wollen darf: Er verriete sich selbst – und hat sich auch schon überall dort verraten, wo immer in der Geschichte er ein Bündnis mit eben dieser Reaktion einging.

Wenn der Bote die Botschaft diskreditiert

Der erste und einfachste Schritt zur Lösung eines Konflikts besteht bekanntlich darin, den eigenen Anteil zu erkennen. Ohnehin sollte es selbstverständlich sein, zunächst die eigene, die bürgerliche Gesellschaft und Kultur in den Blick zu rücken. Zuerst »vor der eigenen Tür zu kehren«, ist ebenso eine unverzichtbare Voraussetzung der Glaubwürdigkeit wie die Notwendigkeit, vor dem Splitter im Auge der Anderen den Balken im eigenen zu erkennen. Dies gilt umso mehr, als es unsere eigene bürgerliche Kultur war und ist, die »allen anderen die Probleme stellt.« (T. Diallo) Mehr als alle anderen war und ist die westliche Welt weiterhin Subjekt, Motor und Spitze des Individualisierungsprozesses; durchaus zurecht wird sie deshalb weithin als die Verkörperung dieses Prozesses wahrgenommen, wird sie mit der Individualisierung gleichgesetzt – wie sie sich ihrerseits damit gleichsetzt. Beiderseits der Trennlinie gilt die Wahrnehmung: Individualisierung = Verbürgerlichung.

Diese Gleichsetzung mit dem Letzteren verleiht dem Ersteren seine ganz besondere »Färbung«. *Diese* Form der Individualisierung bedeutete für die Traditionellen auch all das, was sie seit der ersten Begegnung mit den Europäern, mit den »Weißen« erfahren und vor allem: erlitten haben. Das ganze im Teil II geschilderte Leid ist den Opfern im Gewande, im Namen, ja: *durch* die Individualisierung zugefügt worden; das ganze Unglück und Elend der letzten 500 Jahre ist ihnen durch eine Gesellschaft zugefügt worden, deren »Alleinstellungsmerkmal« die Individualisierung war – die nun in einem ganz anderen Licht erschien.

Sie war nicht mehr nur der wohlbekannte Widerpart des Sozialen, mit dem auch die traditionelle Gesellschaft sich immer wieder auseinanderzusetzen hatte (und dessen sie durchaus bedurfte, wenn sie flexibel bleiben wollte). Ihn jedoch unter sozialer Kontrolle zu halten, war ein Überlebensgebot.

Die Frage des Überlebens gewann unter den Bedingungen der Konfrontation mit der bürgerlichen Welt ein enormes zusätzliches Gewicht, nicht selten ging es um Sein oder Nichtsein. Unter solchen Bedingungen war höchste Disziplin (und Disziplinierung) erforderlich, Individualisierung wurde zu einem Luxus, den sich die Gruppe nicht mehr leisten konnte.

Zugleich aber verlor eben diese Individualisierung alle eventuell bisher mögliche Unschuld und Rechtfertigung. Das Gegenteil trat ein: Unter den Bedingungen des Überlebenskampfes der Gruppe wurde Individualisierung *illegitim*. Sie war das Kennzeichen des Feindes, *war* der Feind. Individualisierung bedeutete jetzt Verrat an der Gruppe und Überlaufen zum Feind, bedeutete jetzt: zum Renegaten zu werden.

Dies ist in der Tat ein ganz wesentliches Resultat der Individualisierung nach dem Muster der westlichen Gesellschaften und ihrer globalen Expansion und Aggression gegen die Traditionellen: dass sie die Individualisierung diskreditiert und delegitimiert hat. *Der anthropologische Prozess der Individualisierung steht deshalb heute unter der historischen Belastung, die ihm seine historisch-bürgerliche Form zugefügt hat*. Individualisierung erscheint in diesem Zusammenhang als Auslieferung an den Westen, als Unterwerfung unter die Werte und Macht des bürgerlichen Feindes, als Verrat an der eigenen Gruppe.

All dies ist keine Vergangenheit. Wie oben gezeigt wurde, sind Struktur und Grundmuster – bei aller »Zivilisierung« und Verfeinerung in der Form – gleich geblieben. Aufgrund der selbst heraufbeschworenen Konfrontation hat sich ein Teil der bürgerlichen Intelligenz nun obendrein genötigt gesehen, die eigenen Allmachtsvorstellungen explizit zu artikulieren und zu kodifizieren. Dies gilt vor allem in Bezug auf den eigenen Anspruch auf Universalität und hierbei insbesondere darauf, dass der eigene Beitrag zur Formulierung von Menschenrechten als universell zu betrachten sei. Hier wird eine Hybris und ein Herrschaftsanspruch offenbar, die die andere Seite schon aus Gründen der Selbstachtung nicht hinnehmen kann. Doch nicht nur Hybris und Herrschaftsanspruch enthüllen sich, sondern auch das ganze Ausmaß der eigenen Borniertheit. Denn ließe sich die eigene kulturprovinzielle Beschränktheit übersehen? Wie unsere bürgerlichen Menschenrechte für universell gültig erklären – ohne die darin implizierte Verletzung der Menschenwürde aller Anderen wahrzunehmen?

Wenn wir denn wenigsten aufrichtig und kohärent mit unseren eigenen Werten und Maximen umgingen! Aber was könnte krasser »im Widerstreit zur Aufklärung stehen« (s. S. 151), als den Anderen das Recht zu bestreiten, ihren Verstand selbst zu benutzen und so zu eigenen und damit möglicherweise zu Einsichten zu gelangen, die von den unseren – eben kulturspezifischen – Erkenntnissen abweichen? Eben das ist aber impliziert im universellen Anspruch der Bürger.

Was ist entmündigender als der Oktroi an sich kulturprovinzieller Werte, die sich als für alle verbindliche Universalien ausgeben? Was könnte der Aufklärung krasser widersprechen als die Leugnung der Relativität meiner eigenen Urteile, der Relativität subjektiver Urteile und Werte – und umgekehrt deren Verabsolutierung zur einzigen Wahrheit? In der Art, wie wir sie nach außen vertreten, verleugnen wir die Aufklärung und widersprechen ihr. Paradox ist nur, dass all das im Namen der Aufklärung geschieht. Deren Botschaft wird durch die Boten desavouiert. Ihr revolutionärer Stachel ist ihr damit gezogen. Als Herrschaftsideologie haben sie die Aufklärer jedoch niemals begriffen.

Umso besser für die anti-individualistische Reaktion und ihre Despoten: *Diese* bürgerliche Welt, *dieser* Anspruch und *diese* Praxis sind ihnen wahre Geschenke des Himmels. Sollte ihnen die Legitimation je ausgehen, liefert der Westen sie nach. Er sorgt dafür, dass ihren – unverzichtbaren – Bedrohungsszenarien jenes Quäntchen Wirklichkeit nie ausgeht, dessen auch die verschrobenste Ideologie zu ihrer Glaubwürdigkeit bedarf.

Theoretisch liegt hierin die Chance für uns, Wesentliches zur Lösung des Konflikts beizutragen und ihm auf jeden Fall Erhebliches von seiner Schärfe zu nehmen. Wenn wir unsere Hausaufgaben diesbezüglich machen sollten, dann bliebe den Anderen wenig, an dem sie ihr Feindbild festmachen und nähren könnten, dann stünden sie bald mit leeren Händen vor ihrem Publikum und wären bald als das enthüllt, was sie doch heute schon sind: Kostgänger des westlichen Überlegenheitsanspruchs, angewiesen auf ihn zum eigenen Überleben.

Unsere Aufgabe ist natürlich umso schwerer, als es schon gleich zu Beginn um nichts Geringeres geht als um den Verzicht auf diesen Universalitätsanspruch. Es geht um die Wiedergewinnung der Fähigkeit, die die westliche Welt in ihrer historischen und anthropologischen Entgrenzung verloren hat: Sich als »ein Teil unter anderen«, sich als »eine Möglichkeit unter anderen« wahrzunehmen, sich entsprechend zu verhalten und zu äußern.

Die Bereitschaft dazu ist offenbar sehr gering. Wie gering, zeigt die Verteufelung eines wissenschaftlichen Ansatzes, der im Grunde vor allem das Eine sagt, nämlich dass man die Anderen ernst nehmen soll, dass man ihre Maßstäbe, Werte, Normen – kurz: ihre ganze Identität, ihre ganze Kultur – ernstnehmen soll, dass man sich zu besserer Kommunikation gelegentlich ihre Perspektive auf die Welt zu eigen machen soll und sich auch der Subjektivität und Relativität der eigenen Position bewusst sein und bleiben soll.

Bezeichnend und ganz in der Linie der bisherigen Widersprüche ist nun, dass sich der intellektuelle Mainstream des Westens gegen diese, seiner eigenen Kultur und Wissenschaft entsprungene Lösung mit aller Vehemenz wehrt.

3. Die Lackmusprobe Kulturrelativismus

Wer die eigene Besonderheit als universell proklamiert, schließt bereits die Absage an die Gleichberechtigung der anderen Besonderheiten ein. Hier drückt sich ein Widerstand gegen eine Einordnung als »eine Möglichkeit unter anderen« aus. Expliziter und damit fassbarer wird dieser Widerstand da, wo alle Bemühungen um eine *methodische* Gleichbehandlung der unterschiedlichen Kulturen auffällig systematisch ignoriert und entstellt werden. Dieses Schicksal hat auch ein an sich ideales Werkzeug zum Kulturvergleich erfahren, das Konzept des Kulturrelativismus. Ihm wurde gar schon das Etikett eines »Faschismus dieser Ära« (Namazie, s.u.) zuteil. Man weiß nicht, worüber man trauriger sein sollte – über die unsägliche Ignoranz oder gar Böswilligkeit, die sich hierin ausdrückt, oder über die Leichtfertigkeit, mit der man eine der größten Leistungen der westlich-bürgerlichen Kultur verwirft. In jedem Fall lässt sie uns ahnen, wie tief der Widerstand gegen eine Relativierung des Eigenen auch in unserer »aufgeklärten« Kultur verwurzelt ist.

Und doch wäre ein solcher Schritt einer ganzen Kultur historisch wie anthropologisch in der Tat bisher einzigartig. Die Anerkennung der *Relativität des Eigenen* – um nichts Anderes geht es – hat bisher noch keine Kultur zu leisten vermocht, kulturprovinzielle Borniertheit und Verabsolutierung des Eigenen bedingten und garantierten so sich wechselseitig. Auch die bürgerliche Kultur hat hier ihre Eierschalen noch nicht abgestreift – obwohl sie auf diesem Wege schon einen sehr bemerkenswerten Schritt zu tun vermocht hat: Über ihre oberste Instanz, die Wissenschaft, war sie zu der Einsicht der Relativität alles Kulturellen vorgestoßen – und damit auch der Relativität des Eigenen. Insbesondere die Schule der US-amerikanischen Cultural Anthropology hat diese Einsicht artikuliert, theoretisiert und – in ihrer fast überbordenden Publikationstätigkeit – auch propagiert. Namen wie Franz Boas, Ruth Benedict, Alfred Kroeber, Margaret Mead erlangten nicht nur eine hohe Popularität – auch ihr Konzept des Kulturellen Relativismus eroberte in den 20er und 30er Jahren des 20. Jahrhunderts nicht nur die entsprechenden Hörsäle, sondern auch relevante Teile der öffentlichen Meinung. Auch in der Nachkriegszeit erfreute sich dieses Herangehen großer Akzeptanz.

Dann kam der Rückschlag. Dieser Rückschlag wurde durch zwei Unterstellungen ausgelöst – durch die eine, die besagt, der Kulturelle Relativismus heiße alles und jedes gut, was eine andere Kultur ausmacht, er sei blind gegenüber den Unmenschlichkeiten anderer Kulturen; die andere Unterstellung besagt, der Kulturelle Relativismus bestreite die Existenz von Universalien. Beide Unterstellungen leben von der Ignoranz ihres Gegenstandes. Dass diese Ignoranz sich gern in der Rolle des Hüters oberster bürgerlicher Werte gibt, gibt zu denken.

Ein nützliches Konzept – vulgarisiert, verteufelt

Manchen ist schon der Terminus des Kulturrelativismus selbst ein Reizwort. Das ist auch nicht verwunderlich angesichts solcher Bestimmung in der etwas älteren, aber weiterhin aktuellen Rezeption in Christiane Scherers Rezension *Zivilisation als Pflicht. Martha Nussbaum über kulturelle und ethische Objektivität* (Beilage *Geisteswissenschaften* der F.A.Z. vom 24.11 1993, S.N). Scherers Bestimmung lautet folgendermaßen:

> »Im Kulturrelativismus findet diese Position ihren umfassenden Ausdruck: Es gibt keine universalen menschlichen Gemeinsamkeiten, weder in der Vernunft noch in den Normen und schon gar nicht in der Frage des guten Lebens. Universalien sind Kulturimperialismus.«

Hier drückt sich vor allem eine beispiellose Verkennung des Kulturellen Relativismus aus. Zweifellos hat sich kein Zweig der Wissenschaft intensiver mit der Frage von Universalien befasst als eben der Kulturelle Relativismus – und nichts läge seinen Vertretern ferner als die Aussage, Universalien seien Kulturimperialismus. So verwundert auch die Kreuzzugsstimmung in jenem Aufruf Ulrich Greiners in der »Zeit« mit dem Titel: »Wider den kulturellen Relativismus!«, wo er gar die Grundlagen der bürgerlichen Identität selbst gefährdet sah: »Der Versuch, die fremde Kultur aus ihren eigenen Bedingungen zu verstehen und zu akzeptieren, stand immer im Widerstreit zu den Postulaten der Aufklärung.«(Die Zeit, 5.6.1993).

Hierauf ließe sich zunächst antworten, dass nichts so sehr im Widerspruch zu diesen Postulaten steht wie der Versuch, sie zum Dogma zu stilisieren. Wie weiter unten zu zeigen sein wird, verrät sich hier nicht nur ein verengtes Verständnis von der Aufklärung, sondern zugleich auch vom kulturellen Relativismus selbst – ein bis heute »tonangebendes« Verständnis und Leitmotiv in der Diskussion nach dem 11. September.

Es ist bedauerlich, ein Konzept, das uns in der Begegnungssituation mit anderen Kulturen von größter Hilfe sein könnte, so entstellt und verleumdet zu sehen. Verantwortlich dafür ist jedoch nicht nur die hier gezeigte akademische Ignoranz, sondern auch ein ignoranter und kontraproduktiver praktischer Gebrauch dieses Konzepts, seine Vulgarisierung im tagespolitischen Geschäft.

Zu dieser Vulgarisierung des Konzepts des kulturellen Relativismus kam es vor allem im Zuge der Multi-Kulti-Euphorie der späten 1970er und 1980er Jahre – nicht zufällig zu einem Zeitpunkt, als klar wurde, dass sich viele Hoffnungen und Ideale der 68er-Bewegung innerhalb der bürgerlichen Gesellschaft so schnell nicht würden realisieren lassen. Der Blick ging nach draußen, das Studium der Ethnologie wurde zum Massenereignis. Das Andere, die Anderen wurden zur Verkörperung der hier enttäuschten Hoffnungen und Sehnsüchte. Carlos Castañeda und der »Papalagi« erlebten Massenauflagen. Die Tatsache, dass das Andere *auch* eine Horizonterweiterung darstellen kann, *auch* eine Chance der Überwindung eigener Enge und Bedrängtheit, wurde einseitig verabsolutiert. Dazu kam jenes schlechte Gewissen, in dem sich die traditionelle koloniale Verachtung alles Anderen durch den Bürger dadurch überkompensierte, dass nun alles Eigene als negativ, alles Andere als positiv betrachtet wurde: Anders-Sein an sich wurde zum höchst positiven Wert – worin es sich auch immer konkret ausdrücken mochte. Und wo dem Imperialismus nichts heilig gewesen war, so wurde nun in einer Überkorrektur alles Andere heilig. Allein weil sie »anders« war, konnte auch die größte Unmenschlichkeit einer anderen Kultur geschätzt und gepriesen werden. Selbst der Gedanke, dass die Anderen zu Unmenschlichkeiten fähig sein könnten, unterlag bald einem Tabu. So wie manche Deutsche aufgrund des Holocaust nicht mehr Deutsche sein wollten, so hofften manche Bürgerkinder, ihrer Sozialisation und Identität dadurch entrinnen zu können, dass sie sich mit Haut und Haaren, unkritisch und distanzlos in andere Kulturen stürzten – und besonders gern deren Gurus folgten. Umgekehrt erschienen die Immigranten hier *auch* als Boten einer besseren, reineren und heileren Welt. Kritik an ihnen war Kulturimperialismus.

Zur Illustration der Selbstvergessenheit von Wissenschaft hier ein Beispiel, das Martha Nussbaum von einer französischen Ethnologin erzählt, die in einem Vortrag bedauerte, »dass die Einführung der Pockenschutzimpfung in Indien durch die Engländer den uralten Kult von Sittala Devi ausgerottet habe; den Kult der Götter, die man anzubeten pflegte, um die Pockenerkrankung abzuwenden«. Dies sei ein weiteres Beispiel für die »westliche Missachtung von Differenz und Gemeinschaft«. (Nussbaum 1993, S. 325). Dazu sagt der Kulturrelativismus: Der Wunsch nach Gesundheit ist eine ganz essentielle Universalie – wie auch die logische Folgerung, sich zu ihrer Bewahrung der besten, vor allem wirksamsten Mittel zu bedienen. Die Menschen auf nachrangige oder gar wirkungslose »Medikamente« zu verweisen, »weil sie alte Tradition sind«, ist zynisch und inhuman, und es ist bevormundend-paternalistisch.

Hier liegt die gleiche Haltung vor, die die Burka, die Mädchenbeschneidung u.ä. Geiseln der Frauen mit dem Argument, all dies sei kulturelle Tradition, legitimiert und konserviert wissen will. Eine nähere Betrachtung lässt die zugrunde liegende Idee einer »unberührten«, gar die einer »heilen« Kultur erkennen. Dieser Standpunkt hat mit Wirklichkeit und Wissenschaft wenig, viel aber mit Ideologie zu tun. In seiner Dogmatisierung und Tabuisierung kultureller Realitäten widerspricht dieses Herangehen flagrant dem ursprünglichen Konzept, wie es von Boas, Kroeber, Benedict, Mead, Murdock, Linton u.a. zwischen den 1920er und 1950er Jahren entwickelt worden ist. Die sehr oberflächliche und ideologische Rezeption des kulturellen Relativismus wandelte dessen Maxime, die Dinge aus der jeweiligen Kultur heraus verstehen zu wollen, zu einem platten moralischen »Alles verstehen, heißt alles verzeihen«. Unverstanden blieb auch, dass der Kulturrelativismus als eine Methode der kulturanthropologischen Wissenschaft keine moralischen Urteile abgibt.

Es liegt auf der Hand, dass der gleiche Terminus für so unterschiedliche Herangehensweisen Verwirrung stiften muss. Zugleich ist jedoch der Begriff des »Kulturrelativismus« in der aktuellen Diskussion zu fest verankert. Da zwischen den beiden hier benannten »Kulturrelativismen« eine qualitative Differenz liegt – nämlich die ihres wissenschaftlichen Charakters –, wird der »eigentliche« Kulturrelativismus im Folgenden weiterhin ohne Anführungszeichen geschrieben, seine jüngere Deformation eines »radikalen Kulturrelativismus« (Sukopp 2005) jedoch mit solchen – ist er doch eher eine ideologische Position.

Diese Deformation rechtfertigt denn auch viele Kritiken von universalistischer Seite, während dieser der Vorwurf zu machen ist, dass auch sie den klassischen Kulturrelativismus völlig ignoriert. Das erleichtert ihr allerdings die Argumentation erheblich: Müsste sich der Universalismus doch ansonsten mit der Tatsache auseinandersetzen, dass der Kulturrelativismus die Frage kultureller Universalien aufgeworfen und zu beantworten versucht hat.

Mittlerweile sind Mode und Stimmung ins andere Extrem umgeschlagen. Die Kulturflüchtlinge von einst sind älter geworden, meist wieder heim- und in sich gekehrt. Das Klima wird bestimmt von Ängsten vor den Anderen, nicht zuletzt genährt durch einen sich offensiv oder gar aggressiv gebenden Islam. Der 11. September 2001 wurde zum Trauma.

Die Karikatur des »Kulturrelativismus« war widerlegt, hat sich erledigt und erscheint im Nachhinein als peinlicher Ausrutscher. Schon Ende der 80er Jahre hatte Finkielkraut den praktizierten Multikulturalismus unter großem Beifall als »Niederlage des Denkens« denunzieren können. Bald galt – und gilt noch heute – der Kulturrelativismus als der große Sündenfall der bürgerlichen Kultur, als das Einfallstor des Bösen. Maryam Namazie konnte ihrer Rede auf einem Forum zur Verteidigung der Frauenrechte im Iran (28.11.1998 in Toronto) gar diesen Titel geben: »Kultureller Relativismus – der Faschismus dieser Ära«. Wenn hier auch eine krasse Ignoranz – und zwar beider Kategorien – zum Ausdruck kommt, so zeigt sich doch, dass zur Beurteilung des ersteren der politisch negativste Terminus gerade noch auszureichen scheint. Natürlich bezieht sich auch Namazie hier auf die vulgarisierte Form des Kulturellen Relativismus. Ohnehin ist dieses Konzept jetzt nur noch in seiner vulgarisierten Form in der öffentlichen Diskussion anzutreffen. Die simple Einsicht, dass mit dem Kulturellen Relativismus als wissenschaftlicher Methode nichts, aber auch gar nichts gerechtfertigt werden kann – schon gar keine Mädchenbeschneidung, keine Frauenunterdrückung, keine Zwangsheiraten, Ehrenmorde... – hat keine Chance auf Gehör. Umgekehrt verspricht seine Verurteilung hohe Verkaufsauflagen.

Die Vulgarisierung einer Lehrmeinung, einer Methode, eines wissenschaftlichen Konzepts – gelegentlich bis hin in ihr Gegenteil – ist nichts Neues. Kaum eine der modernen Wissenschaften – vielleicht abgesehen von der Mathematik – hatte nicht mit solchen widrigen Modeerscheinungen zu kämpfen und sich immer wieder gegen sie abzugrenzen und durchzusetzen. Dieses Phänomen ist in allen seriösen Wissenschaften bekannt und entsprechend selbstverständlich ist die Abgrenzung dagegen. Seriös arbeitende Geister würden niemals die vulgarisierten Versionen von Marx, Darwin, Nietzsche, Freud u.a. zur Grundlage ihrer Auseinandersetzung mit ihnen machen.

In Bezug auf den Kulturellen Relativismus ist aber gerade das der Fall. Argumente auch der gebildetsten Kreise stützen sich ausschließlich auf die vulgarisierte Form des Gegenstands, den eigentlichen, wirklich wissenschaftlichen blenden sie durchgehend aus. Anders, also bei nur ein wenig näherer Betrachtung dieses Themas, wären solche Urteile wie die aufgeführten gar nicht möglich. Betrachten wir nun also das Original. Das erfordert leider einige Mühe.

Kulturrelativismus – auf die Füße gestellt

An sich sollte es über die Grundthese des Kulturrelativismus – dass nämlich die Elemente und Strukturen einer Kultur zunächst unter dem Blickwinkel ihres eigenen Wert- und Funktionssystems zu betrachten und zu würdigen sind – unter ernsthaften Menschen keine Differenzen geben, außer vielleicht jener, dass dies große methodische Probleme aufwerfe. Eine solche Diskussion ist wichtig – und innerhalb der betreffenden »Schule« auch ständig geführt worden. Zunächst jedoch ist ein solches Herangehen selbstverständliches Erfordernis im Grunde aller sozialwissenschaftlichen Empirie. Einen »Widerstreit zu den Postulaten der Aufklärung« können hier wohl nur Leute entdecken, die ein sehr eigenes Verständnis von der Aufklärung oder dem Gegenstand der Kulturanthropologie haben. Was etwa ließe sich im Namen der Aufklärung vorbringen gegen diese Aussage Alfred L. Kroebers, eines der führenden Theoretiker des kulturellen Relativismus in den USA: »... any cultural phenomenon must be understood and evaluated in terms of the culture, of which it forms part.« (1952, S. 6) Kroeber will alle kulturellen Erscheinungen aus ihrem kulturellen Kontext heraus deuten und werten. Die Kritiker des Kulturrelativismus unterstellen ihm – und seinen Fachkollegen und -kolleginnen – jedoch, diesen Ansatz nicht nur zu verabsolutieren, sondern mit ihm alle kulturellen Erscheinungen *legitimieren* zu wollen. Natürlich mag man, wenn man unbedingt will, die folgende Äußerung von Franz Boas, des Begründers der Cultural Anthropology in den USA – und des kulturellen Relativismus als seiner damals wesentlichen Methode – im Sinne dieser »universalistischen« Kritik interpretieren: »The analysis of the phenomena is our prime object. ... The attempts to reduce all social phenomena to a closed system of laws applicable to every society ... do not seem a promising undertaking.« (1940, S. 268). Diese für den Kulturrelativismus konstitutive Absage an »... a closed system of laws applicable to every society« verweist auf die historischen Wurzeln des kulturrelativistische Konzepts: Es verstand sich *auch* als eine Korrektur solch rigider wie platter Bemühungen, Kulturen über ein von außen herangetragenes Raster, eben eines »closed system of laws applicable to every society« verstehen zu wollen, wie das gerade von der evolutionistischen Strömung von Morgan, Engels über Haeckel bis zu den Sozialdarwinisten unternommen worden war.

Die verbreitete Kritik am Kulturrelativismus nährt sich einerseits aus der allgemeinen Ignoranz in Bezug auf diese Methode und andererseits aus der aus dieser Ignoranz erwachsenden Vulgarisierung. Ausdruck tiefer fachlicher Ignoranz ist der obige Vorwurf, der Kulturrelativismus stelle sich gegen Universalien. Denn nichts Geringeres als das Gegenteil ist der Fall. Bevor wir dieses Gegenteil entsprechend belegen, folgen jedoch erst einmal einige grundsätzliche Überlegungen, die im gleichen Resultat münden.

Die Kroebersche Maxime – ... any cultural phenomenon must be understood and evaluated in terms of the culture, of which it forms part« – ist an sich dann eine Selbstverständlichkeit, wenn ein bestimmtes Kulturphänomen in Bezug auf seine Stellung und Funktion innerhalb seiner Kultur, gewissermaßen »intrakulturell«, verstanden und gewertet werden soll. Diese Methode genügt jedoch der Kulturanthropologie als einer *ganze Kulturen* vergleichenden Wissenschaft nicht. Als solche setzt sie die Vergleichbarkeit von Kulturen oder auch nur von Kultursegmenten voraus – und unterstellt damit einen gemeinsamen Nenner, Bezugsrahmen, Bezugspunkt..., kurz: eine *Gemeinsamkeit*, also eine Gemeinsamkeit *aller Kulturen*. Findet sie oder unterstellt sie zumindest eine solche Gemeinsamkeit nicht, hat sie für interkulturelle Vergleiche keinen Bezugsrahmen. Sie ist als vergleichende Wissenschaft von Kulturen unmöglich. So bedarf auch die Kulturanthropologie neben allem »kultur-relativen« Herangehen immer auch einer »übergeordneten«, einer über die individuelle Kultur hinausweisenden *universellen* Ebene, bedarf universell gültiger Gemeinsamkeiten, auf die sie ihre kulturspezifischen Ergebnisse beziehen kann. Nennen wir diese potentiellen Gemeinsamkeiten, dem alten kulturrelativistischen Gebrauch entsprechend, *Universalien*.

Was hier als logisches und strukturelles Erfordernis des kulturellen Relativismus postuliert worden ist, dem entspricht auch seine wissenschaftliche Diskussion und Praxis – mögen dies heute auch noch so gewichtige Autoritäten bestreiten. Im Gegensatz zu deren Zuschreibung hat die Diskussion »universaler menschlicher Gemeinsamkeiten« im kulturellen Relativismus den ihm strukturell zukommenden breiten Rang denn auch eingenommen.

Allerdings hat diese Diskussion schon vor einigen Jahrzehnten stattgefunden, zu der Zeit eben, in der die theoretischen Grundlagen des kulturellen Relativismus diskutiert und gelegt wurden. Franz Boas war im Hinblick auf theoretische Generalisierungen zwar grundsätzlich zurückhaltend, äußerte aber doch (1938, S. 674) die Hoffnung, dass Gesetze von allgemeiner Gültigkeit, die im historischen Geschehen wirksam sind, gefunden werden könnten, wenn die Ergebnisse des Studiums der Historie mit jenen verglichen würden, die das Studium von Prozessen in lebenden Kulturen erbringen sollte. Schon 15 Jahre früher hatte Clark Wissler ein »universal cultural pattern« (1923, S. 73) aufgestellt, unter das er notwendige Züge des Inventars einer jeden Kultur subsumiert hatte (Sprache, Kunst, Materielles, religiöse Praktiken, Familie und Sozialsystem, Eigentum, etc.). George P. Murdock arbeitete 1945 in einem Aufsatz gleichen Titels in einem Vergleich kultureller Phänomene einen »common denominator of cultures« heraus; Ralph Linton bemühte sich 1952 in einem Aufsatz um die Benennung von »universal ethical principles«. Clyde Kluckhohn zählte 1953 aufgrund eines ähnlichen Vorgehens »universal categories of cultures« auf. Einer der exponiertesten Anhänger des kulturellen Relativismus, Melville J. Herskovits, arbeitete in seinem Buch »Man and his Works« »Universals in Human Civilization« heraus (1948, S. 229 f.) Und auch Ruth Benedicts »Patterns of Culture« entspringen dem Bemühen, Vergleichbarkeit eben »kultureller Pattern« bzw. »Ur-Muster« aufzuzeigen. Leslie A. White hatte 1949 gar drei die individuellen Kulturen übergreifende und einschließende, also *universelle* Kriterien entworfen, nach denen deren jeweiliger »Erfolg« mehr oder weniger »objektiv« zu beurteilen sein sollte. Diese drei universellen Faktoren lauten:

1. der jährliche Energieverbrauch pro Kopf,
2. die Effizienz der technischen Mittel, mit deren Hilfe Energie gewonnen und genutzt wird,
3. die Größenordnung produzierter Güter und Leistungen, die der Befriedigung menschlicher Bedürfnisse dienen. (1949, S. 371; zitiert aus Jeremy Rifkin 2010, S. 39)

Wer die Mühe gescheut haben mochte, sich einem ausgiebigen Studium des kulturrelativistischen Ansatzes innerhalb der US-amerikanischen Kulturanthropologie zu widmen, kann auch Wolfgang Rudolphs Arbeiten über den Kulturrelativismus in der US-Kulturanthropologie zu Rate ziehen. Sein Hauptwerk *Der kulturelle Relativismus* (Berlin 1968) informiert umfassend über die US-amerikanische Diskussion.

Mit David Bidneys Gedanken einer potentiell universalen Rationalität des Menschen (1953, S. 426) und Muzafer Sherifs Ansicht, dass in keiner Kultur der Glaube an die Regelmäßigkeit natürlicher Abläufe und an die Macht der Vernunft fehlten (1948, S. 191), kommt Rudolph zu dem Schluss, dass keiner Kultur »ein Mindestmaß an empirisch-objektiver Orientierung des Denkens und, darauf aufbauend, des Handelns« (Rudolph 1968, S. 274) fehle.

Als zweiten wesentlichen Punkt, der die kulturelle Relativität einschränkt, nennt Rudolph – nach einer ausführlichen Diskussion der Arbeiten Earl W. Counts (1958), Margaret Meads (1935) und anderer

Autoren – »biologische Gegebenheiten sowohl organismischer als auch (sozial-)extraorganismischer Art«. Er führt dazu aus:

> »Kulturen bauen ... auf einer strukturierten bio-sozialen Basis auf, die eine bestimmte Eigendynamik besitzt. Sie kann durch kulturelle Formung nicht ausgeschaltet bzw. neutralisiert werden, sondern sie gibt einen Rahmen und bestimmte, weitgefasste Richtlinien ab, die in die Gestaltung sozio-kultureller Systeme überall eingebaut werden müssen, wenn nicht die (gesellschaftliche) Existenz der ihnen angehörenden Menschen – ... – gefährdet werden soll.«(ebd., S. 275)

Zum Dritten wird die kulturelle Relativität eingeschränkt durch

> »funktionale Notwendigkeiten, ohne deren (ggf. unbewusste) Berücksichtigung eine Kultur grundlegenden Erfordernissen ihres internen sozialen Zusammenhangs und der individuellen Orientierung ihrer Angehörigen nicht gerecht werden kann.« (ebd.)

So abstrakt diese Aussagen auch erscheinen mögen, zeigen sie doch die Unhaltbarkeit der These, laut kulturellem Relativismus gebe es »keine universalen menschlichen Gemeinsamkeiten«. Umgekehrt ist der Schluss kaum von der Hand zu weisen: Dass es nämlich keine andere »Schule« gibt, in der die Frage von die Gattung verbindenden kulturellen Universalien so bewusst und dezidiert zum Gegenstand geworden ist. Dies ist insofern »logisch«, als der kulturelle Relativismus angesichts seiner eigenen Prinzipien gleichsam zu einer »Bringschuld« in Bezug auf mögliche Universalien verurteilt ist – wenn er sich nicht selbst als vergleichende Wissenschaft aufgeben will: Der Kulturrelativismus bedarf wie kaum eine andere Methode des Konzepts der kulturellen Universalien – und hat diesem Bedarf in einer breiten Diskussion entsprochen.

Warum dieser Kreuzzug?

Es gibt kaum einen anderen Ansatz, der die Frage menschlicher Universalien so ernst nimmt, der sich ihr so intensiv, so systematisch und so umfangreich gewidmet hat wie eben der Kulturelle Relativismus. Und doch wird er so bestimmt:

> »Im kulturellen Relativismus findet diese Position ihren umfassenden Ausdruck: Es gibt keine universalen menschlichen Gemeinsamkeiten, weder in der Vernunft noch in den Normen und schon gar nicht in der Frage des guten Lebens. Universalien sind Kulturimperialismus.« (s. o., Christiane Scherer)

Und Tanja Dückers echot 15 Jahre später unter der Überschrift »Menschenrechte sind keine Ansichtssache«

> »Kulturrelativistisches Denken betont immer die Distanz zwischen den Kulturen – anstatt Nähe und Gemeinsamkeiten wahrzunehmen. Anstatt das Augenmerk auf das Verbindende zwischen Menschen verschiedener Kulturkreise zu lenken, werden Differenzen heraufbeschworen, als ob es sich bei Menschen eines anderen Kulturkreises um Wesen von einem anderen Stern handeln würde.« (Zeit-online 2009/35, http://www.zeit.de/online/2009/35/menschenrechte)

Wie gezeigt, entspricht nichts, aber auch gar nichts von dem, was zu recht kritisiert würde, den Aussagen des Kulturrelativismus. Weshalb dann aber diese Entstellung bzw. Missinterpretation des Konzepts? Weshalb die stringent-selektive Wahrnehmung von Fachwissenschaftlern und ihren journalistischen Kollegen? Und auch der Verweis auf die vulgarisierte und platte Form des Kulturrelativismus kann hier nicht gelten. Wo in der seriösen Diskussion wüsste man nicht, dass sich alle Kritik an den authentischen Quellen festzumachen hätte? Oder unterliegt dem Bemühen, ein so plausibles und unverzichtbares Konzept wie das des Kulturrelativismus als anti-universalistisch und anti-aufklärerisch darzustellen, ein anderes Motiv?

Vergleichen wir das bürgerliche Universalismuskonzept mit dem Universalismuskonzept des Kulturellen Relativismus, so drängt sich ein Verdacht auf: Der Universalismus des *wohlverstandenen* Kulturellen Relativismus steht zum *kulturprovinziellen* »Universalismus« nicht nur in Konkurrenz, sondern in offenem Gegensatz. So wenig das Herangehen des seriösen Kulturrelativismus »im Widerstreit zur Aufklärung« steht, so sehr gilt dies für die Aufblähung der eigenen Besonderheit zum Allgemeinen und zum Universellen, wie sie der »Universalismus« praktiziert.

Entgegen dessen platt-verbaler Proklamation versucht der kulturrelativistische Ansatz methodisch, die Universalien der menschlichen Gesellung empirisch-deduktiv aus der Summe des »gegebenen Materials«, also aus dem Panorama der Daten möglichst aller Kulturen herauszulesen und zu definieren – indem er sie in Beziehung zueinander setzt und vergleicht. Ausgehend von der prinzipiellen Gleichrangigkeit aller Kulturen, setzt er diese ihrerseits einem sich wechselseitig ergänzenden und bestätigenden bzw. widerlegenden, aus tendenziell allen Kulturen gewonnenen Datenraster aus – all dies mit dem Ziel, die Fülle dessen auf ihren Begriff zu bringen, was man bisher als »conditio humana« nebelhaft genug zu bestimmen versuchte. Die kulturrelativistische Methode »destilliert« ihre Daten heraus aus der Summe alles Kulturellen, das das Menschengeschlecht in seiner Geschichte, Not und Kreativität hervorgebracht hat, leitet sie ab als grundsätzlich gegebene, wenn auch in der Form höchst unterschiedliche Konstanten; der zweite Ansatz proklamiert die Errungenschaften *einer* speziellen Kultur zu universell gültigen – und zwar die Errungenschaften der eigenen, »unserer« Kultur.

Der Gegensatz im Prinzipiellen und Methodischen verweist auf eine noch tiefer wurzelnde Differenz. Denn es ist nicht nur die unsere, die hier betroffen ist – haben doch *alle* konkreten Kulturen ein ganz grundsätzliches Problem mit dem Kulturellen Relativismus: In seinem Anspruch auf Gleichrangigkeit aller Kulturen widerspricht er aller Verabsolutierung und allem Verabsolutierungsanspruch der jeweils konkreten Variante. Indem er sie alle nebeneinander stellt, negiert er allen hierarchischen Anspruch. Und das ist in jedem Fall eine Zumutung für jede einzelne Kultur, für alle Kulturen.

Und damit sind wir beim Kern dessen, dem die Aufregung und der Widerstand gilt: Solange es um die Relativierung der Werte anderer Kulturen ging, gab es mit dem Kulturellen Relativismus kein Problem, das ging mit der eigenen Wahrnehmung und Wertung konform. Zur Zumutung aber wird er nun, da sich der relativierende Anspruch an die eigene Kultur richtet. Erstmals widerspricht das »eigene Kind«, die eigene Wissenschaft dem Absolutheitsanspruch, relativiert ihn und weist ihn aus als »eine Möglichkeit unter vielen«. Früher nannte man so etwas Blasphemie – und als blasphemisch wird es erfahren.

Der Kulturelle Relativismus ist nicht so sehr Feindbild, weil er angeblich keine Universalien akzeptiert, sondern weil er der Verabsolutierung des Eigenen zum Universellen widerspricht – der Verabsolutierung der eigenen Menschenrechte, des eigenen »Universalismus«, der eigenen Hegemonie- und Herrschaftslegitimation. In der heftigen Fehde wider den Kulturrelativismus drückt sich vor allem die Weigerung aus, den eigenen Absolutheitsanspruchs zu relativieren, also: aufzugeben. Einem Lackmustest gleich zeigt er, wie wenig unsere eigene Kultur bereit ist, ihren »Universalismus« durch einen wirklichen Universalismus zu ersetzen – und wie sehr sie in dieser Hinsicht doch nicht anders ist und reagiert wie jede andere Kultur. Der Anspruch ihrer Besonderheit löst sich angesichts dieser Zumutung in Dunst auf. Es wird deutlich, dass unsere obige Forderung, das Eigene als einen Teil, als eine Möglichkeit *unter anderen*, also die grundsätzliche Relativität dieses Eigenen zu akzeptieren, viel weiter entfernt ist von ihrer Einlösung, als vielleicht erhofft. Wo hier der Kulturrelativismus geschlagen wird, ist vor allem dessen Universalismusverständnis gemeint, das sich doch als soviel legitimer erweist als der »Universalismus« seiner Gegner. Darin manifestiert sich ein weiteres Mal die Weigerung, die eigene Position infrage stellen zu lassen: Sie entpuppt sich als das eigentliche Hindernis, das einer Lösung unseres Problems auf unserer Seite entgegensteht:

Heftigste Reaktionen scheint der Kulturelle Relativismus dadurch auszulösen, dass er in seinen Prinzipien und seiner Methode unsere Provinzialität enthüllt, die sich hinter »Menschenrechten« und »Universalismus« so gut versteckt wähnte – so gut, dass selbst das eigene Gewissen beruhigt war. Die Forderung des Kulturellen Relativismus, mit der Gleichrangigkeit ernst zu machen, die kulturrelativistische Praxis, noch vor unserer Autorität die jeweils besondere Kultur sprechen zu lassen und anzuhören, die *Relativierung also dieser, unserer Autorität*, ist die eigentliche Quelle dieser Reaktionen. Ein wirklicher Universalismus würde im Kulturrelativismus doch das ureigenste Interesse, seine eigentliche Methode und Praxis wiedererkennen.

Vor dem Ende dieser Diskussion soll noch auf jene Kritik U. Greiners eingegangen werden, die uns Abendländer wohl kaum schärfer treffen kann als der oben zitierte Satz Greiners: »Der Versuch, die fremde Kultur aus ihren eigenen Bedingungen zu verstehen und zu akzeptieren, stand immer im Widerstreit zu den Postulaten der Aufklärung.« (Die Zeit, 5.6.1993).

Das trifft nicht zu. Laut ihrer obersten Autorität berechtigt uns die Aufklärung nicht, den Standpunkt der übrigen Menschheit zu ignorieren, sondern verpflichtet uns, »auf die Vorstellungsart jedes andern Rücksicht« zu nehmen:

> »Unter dem sensus communis aber muß man die Idee eines gemeinschaftlichen Sinnes, d.i. eines Beurteilungsvermögens verstehen, welches in seiner Reflexion auf die Vorstellungsart jedes andern in Gedanken (a priori) Rücksicht nimmt, um gleichsam an die gesamte Menschenvernunft sein Urteil zu halten, und dadurch der Illusion zu entgehen, die aus subjektiven Privatbedingungen, welche leicht für objektiv gehalten werden könnten, auf das Urteil nachteiligen Einfluß haben würde. Dieses geschieht nun dadurch, daß man sein Urteil an anderer, nicht sowohl wirkliche als vielmehr bloß mögliche Urteile hält, und sich in die Stelle jedes andern versetzt, indem man bloß von den Beschränkungen, die unserer eigenen Beurteilung zufälligerweise anhängen, abstrahiert… (Kant, Kritik d. Urteilskraft § 40, Hervorh. D.S.)

Die Urteile der obersten Autorität in Sachen Aufklärung müssten den Vertretern der obigen Position in den Ohren klingen: »die Vorstellungsart jedes andern«, »an die gesamte Menschenvernunft«, »der Illusion zu entgehen, die aus subjektiven Privatbedingungen, welche leicht für objektiv gehalten werden könnten«, »dass man sein Urteil ... nicht sowohl wirkliche als vielmehr mögliche Urteile hält« usw. usf. Es empfiehlt sich, die ganze Passage nachzulesen – mit großem Gewinn für die aktuelle Diskussion.

Kant zufolge dürfen wir also Greiner getrost widersprechen und ergänzen, dass sich in der Dogmatisierung der Aufklärung zugunsten »subjektiver Privatbedingungen« ein allen Aufklärungsanspruch verletzender Mangel an Selbstreflexion, an Selbsterkenntnis ausdrückt. Ohnehin stellt sich hier längst die sehr viel tiefer reichende Frage, wie es dazu kommen konnte, dass die Aufklärung zu ihrem gegenteiligen Zwecke instrumentalisiert werden konnte – eine Frage, deren Dimension weit über Greiner hinausreicht, der hier nur als Stichwortgeber fungiert. Wird doch den Menschenrechten westlich-bürgerlicher Herkunft *gerade im Namen der Aufklärung* Universalität und also Verbindlichkeit für alle Kulturen zugesprochen.

Vom Sündenfall zur Struktur

Nach der Darstellung des Kampfes um den Kulturrelativismus ist zu konstatieren, dass das schon eingangs zitierte Habermas'sche Lob der Vorzüge des westlichen Rationalismus (s. o. S. 13), nämlich »von eigenen Traditionen Abstand zu gewinnen und eingeschränkte Perspektiven zu erweitern«, doch nur sehr eingeschränkt gelten kann – gerade auch für das akademische Milieu. Wenn Habermas nach dieser Aussage – und in deren Sinne – dann noch fortfährt: »Die Geschichte der Interpretation und Verwirklichung von Menschenrechten ist die Geschichte einer solchen *Dezentrierung* unserer Sichtweise.« (Habermas 1999, S. 217), so kann auch dies nur als eine sehr optimistische Deutung angesehen werden –, ist doch der Kampf gegen den Kulturellen Relativismus auch als Geschichte eines Kampfes *gegen* eine solche Dezentrierung unserer Sichtweise zu verstehen. Wir müssen angesichts dieser Geschichte vielmehr konstatieren, dass die relevante europäische bzw. westliche Sichtweise stabil auf die eigenen Deutungen und Perspektiven zentriert, ja fixiert ist und sie äußerst bemüht ist, diese Fixierung zu bewahren – durch mehr oder weniger systematisches, mehr oder weniger gewolltes Ausblenden all dessen, was diese Fixierung irritieren könnte.

Es gilt für uns Heutige, sich um ein Bewusstsein der Tatsache zu bemühen, dass all die entmenschlichenden Thesen des Rassismus zunächst vom Katheder der Alma mater verkündet wurden, sie im Gewande der Wissenschaft daherkamen und Wissenschaftlichkeit beanspruchten. Wann immer, wo immer das Hohelied der Wissenschaft angestimmt wird, müssen wir uns auch daran erinnern, dass eben diese Wissenschaft die Legitimation zur Unmenschlichkeit geliefert hat. Eine systematische Auseinandersetzung mit dieser dunklen Kehrseite findet kaum statt; wo eine diesbezügliche Kritik stattfindet, macht sie sich an einzelnen Personen fest, die Struktur bleibt darüber erhaben. Dies ist umso beunruhigender, als auch der Antisemitismus der gleichen biologistischen Wurzel entspringt. Der Biologismus und seine Verfeinerungen waren keine akademische Verirrung, kein Kavaliersdelikt, er war zur *Struktur* geworden, mit der sich schließlich größte Verbrechen und Unmenschlichkeit legitimieren ließen. Der tunesische Philosoph Fathi Triki sagt dazu:

> »Die Utopie der Freiheit, des Fortschritts und der Menschlichkeit, die sich die Aufklärung auf die Fahnen geschrieben hat, wurde mehrmals ideologisch und militärisch durch Kräfte westlicher Herrschaft aufgekündigt. Die ersten Resultate waren andauernde Massaker und die Errichtung rassischer politischer und ökonomischer Machtstrukturen des Westens in der nicht-westlichen Welt.« (Demokratische Ethik und Politik im Islam, 2011, S. 173, Fn. 19)

Der Biologismus war, bezogen auf unser Thema, denn auch die ideologische Aufkündigung, der systematische Widerruf des universellen Anspruchs der Menschenrechte. Diesen zweiten Teil des historischen Menschenrechtsdiskurses gilt es festzuhalten – dies umso mehr, als er als solcher Widerruf nicht nur konsequent ignoriert und verdrängt wurde, sondern auch deshalb, weil er erheblich praxisrelevanter war als die Menschenrechtserklärung selbst, praxisrelevant gerade auf globaler, auf »universeller« Ebene also. Um es auf den Punkt zu bringen: Auf globaler Ebene traten die westlichen Menschenrechte historisch nicht als solche, sondern in der Form des Widerrufs ihrer Universalität in Erscheinung. Am sinnfälligsten und ganz explizit zeigt sich dies am Beispiel der aufständischen Sklaven Haitis. Das bedeutet, dass überall da, wo der Westen heute von der Universalität der Menschenrechte spricht, Nicht-Westler darin auch jenen Widerruf hören, als den sie sie so schrecklich erfahren haben. Und sie werden auch daran erinnert, dass dem westlichen Wort nicht zu trauen ist, ihm um des Überlebens willen nicht zu trauen war. Wenn der in Sachen Menschenrechte so selbstgewisse und -gerechte Westen heute diesen Ballast, diese Schuld ignoriert, bestätigt er sie nur ein weiteres Mal – und die Berechtigung des Misstrauens ihm gegenüber. Ein *Dialog* ist so nicht führbar.

Doch mit dem Widerruf allein ist der ganze Schaden noch nicht hinreichend benannt. Immerhin bleiben in ihm die Menschenrechte als positiver Wert aufgehoben. Aber eben dieser wurde auch beschädigt: So wie die Kirche die Idee der christlichen Nächstenliebe in ihren Kreuzzügen und Scheiterhaufen diskreditiert hat, wie bürokratische Herrschaft die Idee des Sozialismus durch Gulags und Stasi diskreditiert hat, so haben es ihre Urheber mit den Menschenrechten (fast) erreicht: Diese jedenfalls sieht die Welt nicht mehr als legitimiert an, die Idee zu vertreten. Natürlich hoffen Dissidenten in China und anderswo auf die Menschenrechte, weil sie keine andere Hoffnung haben. Aber sie wissen meist auch von der Schwäche des Westens in dieser Frage: Solange Guantanamo existiert, solange die Todesstrafe vollstreckt wird, solange Hunderte, wohl Tausende die Wahrnehmung ihres Menschenrechts auf Freizügigkeit an den US- und den EU-Grenzen mit dem Leben bezahlen müssen, solange dokumentiert sich das westliche Bekenntnis zu den Menschenrechten als Lippenbekenntnis, als bloße Form, als Blendwerk, als »liberale Heuchelei« (Sartre): Die westliche Praxis der Menschenrechte hat diese Idee nicht nur *vergiftet*, sie hat sie dem *Zynismus* ausgeliefert. Was kann zerstörender sein?

Eben dieser Tatsache gilt es sich in der heutigen Auseinandersetzung und angesichts der besonderen Rolle des Westens bewusst zu werden: dass der Westen historisch die Universalität seiner Menschenrechte in Wort und Tat widerrufen und einen erheblichen Teil dazu beigetragen hat, den Gedanken der Universalität selbst zu widerlegen. Weit davon entfernt, dem proklamierten Anspruch einer Autorität im Menschenrechtsdiskurs zu entsprechen, hat er diese ebenso wie seine Glaubwürdigkeit in diesem Kontext überhaupt schwer beschädigt.

Wenn sich nun schon die Wissenschaft so schwer tut, die irritierende Historie der Menschenrechtspraxis zur Kenntnis zu nehmen, wie soll es dann verwundern, dass diese Perspektive in der popularisierenden Literatur ganz und gar nicht auftritt – und ein entsprechendes Problembewusstsein so natürlich kaum entstehen kann? Völlig ahistorisch daher kommt z. B. »Das Lehrerbuch. Menschenrechte im Unterricht« (hg. Marion Schweizer für amnesty international, 2010). Apodiktisch wird konstatiert: »Menschenrechte sind egalitär, ... sind unteilbar, ... sind universell.« (S. 6). Dass dies Anspruch und nicht Realität ist, wird nicht verdeutlicht, Herleitung und Historie finden nicht statt. So werden Menschenrechte leicht zur Ideologie, zur »imperialistischen« Ideologie in der Propaganda ihrer Gegner. Von einigen Ausnahmen abgesehen, diskutiert man, *als sei nichts geschehen*, als seien die Menschenrechte rein wie am ersten Tag. Wie glaubwürdig kann man damit denen gegenüber sein, die den europäischen Widerruf der Menschenrechte historisch erfahren haben?

Ein solcher Befund ist so signifikant wie deprimierend. Welchen Gründen und Motiven er auch immer entspringt – auch der durch das Streben nach Universalität bedingte »Tunnelblick« mag hier eine Rolle spielen –, wesentlich ist, dass sich in diesem Ignorieren die Verdrängungskultur fortsetzt. Indem der Diskurs jenen Widerruf der Menschenrechte ignoriert, der die heutige Situation und Rezeption der Menschenrechte wesentlich mitprägt, kann er ihnen nicht gerecht werden. Hätte er denn nicht von diesem Widerruf auszugehen?

Resümieren wir: Historischer Widerruf der Universalität der Menschenrechte, Vergiftung und schwere Beschädigung der Idee selbst, Zerstörung der westlichen Autorität und Glaubwürdigkeit – wenn wir heute allen Grund haben, die Situation der Menschenrechte weltweit zu beklagen, so haben all diese Faktoren ganz zweifellos einen gewichtigen Anteil daran – wie auch ein Menschenrechtsdiskurs, der so tut, als hätte es all das nicht gegeben.

Und darin liegt nur scheinbar paradoxerweise zugleich eine große Chance für uns: Denn diese Schuld zu beheben, zu begleichen, liegt in unserer Macht.

IV.
Auswege: Vom »Universalismus« zum Universalismus

1. Wie umgehen – mit solchem Erbe?

Historisch privilegiert – und blind

Ob »liberale Heuchelei«, ob »Aufkündigung«, ob »Verrat« oder eben »Widerruf«, wie oben konstatiert – offensichtlich wird hier, dass wir angesichts dieser Geschichte eben nicht einfach zur Tagesordnung übergehen und deren Diskussion auf die aktuellen Probleme unter Ausblendung ihrer Genese beschränken können. Es gilt vielmehr, die Relevanz jenes historischen Bruchs zu gewichten, um sie angemessen in diese Diskussion einzubringen. Ein Diskurs, der diesen Bruch übersieht, ignoriert seine eigenen Voraussetzungen.

Wie forciert die Ausblendung geschieht, verdeutlicht der obige Exkurs in den Bereich der wissenschaftlichen Methodik. Offenbar wird, wie groß der Widerstand gegen die Aufgabe unseres privilegierten kulturprovinziellen »Universalismus« ist. Und doch bestätigen die Gegner des Kulturellen Relativismus gerade in ihrem Widerstand seine Funktion als eines idealen, weil *demokratischen* »Türöffners« zu den Anderen: Indem er uns von unserem Thron – oder auch: Katheder – stößt, zwingt er uns unter die Masse der Anderen und auf Augenhöhe mit ihnen.

Ein Perspektivenwechsel mag den Fall mildern: Den Sturz vom eigenen Thron hat der Westen den Anderen ganz selbstverständlich über Jahrhunderte mit all seiner Macht zugemutet. Er hat ihnen nie die Chance gelassen, sich einer Infragestellung der eigenen Position zu verweigern. Wir weigern uns, jene Erfahrung auch nur im Ansatz zu machen, die wir den Anderen in einer ganz anderen, ungleich unmenschlicheren Qualität aufgezwungen haben: die Relativierung der eigenen Verabsolutierungen bis in ihre Negation und Ver-Nichtung.

Diese Praxis mochte solange hingehen, solange die westliche Welt auch die Welt beherrschte, solange sie die Macht dazu hatte. Was sie davon noch hat, zerrinnt ihr angesichts des Aufstiegs ganz anderer Mächte zwischen den Fingern. Damit gerät sie zunehmend in ein Dilemma: Ihr Anspruch ist nicht einmal mehr durch die blanke Macht gedeckt. G. W. Bush, der letzte ihrer Repräsentanten, der auf diese Karte gesetzt hat, ist deshalb katastrophal gescheitert. In Afghanistan lernt man die Lektion, dass es ohne die Akzeptanz der anderen Seite nicht geht. In den Zentren glaubt man, sich den Luxus noch leisten zu können, die eigene Welt und Sicht als die einzig wahre und mögliche zu propagieren. Das ist nicht sehr klug – im 21. Jahrhundert.

Der Niedergang großer Reiche und Kulturen ist meist darin begründet, dass sie unfähig werden, den Herausforderungen einer sich wandelnden Welt zu entsprechen. Die Geschichte geht dann irgendwann über sie hinweg. Noch ist es nicht so weit. Erheblich aktueller ist die Gefahr und Wirklichkeit, dass diese Unzugänglichkeit des Westens, sein steriles Beharren auf der Universalität seiner Werte eben das Szenarium heraufbeschwört, das Samuel Huntington unter hilfreicher Unterstützung Osama bin Ladens der Welt als ihre Zukunft zu suggerieren sich bemüht hat – eben den »Clash of Civilizations«. Wir können uns nicht davon freisprechen, zu der prophezeiten Konfrontation erheblich mehr als unser Scherflein beizutragen.

Ausschlagen, verdrängen – oder annehmen?

Im Privatleben gibt es die Möglichkeit, ein missliebiges Erbe auszuschlagen. Diese Möglichkeit bietet die Geschichte nicht, wie gerade die Deutschen wissen sollten. Zwar wird die Geschichte gern als eine Art Selbstbedienungsladen betrachtet, aus dem man nur das jeweils Genehme mitnimmt – um darauf dann ein möglichst grandioses Selbstbild zu errichten, doch ist das Verschmähte damit nicht das, was es doch am besten sein sollte: weg.

An sich ist angesichts eines solchen Erbes die naheliegende Forderung zu erheben, dass der erste Schritt seiner Überwindung in der Annahme eines solchen Erbes liegt. Damit jedoch stoßen wir sofort auf das ebenso spezifische wie dominante Merkmal der skizzierten Diskriminierungskultur, dass sie nämlich auch eine *Verdrängungskultur* ist, dass in ihr die Verdrängung kultiviert worden ist und wird. Deshalb liegt eine weitere Verdrängung auch der aufgezeigten Historie nahe, sie ist gewissermaßen »kulturkonform«, ist eingeübte kulturelle Praxis, ja: Gewohnheit. Und Gewohnheiten, vor allem schlechte, haben bekanntlich ein sehr zähes Leben, sie sind Routine.

Es gibt hierbei nur ein Problem: Das unter den Umständen einer bürgerlichen Weltbeherrschung entwickelte und »erfolgreiche« Muster passt nicht mehr in eine sich emanzipierende und Gleichberechtigung einfordernde Welt. Die Diskriminierungskultur ist inadäquat geworden, unangemessen, häufig dysfunktional, kontraproduktiv. Sie, ihre Gewohnheiten und Routinen passen nicht in die heutige Wirklichkeit. Die einzige Überlebenschance ihrer menschlichen Träger liegt darin, sich zu ändern und den Ballast abzuwerfen. Diese Einsicht kollidiert jedoch wieder mit ihrer enormen Fähigkeit zu verdrängen.

Doch nicht nur mit dieser: Außer dem Verdrängen hat die westlich-christliche Psyche viele Methoden entwickelt, um Schuld abzuwehren. Eine davon war in der Nachkriegszeit häufig zu beobachten und lehrt uns Heutige: Man hatte nicht dazugehört, nicht mitgemacht, war doch selbst Opfer. Ein ferner Nachklang solcher Attitüde war anlässlich der rassistischen Pogromstimmung gegen »Ausländer« wahrzunehmen, wo gelegentlich der Spruch zu lesen war: »Ausländer, lasst uns mit den Deutschen nicht allein« – wenn die Schuld der Gruppe zu erdrückend wird, klinkt man sich gern aus, kündigt ihr die Mitgliedschaft auf, um wenigsten sich selbst zu retten.

Weit verbreitet ist eine solche Haltung unter Leuten, die sich als ›links‹ verstehen, zumal sie über einen probaten Sündenbock verfügen: der Kapitalismus, der Kolonialismus, der Imperialismus sei schuld. Das trifft historisch zwar einerseits weitgehend zu, unterschlägt aber andererseits die vielfache Gebundenheit des bürgerlichen Individuums an diese Strukturen: der Imperialismus ist *auch* eine kulturelle Struktur, in der dieses Individuum sozialisiert wurde. Bezeichnendes historisches Beispiel dafür waren Organisation und Kongresse selbst revolutionärster Organisationen wie etwa der Kommunistischen Internationale: Die »Völker des Ostens« waren auch hier weitgehend zur Passivität verurteilt, den Ton gaben die zu Revolutionären gewordenen Bürgerkinder westlicher Sozialisation an: Wer sich zum Revolutionär erklärt, ist diese Sozialisation damit nicht losgeworden, er hat sie vielleicht nur am radikalsten verdrängt oder (über-)kompensiert. Wie tief die rassistische Ideologie selbst die Psyche jener prägte, die sich als revolutionäre Elite verstanden, zeigt die Häftlingshierarchie z. B. im KZ Buchenwald: »Die Politischen, die teils selbst aus antisemitischem Milieu kamen, verachteten die Juden, weil sie sich als moralisch höherstehend vorkamen, waren sie doch wegen ihrer Überzeugungen inhaftiert worden, die Juden hingegen wegen nichts und wieder nichts. (Politisch aktive Juden wurden im KZ immer noch als Juden behandelt).« (Ruth Klüger 2004, S. 74)

»Das Erbe annehmen« ist also viel leichter gesagt als getan. Zudem sind wir als »Richter in eigener Sache« nicht selten überfordert und kaum je fähig zu jener Distanz, aus der erst Erkennen und Erkenntnis überhaupt möglich ist. Die neuere Entwicklung in der »akademischen« Menschenrechtsdiskussion liefert hier einen hilfreichen Ansatz – nämlich die Perspektive der Anderen, der bisherigen Opfer. Sie kann der Spiegel sein, in dem wir uns selbst erkennen und wiederfinden mögen.

Aber selbst hier ist die gute Absicht nicht frei von der Last der Vergangenheit: Unsere möglichen Gesprächspartner »von der anderen

Seite« sind dies meist gar nicht in dem Maße, das wir unterstellen. Wer von ihnen hat denn kein westliches Bildungssystem absolviert? Wer von denen, die dies nicht getan haben, hat überhaupt eine Chance zur Teilnahme an einem solchen Dialog? Wer von denen schließlich, die keine westliche Sprache sprechen? Führen wir diesen Dialog also tatsächlich mit den Anderen? Tatsächlich »universell«?

Leider ist die Antwort auf diese Fragen leichter und eindeutiger, als uns lieb sein mag. Sind es doch gerade die westlich Gebildeten, die die ganze Subtilität, die ganze *Kultur* der Diskriminierung des Westens erfahren haben. Nach den Maßstäben ihrer Herkunft durchaus »verwestlicht«, fixiert sich das westliche Diskriminierungsinteresse gerade auf das, was sie in ihrer Sozialisation, in ihrer Erscheinung, in ihrem Namen noch von den »Westlern« unterscheidet, wie gering auch immer dieser Unterschied, dieses *Merkmal* sein mag. Ob Wohnungs- und Arbeitssuche, Karriere, das Gespräch mit Kollegen: Gerade die höhere und westliche Bildung führt zur Erfahrung der subtileren Diskriminierungsformen und fast immer zu einer entsprechenden Reflexion, einer höheren Sensibilität und Einsicht in die hier offenbar werdende Kluft zwischen Anspruch und Praxis, in das Strukturelle der Diskriminierung. Ein Professor mit dunkler Hautfarbe muss nicht nur in europäischen U-Bahnen gelegentlich um sein Leben fürchten, im Kreise seiner akademischen Kollegen wird es ihm viel schwerer fallen, ernst und »für voll« genommen und in Bezug auf Karrierechancen wirklich als gleich behandelt zu werden. Kurz: Sie sind Experten der Wirklichkeit, der Praxis der westlichen »universellen Gleichheit«.

Ein hoffnungsvoller Dialog

Auch der aktuelle Diskurs um die Menschenrechte selbst scheint nicht frei zu sein von Verdrängung. Er wird dominiert von den Tendenzen einerseits einer »Juridisierung« der Menschenrechtsfragen, ihrer Inhalte und Methoden, andererseits einer philosophischen Auseinandersetzung mit ihnen auf abstrakt-grundsätzlicher Ebene. Beides sind relativ ahistorische und praxisferne Zugänge und blenden diese Historie als Strukturmoment des Menschenrechtskontextes aus. In der Einleitung war diesem Herangehen schon zugute gehalten worden, dass dies z. T. in der Natur der Sache liege – geht es doch zunächst weiterhin auch um die prinzipiellen Grundlagen des Verhältnisses zwischen Universalität und Partikularität. Zu betonen ist hier jedoch das »zum Teil«: Denn auch eine relativ oberflächliche Kenntnis der europäischen Welteroberung unter dem Banner von Gleichheit und Freiheit sollte doch ein hinreichendes Bewusstsein von der historischen Belastung des Menschenrechtsdiskurses schaffen. Aber viel mehr als gelegentliche und bedauernde Verweise auf diese »Anti-Geschichte« der Menschenrechte sind nur ausnahmsweise zu finden.

Eine Moment der Verdrängung scheint zudem dort wirksam zu sein, wo zwar auf die Geschichte Bezug genommen wird, die Dinge jedoch nicht beim Namen genannt werden. Wenn etwa R. Forst auf die Kritik, dass die Menschenrechte »auch ein Werkzeug der politischen und kulturellen Beherrschung anderer Gesellschaften durch westliche, kapitalistische Staaten« gewesen seien, zugesteht »dass solche Vorwürfe berechtigt sein können«, (Forst 1999, S. 66), dann klingt das angesichts der historischen Wirklichkeit verharmlosend und würdigt den gerade für unsere heutige Diskussion herausragenden Stellenwert dieser Unrechtspraxis keinesfalls angemessen. Was die Analyse offenlegen sollte, glättet sie in solcher Sprache weg – ein durchaus repräsentatives Beispiel für den Umgang mit den wunden Punkten der europäisch-westlichen Geschichte in diesem Diskurs.

Auch die oben zitierte Aussage J. Habermas' von den Vorzügen des westlichen Rationalismus verallgemeinert nicht nur über die gegenteilige historische Erfahrung hinaus, sie übersieht das wesentliche Moment, dass es auch jene »Struktur westlicher Rationalität« gab und gibt, »die den Kolonialismus als eine mögliche Form der Beziehung zum Anderen in sich schließt.« (F. Triki 2011, S. 173) – die zudem wahrlich nicht gesonnen ist, ihre »eigene Tradition ... und eingeschränkte Perspektive« zu reflektieren, sondern sie den Anderen als Maß und Norm oktroyiert. Und *diese* Rationalität war die dominante, die westliche Praxis bestimmende – der von Habermas angesprochene Rationalismus wirkte kaum je über die Schranken seines akademischen Milieus hinaus. Nolens volens mochte er sogar der Diskriminierungskultur jene Weihen liefern, mit denen sie ihre Überhöhung gern legitimierte.

Die Differenzierung von F. Triki verweist auf ein qualitativ neues Element im Menschenrechtsdiskurs: Die äußerst fruchtbare Beteiligung der »Anderen« an diesem Diskurs. Sicher hatte es eine solche Beteiligung auch vor der Jahrtausendwende gegeben, aber sie war hier eher alibihaft und beschränkte sich gern auf Äußerungen zu regionalen Fragen. Beispielhaft mag dazu der Band »Recht auf Menschenrechte« (Frankfurt am Main 1999, hrsg. von Hauke Brunkhorst et. al.) sein, in dem der Autor des 17. und letzten Beitrags, Etienne-Richard Mbaya, nach bisher ausschließlich allgemeinen und grundsätzlichen Beiträgen »Demokratie und Menschenrechte im afrikanischen Kontext« (ebd., S. 314 ff.) behandelt. Immerhin ist das ein Fortschritt gegenüber dem elf Jahre vorher im gleichen Verlag erschienenen Sammelband »Die Revolution der Menschenrechte« (Frankfurt am Main 1988, hrsg. von Christoph Menke u. Francesca Raimondi), den die »Westler« ganz unter sich füllen. Von *Dialog* kann man offenbar erst nach der Jahrtausendwende sprechen – und da drängt sich die Ahnung auf, dass das etwas mit dem Schock des 11. September zu tun haben könnte: Dessen Dimension mag die Öffnung erzwungen haben. Nicht von der Hand zu weisen mag auch der Einfluss des so primitiv malenden »Clash of Civilizations« Huntingtons (1996) sein, dem ein Moment des Dialogs entgegenzusetzen sich seriöse Denker herausgefordert fühlten.

Somit ist die *relevante* Einbeziehung der Anderen in der Tat eine neueres Phänomen. Darin liegt in der Tat der große Vorzug der aktuellen Diskussion – und damit auch eine große Hoffnung, wie das obige Zitat von Fathi Triki zeigt, drängt doch spätestens mit ihnen die Relevanz des Historischen in die Diskussion. Beispielhaft zeigt sich dieser Dialog in dem 2012 erschienenen Band »Kultur – Identität – Menschenrechte« (Hrsg. Sarhan Dhouib, Weilerswist). Wahrscheinlich ist es deshalb auch kein Zufall, dass der Beitrag des Philosophen Georg Mohr durch seine relevante Einbeziehung der Historie und ihrer schweren Belastungen für den heutigen Diskurs auffällt: Er macht sehr deutlich, dass die komplexen prinzipiellen Fragen von Universalität vs. Partikularität, von kultureller Autonomie und demokratischem Prozess ohne den Rekurs auf die Geschichte nicht angemessen zu diskutieren sind – in der er immerhin nichts weniger als den »politischen Verrat an einer philosophischen Idee« (ebd., S. 203) angesiedelt sieht: Die Geschichte der Menschenrechte war über lange Zeit – und ist es teilweise noch immer – eben die Geschichte eines solchen Verrats. Wenn wir aber mit einem solchen zu tun haben, können wir nicht einfach so tun, »als sei nichts geschehen«: In Bezug auf unseren Gegenstand ist Ungeheuerliches geschehen.

Es scheint in der Tat so zu sein, dass erst die Verratenen, die um die Menschenrechte Betrogenen, uns das ganze Ausmaß dieses Verrats zum Bewusstsein bringen können: Sie sind die »natürlichen Analytiker« einer bürgerlichen Verdrängung, die aus eigener Kraft sich bewusst zu machen kaum gelingt. Diese Konfrontation mit den eigenen Sünden unserer Kultur kann sehr schmerzhaft sein, wie schon früher die Lektüre von Frantz Fanons »Verdammten dieser Erde« gezeigt hat, und kann es unmöglich machen, sich auf die Sachlichkeit analytisch-wissenschaftlichen Arbeitens zu beschränken – erweist sich doch das Maß der »liberalen Heuchelei« (Sartre 2001, S. 13) als erdrückend. Wo aber die Heuchelei selbst zum Gegenstand der Wissenschaft werden muss, verschwimmt ihre Grenze zur Moral nur allzu leicht. Doch wenn Georg Mohr konstatiert: »Postkoloniale Studien bestätigen, dass die Rede von Universalität und Universalismus von den Kolonisierten als verlogene Ideologie aufgefasst worden ist und wird« (a. a. O., S. 211), dann kann das weder überraschen, noch kann ein wirklich universalistischer Anspruch darüber hinweggehen, noch dürfen wir »Westler« uns der Illusion hingeben, wir könnten diesen Sumpf an ansozialisierter Heuchelei allein aus eigener Kraft verlassen: Wir sind dringend auf die Hilfe der Anderen, den Dialog mit ihnen und ihre Perspektive angewiesen, wenn wir wieder *wissenschaftlich* arbeiten wollen. Zu dem laufenden Diskurs selbst über eben diesen Aspekt hinaus Stellung zu nehmen, ist hier nicht beabsichtigt, würde dies doch den Rahmen der Arbeit sprengen.

Unsere Chance: Wir sind nicht monolithisch

Wie schon die sich zeigende Bereitschaft zu einem Dialog, der seinen Namen verdient, einen Ausweg weisen kann, so gilt dies auch für einen anderen Aspekt. Dazu ist zunächst eine dringende Differenzierung nachzuholen. Wenn bisher von »dem« Westen und »dem« Bürger gesprochen wurde, so geschah dies, um das Grundsätzliche und Allgemeine der westlichen Praxis zu unterstreichen bzw. das, was die historische Wirklichkeit dann auch geprägt hat. Hatte es seinerzeit auch schon differenzierende Stimmen gegeben – in vorderster Linie etwa Herder –, so waren diese jedoch nicht relevant geworden. Angesichts der Veränderungen des globalen Kräfteverhältnisses und des Niedergangs der westlichen Hegemonie und Perspektiven mehren sich die selbstkritischen Stimmen und gewinnen an Gewicht. Zu unserem Glück können wir nun konstatieren, dass »der« Westen, »der« Bürger zwar dominant, aber nicht monolithisch ist. Es gibt auch, wie im Resümee der Menschrechtsdiskussion schon gezeigt, längst andere Wortmeldungen, wenn diese angesichts der Dominanz der Ersteren auch nur schwach wahrzunehmen sind. Das ist deshalb problematisch, weil nach wie vor die Scharfmacher die Wahrnehmung von außen prägen: Herrn Sarrazin hört die ganze Welt, ebenso wenn Frau Merkel »Multikulti für gescheitert« erklärt. Unsere Chance liegt aber in solchen Einsichten *innerhalb* unserer Gesellschaft, wie sie Helmut Schmidt in der ZEIT formuliert hat:

> »Das Verhältnis des Westens zum Islam insgesamt ist durch eine grundsätzliche Animosität und Überheblichkeit des Westens gekennzeichnet.« (Thesen zu Afghanistan, DIE ZEIT, 28.1.2010, Nr. 5)

Stefan Weidner wird noch konkreter:

> »Hinter dem derzeitigen Aufklärungsfundamentalismus, der keinen anderen Gegner kennt als den Islam und seine Verteidiger, verbirgt sich ein alter selbstherrlicher Reflex, der in Form von zivilisationsmissionarischen Argumenten für die Kriege in Irak und Afghanistan wieder auflebt.«(Qantara, Januar 2010)

Oder wie Andrian von Kreye in der Süddeutschen Zeitung feststellt:

> »Im Westen geht die Wertedebatte prinzipiell davon aus, dass der Wertekanon von Freiheit, Gleichheit, Demokratie und Menschenrechten etwas ist, das der gesamte Rest der Menschheit herbeisehnt. (...) Ein Moslem ist jedoch kein Unterdrückter, der unter einer Diktatur leidet, bis ihn endlich die Flucht oder ein Befreier von seinem Schicksal erlöst.« (3. Januar 2010)

Und Christian von Haldenwang wirft die Frage auf, ob denn

> »... unser zentraler Fehler darin (besteht), unsere ›westlichen‹ (›christlichen‹) Werte als alleinigen Maßstab für eine gute Gesellschaft in alle Welt zu exportieren, ohne auf andere Kulturen und Werteordnungen Rücksicht zu nehmen.« (Deutsche Welle, 14.1.2010)

Wenn sich – wider alle Erwartung – ein solcher (selbst-)kritischer Blick auf unsere Beziehung zu den Anderen durchsetzen sollte, dann haben wir unseren wichtigsten Beitrag zur Verhinderung eines »Clash of Civilizations« geleistet. Darum zu streiten lohnt sich aber auch, weil solche Einsichten eine Chance haben, gehört zu werden, und weil uns im Falle des Erfolgs viel mehr winkt als »nur« die Vermeidung einer Konfrontation.

Dieser selbstkritische Blick kann erheblich dadurch befördert werden, dass er sich dem Austausch, dem Dialog mit den Anderen, den Nicht-Westlern stellt und so uns jene fehlende Perspektive auf uns selbst und die weniger glorreichen Seiten unserer Vergangenheit öffnet. Sinnlos bleibt eine solche Übung dann, wenn westliche Arroganz und Ignoranz eine solche Begegnung beherrschen. Umgekehrt sind die Fähigkeiten zu Empathie und Perspektivenwechsel wahre »Generalschlüssel« auch noch zu den fremdesten und schwierigsten kulturellen Erscheinungen.

Lob der Partikularität

Eine Überdehnung des beschränkten Eigenen ins scheinbar Universelle ist auf die Dauer eine sehr anstrengende Übung – zumal sie immer deutlicher mit der Wirklichkeit kollidiert. Und sie droht schließlich – wie oben gezeigt (»Der ›Universalismus‹ als selbstgestellte Falle«, S. 142) – den Bestand des wirklich Eigenen in Gefahr zu bringen: Indem sie das Universelle sich zuzurechnen beansprucht, negiert sie die Besonderheit der eigenen Partikularität – und damit seine identifikatorische und orientierende Funktion. Das Eigene »geht unter« in der beanspruchten Universalität – und entsprechend desorientiert reagieren vor allem die, die den Vorgang nicht durchschauen und an ihm nicht teilhaben: Ihre »Lösung« ist die Regression à la »Deutschland den Deutschen«, sind die europäischen Populisten und Extremisten von Haider über Le Pen bis zu Wilders und den »wahren Finnen«. Habermas' »neue Unübersichtlichkeit« ist für sie wahrlich kein intellektuelles Problem, sondern eine Bedrohung und Gefahr.

Nun, wir können die Welt nicht einfacher machen, als sie ist. Wir können aber jene überflüssigen Schwierigkeiten aus der Welt schaffen, die in der Überdehnung des universalistischen Anspruchs einer partikularen Gesellschaft liegen.

Nehmen wir das Beispiel des Burka-Streits: Die westliche Gesellschaft versteht sich als demokratisch, jeder Bürger, jede Bürgerin hat das Recht und die Pflicht zu entsprechender Teilhabe und Mitarbeit. Der Hinweis sollte nun fast überflüssig sein, ist aber offensichtlich vonnöten: Der demokratische Prozess ist unmöglich, wenn sich die Individuen gegenseitig nicht identifizieren können, sie sich voreinander verbergen. Wer sich verbirgt, klinkt sich aus diesem Prozess aus, klinkt sich angesichts der Bedeutung des demokratischen Prozesses aus dieser Gesellschaft aus: Die Burka ist ein undemokratisches Kleidungsstück schlechthin, sie verunmöglicht Demokratie.

Dies ist ein sehr simpler Sachverhalt. Signifikant ist jedoch der »Eiertanz« um dieses Kleidungsstück: Die Burka steht klar gegen den *partikularen* Inhalt der westlichen Kultur, lässt sich aber aufgrund des universalistischen Anspruchs dieser Kultur nicht ausschließen. Entsprechend hilflos reagiert man auf dieses Dokument demonstrativer weiblicher Ungleichheit, das doch per se zur Staatsbürgerschaft einer demokratischen Gesellschaft disqualifiziert.

Wieder verfängt man sich in den Fallen der eigenen »Universalität« – und ist doch nicht bereit, darauf zu verzichten, selbst nicht um den

Preis der Zerstörung eigener Werte, Glaubwürdigkeit und Autorität. Und doch hätte es große Vorteile, sich mit der Position von Gleichen unter Gleichen bzw. einer Partikularität unter Partikularitäten zu »begnügen«. Zunächst gehört dazu die »Klarheit in eigener Sache« oder auch: die *Aufrichtigkeit* – die ihrerseits eine wichtige Voraussetzung der *Glaubwürdigkeit* ist.

Neben dem Gewinn an Glaubwürdigkeit auch nach innen bliebe die eigene Kultur für ihre Angehörigen kenntlich und Identitätsquelle, sie gewönne an Integrationskraft und damit an Stabilität. Kurz: Im Rückzug, besser: in der Rückbesinnung auf die eigene Partikularität wäre viel zu gewinnen und nichts zu verlieren – nichts außer der schädlichen Illusion von der eigenen vermeintlichen Universalität.

Partikularität am Beispiel der Menschenrechte

Der westliche »Universalismus« lässt sich nicht abstrakt modifizieren. Die Arbeit findet im und am Konkreten statt. Dabei geht es uns hier in erster Linie um den wichtigsten politischen Ausdruck dieses »Universalismus«, die *bürgerlichen* Menschenrechte. *Diese* Menschenrechte sind *Individualrechte* und haben *auch* eine individualisierende Wirkung. Hierin liegt ihr besonderer Stachel, ihre »Provokation« für traditionellere Kulturen, die sie als Bedrohung wahrnehmen.

Diese Wahrnehmung entspringt vordergründig dem universellen Anspruch, dem Anspruch allgemeiner Geltung, der Geltung also auch für Russland, die islamische Welt, für China, Indien usw. Dass all diese Länder der heutigen Charta der Menschenrechte im Rahmen der UNO formal zugestimmt haben, war auch der Machtkonstellation geschuldet, die sich zum Ende des 2. Weltkriegs herausgebildet hatte. Es war dies eine Situation schier überwältigender Dominanz des Westens, genauer: der USA, wie umgekehrt einer historischen Schwäche der nicht-westlichen Länder – mit Ausnahme der Sowjetunion, die ein aller Welt erkennbares Lippenbekenntnis ablieferte. Vor diesem Hintergrund wirkt die Bürgerlichkeit der Menschenrechtserklärung nicht nur bedrohlich, sie weckt auch Scham und Wut darüber, dass man sich seinerzeit so hat »überfahren« lassen müssen.

Dem Inhalt und Geist ihrer Menschenrechtserklärung nach hätte die westlich-bürgerliche Welt sie von vornherein als ihren *partikularen* Beitrag zu einer *global noch zu führenden* Menschenrechtsdiskussion präsentieren müssen, als westlichen Beitrag zum Gespräch *mit dem Ziel* universeller Menschenrechte.

Die Geschichte ist über diese Möglichkeit hinweggegangen, doch das seinerzeit prinzipiell Richtige ist es auch heute noch. Es ist zu fragen, was dies für die heutige Situation und Praxis bedeutet. An erster Stelle ginge es auch hier um die Rücknahme des Anspruchs auf universelle Geltung und den Rückzug auf eine klar partikulare Position: Wir sprechen zunächst nur für uns – und erwarten Gehör von den Anderen, wie sie dies auch von uns erwarten dürfen. In der Praxis liefe das darauf hinaus, dass weniger die Universalität als die Menschenrechte selbst im Zentrum der Erörterung stünden. Angesichts der oben konstatierten Tautologie ist ein westliches Gespräch z. B. mit China über die Menschenrechte immer ein Gespräch über transkulturelle, also tendenziell universelle Menschenrechte. Entscheidend ist dabei nicht mehr der Anspruch der Universalität, sondern die Gleichheit der Gesprächspartner und ihre Offenheit zum Gespräch. Diese Bedingungen waren 1948 nicht gegeben, sind aber jetzt einsichtig und praktikabel.

Es handelt sich hier im Übrigen um eine Banalität: Bei allem Universalitätsanspruch waren auch die bisherigen Gesprächen um die Menschenrechte seriös immer nur unter der Voraussetzung zu führen, dass keine Seite von vornherein universelle Geltung für ihre Positionen beanspruchte: Das wäre ultimativ und kontraproduktiv gewesen. Mit anderen Worten: Wann immer interkulturell Gespräche über die Menschenrechte geführt werden, geschieht dies ohnehin jenseits des Universalitätsanspruchs einer Seite – möglicherweise durchaus aber im Sinne ihrer Universalität: *Wer wirkliche Universalität der Menschenrechte will, muss auf den (eigenen) partikularen Universalitätsanspruch verzichten.* Umgekehrt gilt aber auch: Wer auf der Universalität der eigenen Konzeption von Menschenrechten beharrt, verhindert wirklich universelle Menschenrechte.

Werfen wir also unseren Universalitätsanspruch als kontraproduktiven Ballast ab. Dies sollte dem Westen umso leichter fallen, als sich die Weltgesellschaften insgesamt einem mehr oder minder dynamischen Individualisierungsprozess ausgesetzt sehen. In diesem Sinne ist also künftig ohnehin eine Annäherung an das westliche Menschenbild zu erwarten. Da aber ungewiss ist, ob diese Prozesse immer auch nach denen des westlichen Pioniers verlaufen oder vielleicht in anderen Formen, ist auch hier Zurückhaltung angebracht. Zu erwarten ist, dass »individualisierte« Gemeinwesen ihren Anspruch auf Gleichberechtigung und demokratische Mitsprache vehementer einfordern werden als die bisherigen Gegenüber.

2. Wege aus dem historischen Extrem

Zur Universalität der Partikularitäten

Die Quelle unseres Problems liegt darin, dass wir nicht sind, was zu sein wir vorgeben: universell. Weiter oben war als Problemlösung der Rückzug auf die eigene Partikularität empfohlen worden, also die Rücknahme der Überdehnung des eigenen Anspruchs und das offene Bekenntnis zur eigenen Kulturprovinzialität – und damit zur eigenen Besonderheit und Verletzlichkeit. Gewissermaßen gilt es für den Westen, sich zu »re-partikularisieren«, d.h. das Bewusstsein der eigenen Begrenztheit wiederzugewinnen. Damit käme vor allem die Ehrlichkeit zu ihrem Recht – und das wäre für uns wie in den Beziehungen zu den Anderen ein großer Gewinn, es wäre die Korrektur eines Fehlers, einer historischen Schuld.

Auf der anderen Seite kann und darf dies nur ein Teil der Lösung sein, die Antwort eben auf eine ganz spezifische historische Situation. Doch damit ist der Wirklichkeit der globalen Begegnungsprozesse noch nicht Genüge getan. Dazu ist ein weiterer großer Schritt erforderlich, ein prinzipieller – der nun aber für alle Kulturen, alle Partikularitäten gilt: Bei aller Partikularität müssen auch sie sich »universalisieren« in dem Sinne, dass sie sich der Vielfalt dieser Welt gegenüber öffnen. Nur in solch einer universalistischen Öffnung können sie sich in der Dynamik der globalen Begegnungsprozesse als Partikulare bewahren, weil sie nur so auch Subjekt dieser Prozesse sein können. Es gilt also für alle, nach einem gleichsam »überpartikularen« Verständnis von Universalismus, einem wirklich *universalistischen* Konzept des Universalismus zu streben, zu streben nach dem Bewusstsein und Wissen von den *Gemeinsamkeit(en) der Partikularitäten.*

Auch dieses Streben beginnt zunächst kulturspezifisch und verschieden je nach Partikularität. Parallel zu ihrer »Re-Partikularisierung« heißt dies angesichts der behaupteten Universalität des Westens, dass er die »Flucht nach vorn« antreten muss: *Es gilt, das zu werden, was man zu sein vorgibt,* also das nun auch in die Praxis umzusetzen, was man proklamiert und instrumentalisiert hat: die Universalität. Das hieße, sich endlich um die Einlösung dessen zu bemühen, was man bisher bestenfalls naiv, als Lippenbekenntnis oder als Legitimation des eigenen Machtanspruchs vorgetragen hat.

Beide Lösungswege – der »partikularisierende« und der »universalisierende« – sind im Grunde eins, keiner wirkt ohne den anderen. Dies gilt im Falle des letzteren umso mehr, als in der Konsequenz des Anspruchs der Universalität schon richtige Einsichten gewonnen und Schritte in diese Richtung getan worden sind: Rückwirkend auf die Wirklichkeit hat dieser Anspruch – wo er denn ernstgenommen worden ist – überall dort schon positive Ergebnisse erbracht, wo der Absolutheitsanspruch der bürgerlichen Kultur im Interesse der Erkenntnis, der Kommunikation und – in der Tat – der individuellen Überwindung der eigenen Kulturprovinzialität relativiert und reduziert wurde – all dies zugunsten einer gleichrangigen Begegnung mit den Anderen.

Entschließt man sich dazu, kommt man am Kulturellen Relativismus nicht vorbei. Sicher, angesichts des Absolutheitsanspruchs einer jeden Kultur ist die Proklamation ihrer jeweiligen Relativität revolutionär. Doch haben wir hier den einzigen Hebel in der Hand, um die zutiefst widerstrebenden Kulturen gewissermaßen zum »Zuhören« zu bewegen – und die einzige Legitimation, die nur darin besteht, dass auch ich vom Absolutheitsanspruch meiner eigenen Kultur abzugehen bereit bin. Denn der treibt uns immer wieder auseinander.

Am Beispiel: eine Brücke zwischen Partikularitäten

Die geltende Kanonisierung der Menschenrechte ignoriert die globale Wirklichkeit und Dynamik. Ein angemessenes Verständnis, das ihrer großen emanzipatorischen Funktion ebenso wie den Individualisierungsprozessen Rechnung trägt, muss sich von einer statischen Auffassung der Menschenrechte und ihrer Verabsolutierung verabschieden und an deren Stelle ein dynamisches Verständnis setzen. Ein solches Umdenken wäre unmittelbar hilfreich, denn hier würde schon der Weg zum Ziel und die Menschenrechte zum ständigen Projekt.

Mit einem solchen dynamischen Verständnis von den Menschenrechten trüge man nur den Erfordernissen eines wirklichen Universalismus Rechnung. Es ist aber auch unverzichtbar zur Erfassung einer ebenso dynamischen Wirklichkeit – der in der Menschenrechtsdiskussion dort nicht hinreichend Rechnung getragen wird, wo westliche und traditionelle Gesellschaften gleichsam als Blöcke gegenüber gestellt werden. Demgegenüber hat der epochale Transitionsprozess von traditionellen Gesellschaftsformen hin zu sich individualisierenden auch so ziemlich den letzten Winkel des Globus erreicht – in erster Linie, »weil sich die politischen Verhältnisse, unter denen sie (i.e. die Menschenrechte) entstanden sind, universalisiert haben«. Und: »Angesichts der globalen Verbreitung dieser Erfahrungsgrundlagen überrascht es nicht, dass das Menschenrecht auf demokratische Mitbestimmung transkulturelle Gültigkeit gewinnt« (Hahn 2012, S. 74) beziehungsweise dabei ist, sich zu universalisieren. Es geht also nicht darum, ob die (noch) traditionell verfassten Gesellschaften die Individualisierung erfahren, sondern wie. Ein Kriterium kann schon jetzt eingefordert werden, nämlich: human.

Human wird ein solcher Prozess nicht verlaufen, wenn eine jede Partikularität sich zur Gänze durchsetzen will. Dies betrifft von westlicher Seite z. B. jenen extremen Individualismus, der mittlerweile selbst in unserer eigenen Kultur Widerspruch erregt. Nicht zuletzt angesichts der Finanzkrise war wieder die Kritik zu hören, dass das Individuum gegenüber der Gemeinschaft nicht Anspruch auf alle Zügellosigkeiten haben dürfe, dass es ihr gegenüber nicht alles Recht habe. Hier bricht sich ein Bewusstsein von der individualistischen Einseitigkeit der bürgerlichen Menschenrechte Bahn: Das dem Individuum zugestandene »Recht auf Glück« kann und darf es eben nicht auf dem Rücken und auf Kosten der Übrigen durchsetzen, wie es auch nicht als Recht auf zügellosen Egoismus (miss-)verstanden werden darf.

Konsequenterweise ist es in diesem Zusammenhang zu einer Diskussion gekommen, die in der Forderung und Formulierung von Menschen*pflichten* mündete. Um die Initiierung einer solchen Diskussion hat sich vor allem Helmut Schmidt verdient gemacht, der dann auch der Erstunterzeichner der entsprechenden Charta war. Es liegt auf der Hand, dass solche Pflichten per se Pflichten gegenüber den übrigen Mitgliedern der Gesellschaft sind, ihr Gegenstand also *soziales* Verhalten ist – mit anderen Worten, dass sie eine Korrektur des extremen Individualismus darstellen. Sie stellen damit zugleich einen realen Schritt auf jene Kulturen und ihre Vertreter hin dar, für die ohnehin andere Gewichtungen innerhalb der menschlichen Ambivalenz gelten. Es ist bezeichnend, dass die Skala der Unterzeichner dieser Charta auch entsprechend weit gespannt ist. Es fällt vor allem der relativ hohe Anteil von Individuen auf, die ihre Wurzeln und wahrscheinlich auch ihre Primärsozialisation in nicht-westlichen Kulturen haben. Unter den Erst-Unterzeichnern finden wir – laut Wikipedia – neben Helmut Schmidt, Jimmy Carter und Valéry Giscard d'Estaing auch die Namen von Anand Panyarachun, Oscar Arias Sanchez, Miguel de la Madrid Hurtado, Salim al-Hoss, Kenneth Kaunda, Lee Kuan Yew, Kiichi Miyazawa, Misael Pastrana Borrero und Shin Hyon Hwak.

Wie immer man zu diesem Text und seinen Unterzeichnern im Einzelnen stehen mag – grundsätzlich geht es um einen Ansatz, ohne den die Menschenrechte nicht zu haben sein dürfen: Auch in der Praxis des Rechts auf individuelles Glück darf es keinem Individuum erlaubt sein, die Gesellschaft und deren Lebensgrundlagen in Gefahr zu bringen. Das aber ist heute verbreitete Praxis: Relativ wenige bringen aus kurzsichtigem, egoistischem Interesse unsere Zukunft in Gefahr. Menschen*rechte*, die solchen entfesselten Individualismus zu legitimieren scheinen – wie etwa die US-Variante –, können sich letztlich gegen die Lebensinteressen der Menschen wenden. Revision ist dringend geboten. Ihnen den Gedanken von Menschen*pflichten* entgegenzustellen, ist ein wichtiger prinzipieller Schritt, ein »Weckruf« zur Revision solch extremer Position und Einseitigkeit – und hin zur Gemeinsamkeit mit jenen, die den Kult um das Individuum nicht teilen.

Was müssten die Profiteure des Traditionalismus mehr fürchten als einen Westen, der den Gedanken der Menschenrechte als gemeinsames und globales Projekt versteht, der seine eigene bürgerliche Charta als Diskussionsbeitrag anbietet und diesen selbstkritisch und öffentlich in einem wesentlichen Kritikpunkt im Sinne der Traditionellen revidiert – und so seine Gesprächsbereitschaft glaubwürdig belegt? Wer hier meint, das sei zuviel an »Vorleistungen«, dem sei geantwortet, dass der Westen angesichts der bisherigen Geschichte im Interesse seiner Glaubwürdigkeit nichts nötiger hat als das: Vorleistungen. Noch längst glaubt man ihm nicht, dass er es ernst meint.

An dieser Stelle wird gern das Argument vorgetragen, dass nicht alles von der traditionellen Seite kritiklos hinzunehmen sei. Eben: Nur rüstet uns eine wohlverstandene Partikularität für diese Kritik besser als aller Anspruch auf Universalität. Allerdings müssen wir um unserer Glaubwürdigkeit willen zugleich auch Kritik an uns akzeptieren: So wie wir traditionellen Gesellschaften nicht das Recht zubilligen können (und dürfen), im Namen ihrer Tradition Menschenopfer, Morde, Verstümmelungen, Vergewaltigungen welcher Art auch immer, Entmenschlichung und Unterwerfung und Unterdrückung ihrer oder anderer Individuen zu beanspruchen, so wenig können wir der Individualisierung und den Individuen des Recht zubilligen, ihr Glück auf Kosten und zum Nachteil und Leid Anderer zu verfolgen und zu realisieren. Beiden muss Einhalt da geboten werden, wo sie die Menschlichkeit und die Würde und Rechte der Menschen und ihrer Gemeinschaften verletzen. Keine noch so mächtige Gemeinschaft kann eine solche Praxis legitimieren – ebenso wenig wie ein noch so verbriefter individueller Anspruch auf persönliche Entfaltung und Glück.

Indem wir so die *historische Dichotomisierung* des Menschen, in deren Verlauf seine anthropologische Ambivalenz erst zum Gegensatz aufgebläht wurde, praktisch zu überwinden trachten, löst sich auch prompt jener Konflikt auf, der unseren Überlegungen immer wieder unterlag: »Menschenrechte versus Tradition« ist nur dort ein Gegensatz, wo das individuelle und das soziale Wesen des Menschen einander entgegengestellt werden; der Konflikt ist nichts Anderes als die Konkretisierung, der Ausdruck dieses historischen, nicht anthropologischen Gegensatzes – der sich mit dieser Frontstellung zugleich auflöst. Auch diese Brücke lässt sich nur erbauen unter Verzicht auf die Illusion der eigenen Universalität: Suggeriert diese doch, wir hätten sie längst erbaut – aus unserem »Material«.

Universalismus als Arbeit und – Chance

Nichts wäre verfehlter, als die bisherige Kritik am »Universalismus« als Kritik an seinem seriösen Gegenstück, dem Universalismus, zu verstehen. Letzterer ist die einzig angemessene Antwort auf die Veränderungen und Herausforderungen der interkulturellen Annäherungen des 21. Jahrhunderts. Das Hauptproblem am »Universalismus« liegt darin, dass er uns in der Illusion wiegt, wir seien bereits da, wohin wir erst unter größten Anstrengungen und Mühen gelangen können, also die wesentliche Arbeit schon geleistet hätten. Wie weit wir noch davon entfernt sind, zeigen einige Erfahrungen der jüngsten Zeit.

Manche werden sich noch an jene kreuzzugsähnliche Aufgeregtheit und Proteste – auch von seiten der Wissenschaft – gegen die Verleihung des Friedenspreises des deutschen Buchhandels an Annemarie Schimmel im Jahre 1995 erinnern. Hier sollte eine Persönlichkeit geehrt werden, die wie wenige andere den Perspektivenwechsel, die Empathie, die Ambiguitätstoleranz gegenüber dem Islam, unserer wichtigsten Fremd- und Bezugskultur, als Wissenschaftlerin praktiziert und sich damit als Dolmetscherin eines gleichberechtigten Dialogs der Kulturen profiliert hat, als hervorragende Brückenbauerin zwischen den Kulturen, die wir doch so dringend benötigen.

Und doch kam es zu wütenden Reaktionen und der dringenden Forderung an den damaligen Bundespräsidenten Herzog, seine Laudatio auf die Preisträgerin abzusagen. Konkret ging es u.a. darum, dass Frau Schimmel im Streit um Chomeinis Fatwa gegen Salman Rushdie Verständnis für die über die Satanischen Verse aufgebrachten Muslime geäußert und sich damit – ihren Kritikern nach – gegen die Meinungsfreiheit gestellt hatte – ein früher »Karikaturenstreit« gewissermaßen. Frau Schimmel hatte auf ihrem Weg in die andere Kultur in diesem Fall Wesentliches der eigenen zurückgestellt. Dafür ist sie zu kritisieren.

Doch sie sollte den Friedenspreis für ein Lebenswerk des Brückenbaus erhalten – das von islamischer Seite als eben solches gesehen wird: Nicht zufällig ist in Lahore ein zentraler Boulevard nach ihr benannt. Doch hier überwog der eine Fehltritt plötzlich alle andere Leistung. Ging es wirklich nur noch um diesen?

Was so unverständlich erscheint, enthüllt sich dann, wenn wir genauer betrachten, wofür denn Annemarie Schimmels und ihre Arbeit steht: Sie stellen eine Zumutung für das »universalistische« Wissenschaftsverständnis dar, für ein Wissenschaftsverständnis, das auf seinem eurozentrischen Anspruch beharrt, alleinige und höchste Instanz der angemessenen Definition und Interpretation von Wirklichkeit zu sein. Der Streit um Annemarie Schimmel hat noch einmal vor Augen geführt, wie wenig unsere bürgerliche Wissenschaft weiß von der Notwendigkeit zu multikultureller Relativität und Polyvalenz in Bezug auf ihr eigenes Selbstverständnis, ihre eigene Verfasstheit, ihre eigene Methodik, wie fern wesentliche Teile dieser Wissenschaft bzw. ihre Repräsentanten der Einsicht in die eigene kulturspezifische Befangenheit sind – und damit der Einsicht, dass Multikulturalität in Bezug auch auf die Wissenschaft heißen muss: *Emanzipation von den kulturprovinziellen Beschränktheiten ihrer Genese* (wie dies etwa der Kulturrelativismus in Bezug auf die Ethnologie geleistet hat).

Doch nicht nur die Wissenschaft schreckt zurück vor ihrer eigenen Relativierung. Die Turbulenzen um die Verleihung des Hessischen Kulturpreises im Frühjahr 2009 an Kardinal Lehmann als Repräsentanten der katholischen Kirche, Kirchenpräsident Steinacker – für die Protestanten –, Salomon Korn als Vertreter des Judentums und an Navid Kermani – für den Islam – haben die ängstliche Befangenheit der christlichen Seite gegenüber dem Islam offenbart. Nachdem Kermani seine persönlichen Schwierigkeiten mit dem Kreuz als Glaubenssymbol in der Neuen Zürcher Zeitung diskutiert hatte, verweigerten die Vertreter der Katholiken und Protestanten in zweifelhafter Einmütigkeit Kermani die Akzeptanz – weshalb ihm die Jury in promptem Gehorsam den Preis wieder aberkannte. Offensichtlich hatten die so zweifelhaft Geehrten Kermanis Artikel nicht richtig verstanden. Sonst hätten sie erkannt, dass er ihnen eine »Steilvorlage« für den Beginn eines wirklichen Dialogs geliefert hatte, eine Einladung zum Dialog um das Konkrete.

Es geht in der Tat um das Konkrete, da lauern die Fallen unseres unreflektierten »Universalismus«. Ernst nehmen ist gefordert – aber auch das Ernstnehmen ist kulturell geprägt: Wenn der Urheber der Mohammed-Karikaturen, der Karikaturist Westergaard am 1.12.2008 sich im Deutschlandfunk rechtfertigend argumentiert: »Wenn ich dich kritisiere, nehme ich dich ernst.«, so nimmt er *auf kulturspezifische Weise* ernst – und fordert die ganze Leistung des Brückenbaus wieder nur von der anderen Seite. Wird doch dieses Verständnis von Kritik – als eines Ernstnehmens des Anderen – nicht nur außerhalb der bürgerlichen Welt trotz allem als verletzend, beleidigend oder ungehörig empfunden. Unterstellt wird, alle hätten nach den gleichen Mustern wahrzunehmen und zu werten wie wir – und zu reagieren nach unseren Mustern: Wieder liegt das Problem im Mangel an Bewusstheit unserer eigenen Partikularität.

Der so gern beschworene interkulturelle Dialog ist keine leichte Übung und schon gar nicht als Lippenbekenntnis zu erledigen: Wirklich ernsthaft geführt – siehe die obigen Beispiele – kann und wird er irritieren, kränken, verletzen, ja, beleidigen. Niemand kann im Voraus sagen, ob das, was da auf den Tisch kommt, auch allen schmeckt. Es kommt aber nur jene Wirklichkeit auf den Tisch, die bisher verborgen war. Manches, was die Anderen bisher über uns dachten, war eben kränkend, verletzend, beleidigend für uns (manchmal auch ungewollt).

Doch wie sieht es umgekehrt aus? Dass die westlich geprägten Gedanken über die Anderen nicht gerade von Gefühlen edler Reinheit getragen waren und werden, sollten die bisherigen Seiten gezeigt haben. Dass auch wir selbst eine Zumutung für die Anderen bedeuten, ist auch wohlmeinenden Vertretern des Christentums und der Bürgerlichkeit offenbar nicht klar. So Hässliches wir den Anderen auch alles vorzuwerfen haben – Frauenunterdrückung, Mädchenbeschneidung, Prügelstrafe, so wenig können bekanntlich auch wir unsere Hände in Unschuld waschen. Die Kultur des Verfeinerns von Diskriminierung, jene Diskriminierungskultur wirkt immer noch – eben auch als *Kultur der Selbsttäuschung*, ja, *des Selbstbetrugs*: Wir sind nicht die, die zu sein wir meinen. Und wir werden ganz anders wahrgenommen, als wir wahrgenommen zu werden meinen.

Der harte Weg vom »Universalismus« zum Universalismus beginnt damit, »vom hohen Ross herabzusteigen«, sich selbst zurückzunehmen, das Eigene als eine Möglichkeit unter vielen zu akzeptieren (= zu relativieren) und die Eigenheit und grundsätzliche Gleichrangigkeit der Anderen und des Anderen anzuerkennen *und zu respektieren*. Wir müssen uns darüber klar sein, dass das für Europa und sein Selbstverständnis nichts Geringeres als eine *Kulturrevolution* bedeutet und harte Arbeit an unserer eigenen bornierten Kultur, Sozialisation und Weltsicht, an unserem Erbe der Kulturborniertheit, an unserem Selbst- und Fremdverständnis.

Aus der Anerkennung der Anderen ergeben sich dann mit einer gewissen Logik jene Schritte, die ebenso Grundlage allen binnenkulturellen sozialen Lebens sind wie eben auch der interkulturellen Beziehungen: die Bereitschaft zu Empathie, Perspektivenwechsel und *Ambiguitätstoleranz*, die Bereitschaft also, das mir Fremde, Unverständliche, vielleicht auch Furchteinflößende zu ertragen.

Damit sollen und dürfen nicht die konkreten Probleme auf dieser Ebene, die die Vertreter des »universalistischen« Ansatzes häufig bewegen, in edlem Pathos als irrelevant vom Tisch gewischt werden. Die Frage, auf die sie *ihre* Antwort gegeben haben, ist durch das bisher Gesagte nicht gegenstandslos geworden: Wie soll ich mich konkret verhalten angesichts von Fremdheiten, auch von Unmenschlichkeiten, die auch in anderen Kulturen bzw. in deren Namen begangen werden? Soll ich, wie es manche so gutwillig meinen, über jede Entwürdigung und Grausamkeit hinwegsehen, nur weil sie in einer anderen Kultur begangen wurde und wird? Hierin liegen die eigentlichen Zumutungen des interkulturellen Kontakts.

Das Problem ist so real – und eben nicht mit der pauschalen Antwort und Erzwingung »der« Menschenrechte zu lösen. Legitimiert mich deren Charta, dem neuhinzugezogenen Nachbarn Vorhaltungen zu machen, weil er seine Frau prügelt? Soll ich ihm mit der Polizei drohen? Vielleicht verändere ich damit die Erscheinung eines Problems – gelöst ist es nicht. Das Höchste, was ich hier erreichen kann, ist die übliche Folge allen autoritären Begegnens: Im besten Falle wird der Stein des Anstoßes in den Untergrund verdrängt. Wenn er mir folgt, dann aus Angst vor überlegener Macht. Begegnet bin ich ihm schließlich als an Macht Überlegener, als Polizist, als Vormund – der immer entmündigt. Dass er mich anhört, dass er mir und meinen Argumenten sein Ohr und seinen Geist öffnet, habe ich damit weder erreicht noch befördert, ganz im Gegenteil.

Nicht nur das: Ich habe in dieser Form der herablassenden, der paternalistischen, der autoritären Begegnung obendrein die Grundsätze meiner eigenen Kultur verletzt: Ich bin dem Fremden nicht so begegnet, wie diese Grundsätze es von mir verlangen: nicht als Gleichrangigem und nicht als Gleichberechtigtem.

Jemandem als Gleichberechtigtem zu begegnen, das heißt: ihn wahrnehmen, annehmen und ernstnehmen gerade auch in seinem Anders-Sein, also: auch in seinem Mir-Fremd-Sein. Den Anderen, von dem hier die Rede ist, habe ich in der kulturbornierten Weise unseres Karikaturisten als Anderen, als mir Fremden weder wahr noch angenommen, geschweige denn: ernstgenommen. Ernstnehmen heißt, sich möglichst unbefangen einzulassen auf das Anders-Sein, es möglichst unzensiert, offenen Ohres anzuhören, mein »ich«, mein »selbst« zurückzunehmen. Das ist nicht leicht für westlich-bürgerlich sozialisierte Individuen.

An sich sollte uns ein solches soziales Verhalten nichts Neues sein – vor allem dann, wenn wir es schon uns »näherstehenden Anderen« gegenüber eingeübt haben. An sich gehört dieses Verhalten zu den wesentlichen Ansprüchen unserer Kultur, die uns einander als Gleiche wahr-, an- und ernstzunehmen heißen. An sich ist *das* dann auch die Basis, von der aus ich noch die härteste Kritik zu formulieren berechtigt bin: die Basis gegenseitiger Achtung und Solidarität, die Basis des »herrschaftsfreien Dialogs«.

Solange ich auf Machtmittel und »höhere« Normen und Autoritäten verweise, werde ich keinen wirklichen Zugang zum Anderen finden. Die Legitimation zur Intervention und die Bereitschaft zum Gespräch wird allein aus dem Wissen um und dem Vertrauen auf meine Solidarität erwachsen: Gerade ernste Kritik soll möglich sein – braucht aber eine starke gemeinsame Basis und nichts schadet ihr so sehr wie das Empfinden, dass da einer kein wirkliches Interesse an der eigenen Besonderheit hat – weil er ohnehin schon alles (besser) weiß. Mit dem Anspruch des »alleinigen Erziehers der Welt« (David Simo, 1991, S. 288) auftretend habe ich kaum eine Chance auf Gehör.

Man sollte dies nicht vergessen: Indem die bürgerliche Kultur die allgemeine Gleichheit proklamiert hat, hat sie eine Verantwortung übernommen – die Verantwortung zur Realisierung dieser Gleichheit zumindest in ihrem Machtkreis. Überwiegend praktiziert hat sie das Gegenteil und kam damit – wie gezeigt – in einen Sachzwang zur Entwicklung einer Diskriminierungs*kultur*, um eben diesen Widerspruch zu verschleiern. Dieser Mechanismus wirkt in der Gegenwart fort. Wo immer der Gleichheitsanspruch erhoben und zugleich Unterdrückung praktiziert wird, entsteht dieser Zwang immer wieder neu. Immer wieder neu wird der Zwang, Unterdrückung angesichts des gegenteiligen Anspruchs zu legitimieren, eine Kultur der Heuchelei und der Lüge hervorbringen. Der einzige Weg, dieser Doppelzügigkeit, dieser strukturellen Unaufrichtigkeit zu entkommen, besteht in der Wahrhaftigkeit und Aufrichtigkeit des Gleichheitsanspruchs, d. h. im Verzicht auf alle unterdrückende und diskriminierende Praxis und auf alle die bürgerliche Kultur überhöhende Perspektive und Argumentation.

Da der Universalismus und insbesondere der Unterschied zum »Universalismus« im Zeitalter der allgemeinen Annäherung ein zu hoher Wert ist, um negativ besetzt oder verschlissen zu werden, sei zu dessen Bestimmung abschließend das Folgende festgehalten:

Die wesentliche Voraussetzung eines wirklichen Universalismus ist das Bewusstsein der eigenen kulturspezifischen Partikularität, also Beschränktheit – und damit der kulturellen Relativität des eigenen Standpunktes.

Der wesentliche Gegenstand eines wirklichen Universalismus liegt deshalb in eben dieser kulturspezifischen Beschränktheit.

Die wesentliche Praxis eines wirklichen Universalismus besteht im Abarbeiten an dieser kulturspezifischen Beschränktheit und im Bemühen um ihre tendenzielle Überwindung.

Das schwer erreichbare Ideal eines wirklichen Universalismus liegt in der Überwindung dieser kulturspezifischen Beschränktheit.

Universalismus ist vor diesem Hintergrund also *der praktische Prozess der Emanzipation von der eigenen kulturprovinziellen Beschränktheit* – in einer *kosmopolitischen Perspektive*. Dieser Prozess impliziert nicht den Verzicht auf die eigene Partikularität, er ergänzt und öffnet sie zur Welt.

Diese Emanzipation ist natürlich ein Entwicklungsprozess: Indem wir erst unseren Blick »über unseren Tellerrand«, unseren »Kirchturm« hinaus werfen, ihm unsere Empathie nachfolgen und dieser schließlich unsere Identität selbst nachwachsen lassen, gewinnen wir Schritt für Schritt Anteil an einem kosmopolitischen und universalistischen Bewusstsein und Dasein.

Das ist kein leichter Prozess, häufig sogar ein schmerzlicher und frustrierender, ein unter Umständen verletzender und kränkender, aber auch befreiender und erhellender Prozess. Die Angehörigen der bürgerlichen Kultur, der westlichen Zivilisation müssen sich dabei im Klaren darüber sein, dass die obigen Forderungen ins Mark ihrer Identität, ihrer Selbstverständnisses und -bewusstseins zielen. In keiner anderen Kultur auf diesem Globus ist die individuelle Sozialisation und Psyche derart geprägt von den Mechanismen und (Selbst-)Täuschungen über das eigene Diskriminierungsverhalten.

Unter diesem Aspekt kann die vorliegende Arbeit auch als Anleitung zur Erkenntnis und Bestimmung, zur Kritik und zur Überwindung eigener Diskriminierungshaltungen gelesen werden. Allerdings fehlt ihr, die ja im Interesse der Deutlichkeit und Kohärenz und des Aufweises eines roten Fadens durchaus eindimensional-selektiv geschrieben wurde, durchaus ein ganz wesentlicher, ein ganz hoffnungsvoller Aspekt: Denn entgegen dem Eindruck, der sich deshalb gelegentlich einstellen mochte, war des Bürgers Siegeszug nicht immer und nicht gar so eindimensional, er blieb keine Einbahnstraße – auch der Bürger hat gelernt und sich verändert. Immer hat es auch solche Bürger gegeben, die anders herangehen, sich nicht nur von Besitzstreben, von »Universalismus«, von Arroganz und Ignoranz leiten lassen wollten, die vielleicht sogar einem wirklich universalistischen Anspruch zu folgen sich bemühten. Das herausragende Beispiel für eine solche Möglichkeit ist nichts Geringeres als der Kulturelle Relativismus selbst: In ihm ist dieses Herangehen sogar zur Wissenschaft geworden – ein Ruhmesblatt bürgerlicher Wissenschaft und ein Beispiel dafür, dass und wie der Weg zu wirklicher Gleichheit den Bürgern möglich ist.

Diese Arbeit darf nicht abgeschlossen werden, ohne noch einmal auf ihre wesentliche Beschränktheit hinzuweisen: Sie behandelte die *kulturelle* Ebene eines *Kultur*konflikts. Sie behandelt nicht dessen materielle Basis: die reale Hierarchie, die fortdauernde Herrschaft des westlichen Welt über wesentliche Teile des Globus, über seine Menschen bzw. Arbeitskräfte und seine Ressourcen und deren Ausbeutung. Diesen Aspekt berührt sie nur insofern, als sie die verschleiernde kulturell-ideologische Hülle dieses Komplexes zu zerreißen, ihn also zu enthüllen und damit besser erkennbar zu machen trachtet.

Allerdings bietet sie mit den hier so kritisierten Menschenrechten bürgerlichen Ursprungs auch einen Hebel an: Nichts und niemand auf der Welt spricht dagegen, wenn die westliche Welt ihre eigenen Grundsätze, ihren eigenen Menschenrechte ernstnimmt, wenn sie sie in ihrem eigenen Handeln zum Maßstab macht und sie aufrichtig zu praktizieren trachtet. Schon ihren ersten Grundsatz, den Respekt vor der Menschenwürde aller, zur Maxime ihres Handelns zu machen, bedeutete nichts Geringeres als eine Revolution der politischen Verhältnisse auf dem Globus – hin zu einer menschenwürdigeren Welt. Er brächte ihr und ihrem Beitrag zum Gedanken der Menschenrechte soviel Zustimmung (fast) aller ein, dass er wohl bald zum allgemeinen Beispiel und Vorbild würde. Hier liegt dann auch das eigentliche Arbeitsfeld all jener westlichen Menschenrechtsaktivisten, die sich andere als die bürgerlichen Menschenrechte gar nicht vorstellen können: Sorgt dafür, dass wir, dass der Westen sie ernst nimmt und ehrlich meint.

Und wie umgehen mit den Menschenrechten – konkret?

Um Missverständnisse zu vermeiden und zugleich eine Perspektive zu eröffnen, sind abschließend einige Klarstellungen und Konkretisierungen angebracht. Impliziert doch die systematische Kritik nicht automatisch die Konsequenzen für die aktuelle Situation. Ist die doch, wie deutlich geworden sein sollte, nicht ganz einfach.

Zunächst ist die Orientierung auf die eigene Praxis der Menschenrechte nicht so zu verstehen, dass damit zugleich andere Länder und Regierungen aus ihrer Verpflichtung auf sie entlassen wären. So fragwürdig auch das Zustandekommen der Menschenrechtserklärung gewesen sein mag, als wie einseitig-westlich ihr Inhalt auch immer interpretiert, kritisiert oder gar denunziert werden mag – all dies ändert nichts daran, dass auch die heute sie – explizit oder implizit – infrage stellenden Regierungen und Staaten diese Erklärung unterschrieben und sich damit förmlich auf sie verpflichtet haben. Sie selbst aufgrund berechtigter Kritik aus dieser Verpflichtung zu entlassen, hieße sich jener Legitimation zu begeben, hieße auf jenen Hebel zu verzichten, womit diese Opponenten in einen Menschenrechtsdiskurs einzubinden sind: Was auch immer sie heute gegen die Menschenrechtserklärung vorzubringen haben – sie haben ihrer Grundidee zugestimmt, der Grundidee, dass es Menschenrechte gibt – und dass diese über die Grenzen hinweg gelten. Sie haben auch den konkreten Ausformulierungen zugestimmt – auf deren Einhaltung sie sich verpflichtet haben - bis zu deren eventuellen Ersatz durch andere.

Vor diesem Hintergrund ist dann auch eine weitere Diskussion möglich und natürlich, gilt es doch u.a., die seinerzeit durch die westliche Hegemonie über diesen Prozess bedingten Geburtsfehler zu korrigieren – in einer gleichsam nachholenden inhaltlichen Diskussion.

Wenig hilfreich ist in dieser Situation das mantrahafte Beharren auf den eigenen Positionen. Vielmehr impliziert die eigene Offenheit und Bereitschaft zum Gespräch natürlich die Erwartung und Forderung nach einer Fortgeltung des status quo, seiner Validität – bis eben zu seinem Ersatz durch gemeinsam verantworteten Alternativen.

Realistischerweise ist davon auszugehen, dass es auf der Ebene von Regierungen und Regierungshandeln in dieser Angelegenheit kurzfristig kaum zu Bewegung kommen wird. Letzteres ist ohne einen gewissen Druck von der Basis her ohnehin kaum zu erwarten. Eben diesen Druck gilt es mittelfristig herzustellen – indem dieses Gespräch geführt wird, geführt von allen, die dazu berufen sein mögen und sich dazu berufen fühlen, in erster Linie also unterhalb der staatlichen Ebene, etwa von NGOs, insbesondere z. B. von amnesty international.

So sehr in einen solchen Diskussionsprozess der jeweilige politische Wille einzufließen hat, so sehr gilt es, in ihm auch jenen Inhalten Rechnung zu tragen, die unter dem Stichwort »Universalien« diskutiert werden: Das betrifft die referierten Vorstellungen innerhalb des Kulturellen Relativismus, aber auch neuere Überlegungen, die nicht zufällig parallel zum sogenannten Globalisierungsprozess von unterschiedlichen Seiten angestellt worden sind. Hier ist wiederum Martha Nussbaum zu nennen (a.a.O., 1993), aber auch Christoph Antweiler, der in jüngster Zeit zwei themenspezifische Titel verfasst hat: »Heimat Mensch. Was uns alle verbindet.« (Hamburg 2009) und »Mensch und Weltkultur: Für einen realistischen Kosmopolitismus im Zeitalter der Globalisierung« (PDF-Transkript 2010). Gerade Antweiler macht deutlich, »wie notwendig es ist, gerade auch in der Behandlung [...] normativer Fragen empirisches Wissen zu berücksichtigen.« (Newsletter der Giordano-Bruno-Stiftung, 16.4.2011) – und wir dürfen hinzufügen: wie hilfreich es ist!

Die Diskussion ist also durchaus im Gange. Gegenüber dem ideologisch aufgeheizten Schlagabtausch zwischen politischen Lagern dürfte sie die Möglichkeit eröffnen, das Gespräch auf eine sachlichere und fundiertere Ebene zu bringen – und damit dessen Erfolgsaussichten zu steigern.

Noch ein Wort zum Thema Glaubwürdigkeit: Sie zu gewinnen, sind Lippenbekenntnisse und entsprechende Fensterreden zwar wohlfeil, aber gerade nicht geeignet. Sie ist auch nicht zu gewinnen durch das permanente Schielen auf die Wirkung meiner Praxis auf potentielle Adressaten. Glaubwürdigkeit ist eine Frage der Ernsthaftigkeit. Was heißt aber nun, mit unserem Erbe der Diskriminierungskultur im Allgemeinen und unserem historischen Widerruf der Menschenrechte ernsthaft umzugehen?

Es wäre sicher falsch, an dieser Stelle eine abschließende Antwort geben zu wollen – und es wäre kontraproduktiv. Denn wie mit dem kollektiven Vergessen und Verdrängen umzugehen ist, was dem entgegenzustellen ist, ist eine Frage und Aufgabe aller, denen an einer Überwindung unseres entmenschlichenden Erbes gelegen ist – und schließlich aller, die daran teilhaben.

Das Wort »Erinnerungskultur« entstammt bekanntlich einem ganz anderen, jedoch nicht prinzipiell verschiedenen Kontext extremer Entmenschlichung. Es entsprang notwendig jenem Tatbestand, der mittlerweile im Begriff der »Geschichtsvergessenheit« auch ins öffentliche Bewusstsein gerückt ist. Mit der Institutionalisierung des Erinnerns in einer speziellen Erinnerungskultur wird das Bewusstsein eines Geschehens geweckt und wachgehalten, das nicht vergessen werden darf. Geschichtsvergessenheit, Geschichtsverdrängung prägt auch unseren Umgang mit unserer Diskriminierungskultur, mit unserem »Universalismus«, mit unseren Menschenrechten. Wo die allgemeine Erinnerung versagt oder versagen will, ist ein solcher oft kritisierter Ausweg in die Ritualisierung des Wesentlichen oft die einzige Chance, sie zu bewahren – nicht nur in traditionellen Gesellschaften: Als Fundament, als Gerüst der Erinnerung hat das Ritual durchaus seinen Sinn – solange es darüber hinaus mit Leben erfüllt wird. Entwickeln wir also Formen, Daten, Inhalte, Dialogzusammenhänge, die die Vergangenheit verlebendigen können. Füllen wir etwa jenen 12. Oktober der Ankunft des Kolumbus in Amerika mit dem Wissen und Bewusstsein von jener Katastrophe der Unmenschlichkeit, die dieses Datum für die Menschen dieses Kontinents und eben auch Afrikas nach sich zog. Solange dieser Tag als Feiertag begangen wird, triumphieren Geschichtsvergessenheit und –verdrängung, triumphiert die Diskriminierungskultur.

Bedarf es noch der expliziten Erwähnung, dass das Gleiche für unsere Menschenrechte gilt? Ohne den Verrat des Westens an ihnen zur Kenntnis zu nehmen, fehlt uns die Legitimation, sie anzupreisen. Ein Bewusstsein davon beginnt sich zu verbreiten. Das lässt hoffen.

Im Hintergrund: die anthropologische Ambivalenz – historisch zum Gegensatz aufgebläht

Rekapitulieren wir: Mit der bürgerlichen Umwälzung fand und findet eine radikale Umkehrung der bisherigen Verhältnisses statt – eine Umkehrung jedoch aus der einen Einseitigkeit in die andere: Die Gemeinsamkeit der traditionellen und der bürgerlichen Kultur besteht darin, dass sie beide die menschliche Existenz in einseitiger Weise rezipieren, dass sie keine Antworten auf die ganze Verfasstheit des Menschen geben, seine anthropologische Ambivalenz nicht annehmen und damit, eine jede auf ihre Weise, den Menschen jeweils um ein Wesentliches seiner Existenz reduziert wahrnehmen, sozialisieren, »kultivieren«. Beide sind sie also Ausdruck und Folge einer Amputation und Reduktion des Menschen auf je eine seiner zwei wesentlichen Konstitutanten: Diese – in ihrer jeweiligen Einseitigkeit verabsolutiert und ins Extrem geführt – begegneten sich dann als Ausschließlichkeiten, stehen sich feindlich gegenüber – jeweils im Namen des ganzen Menschen auftretend, jeweils den ganzen Menschen für sich beanspruchend.

Beide haben die Menschen in das Prokrustesbett ihres einseitigen Menschenbildes gepresst. Das Maß des Leides, das der Mensch damit sich selbst antat und antun ließ, ist unermesslich. Seine Spuren zeigen sich in den Hekatomben von Menschenopfern der alten Kulturen (die sich heute in den Selbstmordattentaten fortsetzen) ebenso wie in den Fluchttendenzen vor der (bürgerlichen) Wirklichkeit und in den Praxen der Psychotherapeuten, aber eben auch in dem schamlos-egoistischen Milliardenspiel von Börsenzockern, das den Ruin von Millionen in seinem »Streben nach Glück« in Kauf nehmen zu dürfen meint. Keine Seite erlaubt dem Menschen, das zu sein, was er ist: ein *soziales Individuum,* ein »Sozial-Individuum«. Und wie so viele andere Not entspringt unser Problem zuerst dieser widermenschlichen, historisch »künstlich« hergestellten Dichotomie. Es ist diese Zuspitzung ins jeweilige Extrem, die dort im Menschenopfer gipfelt und hier im zügellosen Anspruch auf individuelles Glück – zu welch ruinösem Preis für die Allgemeinheit, für die Um- und Mitwelt. Es sollte auf der Hand liegen, dass Menschenrechte aus solch einseitiger Quelle niemals dem ganzen Menschsein entsprechen können, dass eine solche Herkunft vielmehr die ganze Einseitigkeit festzuschreiben und zu perpetuieren droht. In ihrer derzeitigen Einseitigkeit sind sie als notwendige Unterstützung und Begleitung der Emanzipation des Individuums aus den totalen Ansprüchen der sozialen Ausschließlichkeit wahrscheinlich unverzichtbar – als historisch bedingter Geburtshelfer also. Ihre Verabsolutierung zum Endzweck macht uns zu Gefangenen einer Ideologie, die der Emanzipation selbst im Wege steht und zum Hindernis wird für die schließliche Emanzipation aus der individualistischen Einseitigkeit und Befangenheit.

Die Auseinandersetzung mit der Diskriminierungskultur betrifft den Bereich der Historie; in in ihm wurde die menschliche Ambivalenz zur Dichotomie getrieben und zum Gegensatz, ja zur Ausschließlichkeit aufgebläht. Die Erörterung der Frage, wie wir mit unserer anthropologischen Ambivalenz angemessen, sensibel und kreativ oder einfach nur: menschlich umgehen sollen, würde den Rahmen der vorliegenden Arbeit sprengen und ihren Gegenstand verändern. Beginnen wir mit dem, was als Historie und damit eindeutiges Menschenwerk uns belastet, schmerzt und quält. Wer weiß, wo wir stehen, wenn wir diesen Teil vermenschlicht haben?

Literaturverzeichnis

Andersch, Alfred: Der Vater eines Mörders, Zürich 1980.

Antweiler, Christoph: Heimat Mensch. Was uns alle verbindet. Hamburg 2009.

– Mensch und Weltkultur. Für einen realistischen Kosmopolitismus im Zeitalter der Globalisierung. Bielefeld, transcript Verlag 2010.

Arndt, Christina: Die Menschenrechte: Partikularistische Ansätze zur Begründung ihrer Universalität. Dissertation Jakobs-Universität Hamburg. http://www.humanrights.ch/upload/pdf/030514_diss_arndt.pdf.

Arning, Matthias: Offene Fragen. Frankfurter Rundschau, 22.2.2010.

Ashcraft, Bill: Introduction (zu Kap 3: Universality and Difference), in: Bill Ashcraft; Gareth Griffiths; Helen Tiffin (Hg.): The Post-Colonial Studies Reader, London/ New York 2001.

Baer, Martin; Schröter, Olaf: Eine Kopfjagd. Deutsche in Ostafrika, Berlin 2001.

Bakula, Boguslaw: Die Last der Freiheit. Polnische Kultur 1989-1999, in: Eurozine, www.eurozine.com, 15.12.2009.

Balibar, Etienne: Gibt es einen neuen Rassismus? in: Das Argument 31/3, 1989.

Beecher-Stowe, Harriet: Onkel Toms Hütte, Frankfurt am Main 1977.

Bell, Daniel: Die nachindustrielle Gesellschaft, Frankfurt am Main 1996.

Benedict, Ruth: Patterns of Culture, New York 1934.

– The Crysanthemum and the Sword. Patterns of Japanese Culture. Boston 2006.

Bidney, David: Theoretical Anthropology, New York 1953.

Blumenbach, Joh. Friedr.: De generis humanis varietate nativa. Dissertation, Göttingen 1775.

– Über die natürlichen Verschiedenheiten im Menschengeschlechte. Herausgegeben von Johann Gottfried Gruber, Leipzig 1798.

Boas, Franz: General Anthropology; Reprint published for the United States Armed Forces Institute, Madison, Wisc., 1944.

– Race, Language, and Culture, New York 1940.

Brumlik, Micha; Brunkhorst, Hauke (Hg.): Gemeinschaft und Gerechtigkeit, Frankfurt am Main 1993.

Brunkhorst, Hauke; Köhler, Wolfgang R.; Lutz-Bachmann, Matthias (Hg.): Recht auf Menschenrechte. Menschenrechte, Demokratie und internationale Politik, Frankfurt am Main 1999 (stw1441).

Camper, Peter: De Hominis Varietate (dt. Fassung von Samuel Thomas von Soemmering): Über den natürlichen Unterschied der Gesichtszüge in Menschen verschiedener Gegenden etc., Berlin 1792.

Carus, Carl Gustav: Über die ungleiche Befähigung der verschiedenen Menschenstämme für die höhere geistige Entwicklung, Leipzig 1849.

Cassirer, Ernst: Philosophie der symbolischen Formen, Hamburg 2010.

Castañeda, Carlos: Die Lehren des Don Juan: Der Yaqui-Weg des Wissens, Frankfurt am Main 1973.

Chernov, Ron: Washington. A Life. New York 2010.

Comtes, Auguste: Discours de la philosophie positive, Paris 1830-1846.

Conrad, Joseph: Herz der Finsternis, München 2004.

Count, Earl W.: The Biological Basis of Human Sociality, in: American Anthropologist 60/1958, S. 1045-1085.

Descartes, René: Abhandlung über die Methode, seine Vernunft richtig zu leiten und die Wahrheit in den Wissenschaften zu suchen. des richtigen Vernunftgebrauchs, Leipzig 1962.

Dhouib, Sarhan (Hg.): Kultur, Identität und Menschenrechte. Transkulturelle Perspektiven, Weilerswist 2012.

Dießenbacher, Hartmut: Alterssicherung ist der Schlüssel zur Eindämmung des Bevölkerungswachstums. Was die demographische Entwicklung der Industriestaaten lehrt, Frankfurter Allgemeine Zeitung, 25.5.1993, S. 12.

Dückers, Tanja: Menschenrechte sind keine Ansichtssache, Zeit-online 2009/35, 2.9.2009. http://www.zeit.de/online/2009/35/menschenrechte

Elias, Norbert: Die Gesellschaft der Individuen, Frankfurt am Main 1987.

Engels, Friedrich: Die Entwicklung des Sozialismus von der Utopie zur Wissenschaft. 1880 MEW 19 S. 189-228

Fanon, Frantz: Die Verdammten dieser Erde, Frankfurt am Main 2001.

Finkielkraut, Alain: Niederlage des Denkens, Hamburg 1989.

Forst, Rainer: Das grundlegende Recht auf Rechtfertigung. Zu einer konstruktivistischen Konzeption von Menschenrechten, in: Brunkhorst; Köhler; Lutz-Bachmann (Hg.): Das Recht auf Menschenrechte, Frankfurt am Main 1999, S. 66-105.

Frevert, Ute; Haupt, Heinz-Gerhard (Hg.): Der Mensch des 19. Jahrhunderts, Essen 2004.

Fromm, Erich: Haben und Sein, München 1979.

– Die Furcht vor der Freiheit, Stuttgart 1983.

Galeano, Eduardo: Die offenen Adern Lateinamerikas. Die Geschichte eines Kontinents von der Entdeckung bis zur Gegenwart, Wuppertal 1992.

Geiger, Wolfgang: Der Sieg der Vernunft durch ihre Mystifizierung. Was das Abendland dem Morgenland voraus hat. in: minima sinica – Zeitschrift zum chinesischen Geist, Bonn, n°2/1996, S. 57-83.

Geiss, Immanuel: Geschichte des Rassismus, Frankfurt am Main 1988.

Giordano, Ralph: Die zweite Schuld oder Von der Last ein Deutscher zu sein, Köln 2000.

Gobineau, Joseph Arthur Comte de: L'essai sur l'inégalité des races humaines, 1853 bis 1855; deutsch: Versuch über die Ungleichheit der Menschenrassen, Stuttgart 1902-1904.

Greiner, Ulrich: »Wider den Kulturrelativismus«, in: Die Zeit, 5.6.1992.

Grill, Bartholomäus Wir sind müde, sie sind hungrig, in: Die Zeit Nr. 22, 24.5.1991, S. 71.

Gruhl, Herbert: Ein Planet wird geplündert. Die Schreckensbilanz unserer Politik, Frankfurt am Main 1975.

Habermas, Jürgen: Der interkulturelle Diskurs über Menschenrechte, in: Brunkhorst; Köhler; Lutz-Bachmann (Hg.): Das Recht auf Menschenrechte, Frankfurt am Main 1999, S. 216-227.

Hahn, Henning: Die politische Konzeption der Menschenrechte. Eine transkulturelle Perspektive, in: Dhouib, Sarhan (Hg.): Kultur, Identität und Menschenrechte. Transkulturelle Perspektiven, Weilerswist 2012, S. 60-75.

Haldenwang, Christian von: Werte der Entwicklungspolitik, in: DW-World, 14.1.2010.

Hegel, Georg Wilhelm Friedrich: Vorlesungen über die Philosophie der Geschichte, Stuttgart 1997.

Herskovits, Melville J.: Man and His Works, New York 1952.

Hobsbawm, Eric J.: Die Blütezeit des Kapitals. Eine Kulturgeschichte der Jahre 1848-1875, Frankfurt am Main 1980.

Hochschild, Adam: Schatten über dem Kongo, Stuttgart 2000.

Horkheimer, Max: Der neueste Angriff auf die Metaphysik (1937) in: Horkheimer, Max: Kritische Theorie, Hg. von Alfred Schmidt, Frankfurt am Main 1968, Bd. II, S. 82-136.

Hücking, Renate; Launer, Ekkehard: Aus Menschen Neger machen. Wie sich das Handelshaus Woermann an Afrika entwickelt hat, Hamburg 1986.

Hume, David: Essays. Moral, Political and Literary (1741–1742; zusammen mit Political Discourses 1752, ab 1777 veröffentlicht als »Essays, Moral, Political, and Literary«) Wiederauflage 1904, jeweils London.

Huntington, Samuel P.: Kampf der Kulturen. Die Neugestaltung der Weltpolitik im 21. Jahrhundert, Spiegel-Edition Hamburg 2006/2007.

Kalpaka, Annita; Räthzel, Nora: Die Schwierigkeit, nicht rassistisch zu sein, in: Theorien über den Rassismus, Argument (AS 164), Hamburg 1989.
Kant, Immanuel: Über die verschiedenen Rassen der Menschen. 1775, in: Kant's gesammelte Schriften Bd. II, Hrsg. Königlich-Preußische Akademie der Wissenschaften, Berlin 1912.
– Vorlesungen über die Physische Geographie (1802), in: Gesammelte Schriften Akademie-Ausgabe Bd IX, Berlin 1923
– Kritik der reinen Vernunft, 2. Aufl. von 1787, Hamburg 1990.
– Kritik der Urteilskraft, Leipzig 1930.
Kenyatta, Jomo: Facing Mount Kenya – The Tribal Life of the Gikuyu (1938), New York/London 1962.
Klaus, Georg/Buhr, Manfred: Philosophisches Wörterbuch, Bd. 2, Leipzig 1974
Kroeber, Alfred L.: The Nature of Culture, Chicago 1952.
Kroeber, Alfred L.; Kluckhohn, C., Culture: A Critical Review of Concepts an Definitions; Cambridge, Mass., 1952.
Kluckhohn, Clyde: Universal Categories of Cultures, in: Kroeber, Alfred L.: Anthropology Today, Chicago 1953.

Lavater, Johann Caspar: Von der Physiognomik, Zürich 1772.
– Physiognomische Fragmente zur Beförderung der Menschenkenntnis und Menschenliebe, 4 Bde, Zürich 1775–78.
Linde, Günter; Brettschneider, Edmund: Bevor der weiße Mann kam. Afrika entdeckt seine Vergangenheit, Leipzig 1962.
Linton, Ralph: Universal Ethical Principles: an anthropological View, in: Anshen, R.N. (ed.), Moral Principles of Action, New York 1952.
Long, Edward: History of Jamaica, London 1774.

Mbaya, Etienne-Richard: Demokratie und Menschenrechte im afrikanischen Kontext. In: Brunkhorst; Köhler; Lutz-Bachmann (Hg.): Das Recht auf Menschenrechte, Frankfurt am Main 1999, S. 314-344.
Mead, Margaret: Sex and Temperament in Three Primitive Societies; New York 1935.
Meiners, Christoph: Grundriss der Geschichte des Menschengeschlechts, Göttingen 1785.
– Ueber die Natur der afrikanischen Neger (und die davon abhängige Befreyung, oder Einschränkung der Schwarzen). Göttingen 1790 (http://www.ub.uni-bielefeld.de/cgi-bin/neubutton.cgi?pfad=/diglib/aufkl/goettihistorimaga/015901&seite=00000374.TIF).
– Untersuchungen über die Verschiedenheiten der Menschennaturen. Göttingen 1813, 4 Bde.
Melber, Henning: Rassismus und eurozentrisches Zivilisationsmodell: Zur

Entwicklungsgeschichte des kolonialen Blicks, in: Argument, AS 164, Hamburg 1989.
– Der Weißheit letzter Schluss. Rassismus und kolonialer Blick, Frankfurt am Main 2001.
Menke, Christoph und Raimondi, Francesca: Die Revolution der Menschenrechte. Grundlegende Texte zu einem neuen Begriff des Politischen, Frankfurt am Main 1988 (stw 1988).
Menzel, Ulrich: Die Hilfe hilft nicht. Treuhandschaft wäre ein Weg. Die Nord-Süd-Politik bedarf dringend einer neuen Orientierung und muss ihre Tabus brechen. Frankfurter Rundschau 03.06.1991, S. 9
Mohr, Georg: Menschenrechte, Autonomie der Kulturen, demokratischer Prozess. Über den politischen Verrat an einer philosophischen Idee, In: Dhouib, Sarhan (Hg.): Kultur, Identität und Menschenrechte. Transkulturelle Perspektiven, Weilerswist 2012, S. 203-219.
Murdock, George P.: The Common Denominator of Cultures, in: Linton, R. (ed.): The Science of Man in the World Crisis, New York 1945.

Namazie, Maryam: »Kultureller Relativismus – der Faschismus dieser Ära«. Rede im Forum über Frauenrechte im Iran der Internationalen Kampagne zur Verteidigung der Rechte der Frauen im Iran (ICDWRI), 28.11.1998 Toronto.
Nölle, Winfried: Die Indianer Nordamerikas, Stuttgart 1959.
Nussbaum, Martha C.: Menschliches Tun und soziale Gerechtigkeit. Zur Verteidigung des aristotelischen Essentialismus, in: Brumlik; Brunkhorst (Hg.): Gemeinschaft und Gerechtigkeit, Frankfurt am Main 1993, S. 323-361.

Oken, Lorenz: Gesammelte Werke; Thomas Bach, Olaf Breidbach, Dietrich von Engelhardt (Hrsg.): Bd. 1 Frühe Schriften zur Naturphilosophie; Bd. 2 Lehrbuch der Naturphilosophie, Weimar 2007.

Peters, Carl: Die deutsch-ostafrikanische Kolonie in ihrer Entstehungsgeschichte und wirtschaftlichen Eigenart, Berlin 1889.
Piaget, Jean: Das moralische Urteil beim Kinde, München 1986.

Ress, Georg (Hrsg.): Verfassungsreform in Südafrika und Verfassungsgebung für Namibia/Südwestafrika. Heidelberg 1986
Richter, Horst-Eberhard: Der Gotteskomplex. Die Geburt und die Krise des Glaubens an die Allmacht des Menschen, Reinbek 1988.
Rifkin, Jeremy: Die empathische Zivilisation: Wege zu einem globalen Bewusstsein. Frankfurt am Main 2010.
Robin Achilles: Prügelstrafe und Züchtigungsrecht in den deutschen Ko-

lonien Afrikas: Die Schattenseiten des Kolonialismus – Skandale in den Schutzgebieten, Grin-Verlag, Dezember 2007.
Rudolph, Wolfgang: Der Kulturelle Relativismus. Kritische Analyse einer Grundsatzfragen-Diskussion in der amerikanischen Ethnologie, Berlin 1968.
– Die amerikanische »Cultural Anthropology« und das Werteproblem, Berlin 1959.
– Das Problem der kulturellen Werte in den Arbeiten der neueren amerikanischen Ethnologie, Berlin 1958.

Sartre, Jean-Paul: Vorwort zu Fanon, Frantz Die Verdammten dieser Erde, Frankfurt am Main 2001.
Scherer, Christiane: Zivilisation als Pflicht. Martha Nussbaum über kulturelle und ethische Objektivität. Beilage Geisteswissenschaften der Frankfurter Allgemeine Zeitung 24.11.1993, Seite N.
Scheurmann, Erich: Papalagi. Die Reden des Südseehäuptlings Tuiavii aus Tiavea, Zürich 1977.
Schmidt, Helmut: Thesen zu Afghanistan, in: Die Zeit, 28.1.2010, Nr. 5.
Schröcke, Helmut; Schmidt-Kaler; Theodor u.a.: Heidelberger Manifest, 1981.
Schweizer, Marion; Amnesty International (Hg.): Das Lehrerbuch. Menschenrechte im Unterricht, Bad Honnef 2010.
Sherif, Muzafer: An Outline of Social Psychology, New York 1948.
Schimang, Dieter: Eine anthropologische Revolution – und ihre totalitäre Dynamik. Die dramatische Kehrseite der Individualisierung. Frankfurt am Main 2007.
Simo, David: Leben in einer multikulturellen Welt. Vortrag WUS-Kongress »Nord-Süd-Konflikt«, Köln 29.9.-1.10.1990; Dokumentation Wiesbaden 1991.
Steingart, Gabor: Weltkrieg und Wohlstand: Wie Macht und Reichtum neu verteilt werden, München 2006; Vorabdruck in: Spiegel Online 16.9.2006.
Sukopp, Thomas: Wider den radikalen Kulturrelativismus – Universalismus, Kontextualismus und Kompatibilismus. In: Aufklärung und Kritik 2/2005, S. 136-154.

Tocqueville, Alexis de: Über die Demokratie in Amerika. München 1976
Todorov, Tsvetan: Die Eroberung Amerikas. Das Problem des Anderen, Frankfurt am Main 1985.
Triki, Fatih: Demokratische Ethik und Politik im Islam. Arabische Studien zur transkulturellen Philosophie des Zusammenlebens, Weilerswist 2011.

Virey, Julien Joseph: Histoire naturelle du genre humain, 3 vol., Paris, 1824 (Einzelbände erschienen schon zw. 1798 et 1808).

Voltaire: Essais sur les Moeurs et l'esprit des Nations. Paris 1756 + Supplement: Additions à l'Essay sur l'Histoire générale et sur l'esprit et les moeurs des nations, 1763.

Waldhoff, Hans-Peter: Fremde und Zivilisierung, Frankfurt am Main 1995.

Wassermann, Jakob: Das Gold von Caxamalca. Stuttgart 1984.

Weidner, Stefan: Edward Saids »Orientalismus« in neuer Übersetzung. Schock für alle Ewigkeit, in: Qantara 29.1.2010. http://de.qantara.de/Schock-fuer-alle-Ewigkeit/4067c143/index.html

Westergaard, Kurt: Interview im Deutschlandfunk, 1.12.2008.

White, Leslie A.: The Science of Culture: A Study of Man and Civilization, New York 1949.

Williams, William Appleman: Die Tragödie der amerikanischen Diplomatie, Frankfurt am Main 1973.

Wissler, Clark: Man and Culture, New York 1923.

Yamashita, Michael: Zheng He. Die Drachenflotte des Admirals, München 2006.

Youniss, James: Moral, kommunikative Beziehungen und die Entwicklung der Reziprozität, in: Wolfgang Edelstein und Jürgen Habermas (Hg): Soziale Interaktion und soziales Verstehen. Beiträge zur Entwicklung der Interaktionskompetenz, Frankfurt am Main1984 (stw 446).

Ziegler, Jean: Das Imperium der Schande. Der Kampf gegen Armut und Unterdrückung; München 2005.